Greer · Tarot-Konstellationen

HEINRICH HUGENDUBEL VERLAG

Kailash
Buch

Mary K. Greer

Tarot-
Konstellationen

Persönlichkeits-
und Wesenskarten

Hugendubel

Aus dem Amerikanischen von Hajo Banzhaf und Beatrix Thomasi
Die Originalausgabe erschien unter dem Titel
Tarot Constellations bei Newcastle Publishing, North Hollywood

CIP-Titelaufnahme der Deutschen Bibliothek
Greer, Mary:
Tarot-Konstellationen: Persönlichkeits- und Wesenskarten /
Mary Greer. [Aus d. Amerikan. von Hajo Banzhaf u. Beatrix
Thomasi]. – München: Hugendubel, 1989
(Kailash-Buch)
Einheitssacht.: Tarot constellations ⟨dt.⟩
ISBN 3-88034-422-1

Umschlaggestaltung: Johann Rüttinger, Uehlfeld
Produktion: Tillmann Roeder, München
Satz: Uhl + Massopust, Aalen
Druck und Bindung: Wiener Verlag, Himberg

ISBN 3-88034-422-1

Printed in Austria

Inhalt

Danksagung

Angeles Arrien hat mir die Erlaubnis gegeben, ihre grundlegenden Ideen vorzustellen und sie in meiner eigenen Weise zu verwenden. Ich schätze ihre große Gabe der Erneuerung und der Einsicht und danke ihr für die Großzügigkeit, mit der sie andere an ihrem Werk teilhaben läßt. Angie ist ein meisterhafter Lehrer (sie hat den Hierophanten als Persönlichkeits- und als Wesenskarte), der Türen öffnet und den Studenten Ideen vermittelt, die sie dann selbst weiter entwickeln können. Sie ist wie eine Muse, die mich (und viele andere) inspiriert hat.

Ich habe auch die Techniken und Konzepte vieler anderer Menschen aus verschiedenen Büchern verwendet. Wo immer es möglich war, habe ich versucht, diese Quellen anzugeben.

Ich möchte mich ganz besonders bedanken bei meinen Tarot-Kolleginnen und -Kollegen Angeles Arrien, Christine Payne-Towler (die mir die Bedeutung der französischen Schule näherbrachte), Tina Rosa, Rachel Pollack, Elissa Heyman, Vicki Noble, Jonathan Tenney, Alaina Zachary, Jim Wanless, Gary Ross, Tracey Hoover, Ffiona Morgan, Twainhart Hill, Dee Schwartz, José Tamez und wiederum bei meinen Schülern, die mir weiterhin die bedeutendsten Lektionen beibringen.

Ein weiterer Dank gebührt meinen Freunden und Kollegen vom Newcastle Verlag, die das Manuskript gelesen haben und mir viel Ermutigungen und Ratschläge gegeben haben, Tina Tessina und meinem Verleger Al Saunders für seine handfeste Unterstützung.

Darüber hinaus bin ich meinem Partner Ed Buryn für seine vielseitige Hilfe sehr, sehr dankbar. Seine gekonnte Hilfe wurde nur durch seine Liebe und die ungezählten Mühen als Haushälter und allgegenwärtiger Schutzengel überboten. Und ich danke unserer Tochter Casi für ihre Ungeduld, die mich immer wieder mit einer Umarmung erinnerte zu spielen, wenn es Zeit war, mit der Arbeit aufzuhören.

*Für meine Mutter Rita Alice West Greer
und meinen Vater John Cox Greer,
die mich so erzogen haben, daß ich an mich glaube.*

Einleitung

Ursprünglich hatte ich vor, einfach all das niederzuschreiben, was ich im Zusammenhang mit den verschiedenen Tarotkarten entdeckt hatte, wenn man sie auf das Geburtsdatum bezieht, um Aussagen über die Wesensart und die Lektionen des Lebens zu erhalten. Doch niemals ist etwas so einfach wie es aussieht. Ich konnte das, was ich die »Seele« des Buches genannt hätte, nicht finden, etwas, das über den rein beschreibenden Charakter hinausgegangen wäre. Bis ich schließlich durch eine Reihe von »Koinzidenzen« eine völlig neue Seite des Tarot entdeckte.

Sie sollten dieses Buch mit einem Tarot-Spiel und einem Schreibstift in der Hand lesen. Da der Schwerpunkt auf der Großen Arkana liegt, können Sie jedes Tarot-Spiel dazu verwenden, von dessen 22 Trumpfkarten Sie sich angesprochen fühlen. (Falls Sie noch kein Deck besitzen, schlagen Sie bitte *Anhang B* auf. Dort werden die verschiedenen Tarot-Schulen einander gegenübergestellt und die entsprechenden Spiele empfohlen.) Verglichen mit meinem ersten Buch ist dieses hier weniger ein Arbeitsbuch. Dennoch werden Sie den vollen Nutzen nur dann daraus ziehen können, wenn Sie die vorgeschlagenen Übungen mitmachen. Weil Ihre Antworten dabei gelegentlich mehr Platz in Anspruch nehmen werden, empfehle ich Ihnen, ein persönliches Tarot-Notizbuch zu führen. Am besten benutzen Sie dazu ein Notizbuch mit gelochten Blättern, so daß Sie die Seiten später in einem Ringbuch abheften können. Dazu können Sie dann auch Fotokopien aus diesem Buch heften oder Abbildungen von Ihren eigenen Legungen und natürlich Ihre Aufzeichnungen, Skizzen, Bilder aus Zeitschriften usw., Sie können Ihre Notizen nach den entsprechenden Tarotkarten sortieren und in einer zweiten Rubrik Aufzeichnungen über Ihre Legungen sammeln.

Zwar ist das Buch so aufgebaut, daß Sie alleine damit arbeiten können; Sie werden aber bestimmt viel schneller voran kommen, wenn Sie sich mit anderen Menschen zusammentun. Suchen Sie sich einen Tarot-Partner oder gründen Sie eine Tarot-Arbeitsgruppe. Treffen Sie sich, einmal in der Woche, um je einen Abschnitt aus dem Buch zu behandeln. Beginnen Sie mit *Kapitel 1*. Während Sie in dem Buch weiter voranschreiten, sollten Sie die Übungen aus *Kapitel 1* jede Woche wiederholen. Diese Übungen sind außerordentlich hilfreich, um mit dem Thema vertrauter zu werden, gleichzeitig vermitteln Sie wachsenden Respekt und Wertschätzung gegenüber dem Wissen der anderen Gruppenmitglieder. Wann immer Sie eine Anweisung nicht verstehen, brauchen Sie sich nur selbst befragen: »Was *möchten* Sie tun?« oder »Was sagt Ihnen Ihr Gefühl?« Und genau das sollten Sie tun.

Tarot und Ihre Lebensaufgabe

Sie wurden an einem Tag geboren, dessen Energien mit etwas übereinstimmten, das Sie in diesem Ihrem Leben verwirklichen sollten. Diese Energie ist durch die Art Ihrer kulturellen Zugehörigkeit gekennzeichnet und Ihr zeitlicher Auslöser ist Ihr Geburtstag. Auch der Name, der Ihnen gegeben wurde, verbindet Sie mit Ihrer Familie, Ihrer Kultur und Ihrem Erbe – den Dingen, die ausgewählt wurden, um Sie mit den Erfahrungen zu wappnen, die Sie benötigen, um Ihrer Aufgabe gerecht werden zu können. Ihre Bestimmung ist es nun, diese Fähigkeiten zur größtmöglichen Entfaltung zu bringen. Dies ist die Grundprämisse, auf der dieses Buch beruht.

Die Tarotkarten bilden ein sichtbares Hilfsmittel, um sowohl Ihre Chancen als auch die Fallgruben zu erkennen, mit denen Sie konfrontiert werden durch die Wahl Ihres Namens und Ihres Geburtsdatums. Sie sind nicht nur ein Mittel, diese Energie zu erkennen, sondern ermöglichen es auch, mit ihr ins Gespräch zu kommen, wodurch Sie erfahren können zu welchem Zeitpunkt und in welcher Art Ihr derzeitiges Leben in dieser Welt stattfindet.

Die Tarotkarten, die mit Ihrem Namen und Ihrem Geburtstag verbunden sind, bilden ein individuelles Mandala. Sie zeigen das Muster Ihrer persönlichen Bestimmung. Auch wenn Ihre Bestimmung ebenso in Ihrem Geburtshoroskop enthalten ist oder über traditionelle Formen der Numerologie in Erfahrung gebracht werden kann, bietet keiner dieser Wege Ihnen die Möglichkeit, mit der Macht von Bildern zu arbeiten, von denen jedes einzelne tausend Worte ausdrückt und tausend mal tausend Geschichten erzählt. Nur der Tarot führt Sie zu persönlichen, kraftvollen Gestalten, mit denen Sie in Dialog treten können, und die Sie um Geleit bitten können auf Ihrem Weg zur Erfüllung Ihrer persönlichen Bestimmung.

Das Tarotspiel besteht aus 78 Karten, die normalerweise in drei Gruppen eingeteilt werden:

Die 22 Großen Arkana oder Trumpfkarten oder Trümpfe
Die 40 Zahlenkarten
Die 16 Hofkarten

Die Zahlenkarten und Hofkarten werden zusammen die Kleinen Arkana genannt. Beide Gruppen werden in vier Serien unterteilt, die die vier Elemente repräsentieren:

Stäbe (Keulen) = Feuer   Kelche = Wasser
Schwerter = Luft   Münzen (Scheiben) = Erde

In diesem Buch werden die Karten jedoch in einer neuen Art unterteilt: in »Konstellationen«. Neun Gruppen von Karten bilden oder sammeln sich um neun Grundprinzipien. Diese neun Gruppen bestehen aus Karten der Großen Arkana und den Zahlenkarten, die sich durch ihren Zahlenwert jeweils entsprechen. Die Hofkarten werden davon getrennt behandelt.

Die neun Grundprinzipien sind:

Das Prinzip des Willens und des konzentrierten Bewußtseins

Das Prinzip des ausgewogenen Urteils durch intuitives Gewahrsein

Das Prinzip der Liebe und der schöpferischen Vorstellungskraft

Das Prinzip der Lebenskraft und der Verwirklichung von Macht

Das Prinzip von Lehren und Lernen

Das Prinzip von Zugehörigkeit und Wahl

Das Prinzip der Meisterschaft durch Veränderung

Das Prinzip von Mut und Selbstschätzung

Das Prinzip der Innenschau und der persönlichen Ganzheit.

Die Absicht dieses Buches

Es ist die Absicht dieses Buches, ein Gespräch in Gang zu bringen zwischen Ihrem Alltagsbewußtsein und Ihrem inneren unbewußten Selbst, das Ihre persönliche Bestimmung kennt.

Um unsere geistige Aufgabe zu erfüllen, müssen wir ein Verständnis für Bedeutungen entwickeln. Warum tritt diese Erfahrung in unser

Leben? Und was können wir aus ihr lernen? Sobald Sie anfangen, sich diese Fragen zu stellen, werden Sie die Antworten dazu bekommen. So als hätte etwas in Ihrem Inneren darauf gewartet, daß Sie die Frage stellen.

Fachleute gehen davon aus, daß es durch Symbolsysteme wie dem Tarot möglich sei, zur inneren Bedeutung von Wörtern, Bildern und Lebenserfahrungen zu gelangen. C. G. Jung prägte den Begriff der »Synchronizität«, um damit den zeitgleichen Eintritt von Ereignissen zu bezeichnen, die nicht ursächlich, sondern durch ihre Bedeutung miteinander verbunden sind. Alles ist mit allem verbunden wie in einem riesigen lebenden Netz, in dem jede Schwingung körperlich an allen Stellen gleichzeitig gespürt wird. Wenn Sie das erkennen und vor Augen behalten, dann können Sie anfangen, äußere Geschehnisse mit einer inneren Bedeutung zu verbinden, und diese mit Ihrer seelischen Aufgabe in Harmonie zu bringen.

Konstellationen

Symbolische Werkzeuge wie Tarot führen Sie unter die Oberfläche der Ereignisse und spiegeln die »Konstellationen«, durch die Sie in vielen Ebenen Ihres Lebens berührt werden.

Genau definiert sind Konstellationen, Gruppierungen von Objekten, Einzelteilen oder Personen, insbesondere solche, die strukturell oder systematisch miteinander verbunden sind. Ich glaube, daß die meisten Ereignisse und Angelegenheiten, die zu einem bestimmten Zeitpunkt eintreten, »konstelliert« sind, sich um ein bestimmtes Schlüsselthema in unserem Leben drehen. Das bedeutet, daß Sie – jedesmal wenn Sie die Karten legen – sehen können, wie diese verschiedene Dinge Ihres Lebens widerspiegeln, statt nur eine Antwort auf die gestellte Frage zu geben. Je größer die Zahl der Lebensbereiche oder Ereignisse, auf die die Aussage der Karten zutreffen, um so sicherer handelt es sich um ein Schlüsselthema (oder Dilemma) in Ihrem Leben, das sich selbst und seine Bedeutung in äußeren Erfahrungen zum Ausdruck bringt. Durch die einzelnen Positionen in einem Tarot-Legesystem können Sie ein Kernthema aufschlüsseln und in seine einzelnen Bestandteile untergliedern. So wie am Himmel eine Gruppe von Sternen ein Bild ergibt, das eine Geschichte erzählt, so zeigen die Karten ein Bild von Ihnen und erzählen die Geschichte. Auf diese Art sind die ausgelegten Karten als Konstellationen bildhafter Ausdruck von Ereignissen, die sich wahrscheinlich konstelliert haben oder zusammen Ihre innere Geschichte bilden.

Die Konstellationen werden von Bildern (Sternen) größerer und geringerer Intensität gebildet, in denen das gleiche Thema anklingt, von denen aber jedes einen anderen Blickwinkel auf das Thema freigibt. Die Tarot-Konstellationen sind somit die Grundstrukturen der persönlichen Bestimmung.

Die Entdeckung der Konstellationen

Es war Angeles Arrien, die mich erstmals mit der Idee der Tarot-Konstellationen vertraut machte. Zur Zeit lehrt sie Tarot (sie benutzt das ägyptische Thoth Deck von Crowley-Harris), kulturübergreifenden Symbolismus und Heilpraktiken an verschiedenen Schulen im Gebiet von San Francisco.

Im Laufe der vergangenen neun Jahre habe ich häufig einen inspirierenden und mein Bewußtsein erweiternden Unterricht von ihr bekommen. Als ich ihren Einführungskurs zum Tarot vor zwei Jahren wiederholte, brachte sie die Karten in einem völlig neuen Rahmen dar, den »Konstellationen«.

Da mich immer der schöpferische Augenblick interessiert, fragte ich sie, wie sie dazu gekommen sei, die Karten aus diesem Blickwinkel heraus zu betrachten. Sie erzählte mir, daß sie eines Abends mit den Karten gespielt habe, und dabei sowohl die Großen wie auch die Kleinen Arkana auf den Boden in Gruppen ausgebreitet habe, die auf der jeweiligen Zahl beruhten: alle Karten, auf denen die Zahl Eins abgebildet war, alle Zweier-Karten usw. Zu jeder dieser Gruppen legte sie auch die Karten, deren jeweilige Quersumme eine der neun Grundzahlen ergibt. Zum Beispiel: 17 = 1 + 7 = 8, womit die siebzehnte Karte – Der Stern – zur Gruppe der Achter gehört usw.

Sie war gerade dabei die Kartengruppen nach Bildern oder Mustern zusammenzustellen, als das Telefon läutete. Am Apparat war Joseph Campbell, Autor zahlreicher Bücher über Mythologie und Symbole, mit dem sie einen Workshop am Esalen Institut leitete. Er war beeindruckt von einer Entdeckung, die er kurz zuvor gemacht hatte, wonach sich Konstellationen nicht nur aus den Sternen am Himmel ergeben, sondern daß sich solche Gruppenmuster tagtäglich in unserem Leben zeigen. Während er ihr das am Telefon erzählte, stand

Angie da, schaute sich im Zimmer um, blickte auf die Karten, die zu Gruppen zusammengestellt am Boden lagen und erkannte: Die Tarot-Konstellationen.

Die Bedeutung der Tarot-Konstellationen bei der Kartendeutung

Stellen Sie sich vor, Sie kämen zu mir zu einer Tarotberatung. Ich beginne in jedem Fall – noch bevor ich Ihre Frage kenne – mit der Tarot-Konstellationen, die sich aus Ihrem Geburtstag ergibt: den Karten Ihrer Persönlichkeit, Ihres Wesens, der verborgenen Seite und der Jahreskarte. Sie sind alle in diesem Buch ausführlich erklärt. Vor allem die Informationen, die ich aus den Karten der Persönlichkeit und des Wesens gewinne, sagen mir etwas darüber, wie ich während der Beratung am besten auf Sie eingehen kann, können die Art meiner Kartendeutung beeinflussen und zeigen mir, wie Sie die Aussagen der Karten am besten verstehen werden. Während ich Ihnen Ihre Grundveranlagung und Ihre zentralen Themen beschreibe, stimmt sich mein intuitives Selbst auf Ihre Wellenlänge ein.

Vermutlich werden Sie feststellen, daß diese Grundaussage mit Ihnen übereinstimmt. Sie zeigt auch warum Sie so handeln, wie Sie es tun. Wenn beispielsweise Ihre Persönlichkeitskarte und Ihre Wesenskarte der Wagen ist, ist es nur natürlich, daß Sie Ihre inneren Gefühle schützen. Sie verstecken sich dann nicht nur hinter einer etwas prahlerischen Maske oder einer bestimmten Rolle, sondern brauchen den dadurch gewährten Schutz, um Ihre Fähigkeiten zu entwickeln. Dessenungeachtet müssen diese Schutzmauern eventuell dann abgerissen werden, wenn Sie gelernt haben, wozu sie Ihnen dienten. Wenn Sie ein Wagentyp sind und sich Ihr Leben derzeit im Umbruch befindet, werden wir sehen, ob Sie dabei eine alte, beengende Identität durchbrechen, durch die Sie bislang zurückgehalten wurden.

Auf diese Art haben Sie noch bevor die eigentliche Kartendeutung beginnt nicht nur einen ersten Eindruck davon, »was« in Ihrem Leben passiert, sondern auch »warum«. Das bekommt natürlich eine besondere Relevanz, wenn Ihre Frage lautet: »Warum passiert mir das immer wieder?« Wenn sich Ereignisse wiederholen, stehen sie oft in Zusammenhang mit den Lektionen, die uns unsere Persönlichkeits- unsere Wesenskarte oder die Karte unserer verborgenen Seite geben – eben jenen Karten, die uns eine Antwort auf die Frage geben: »Weshalb bin ich hier, was habe ich zu lernen?« Die Zahlenkarten der Kleinen Arkana innerhalb derselben Konstellation zeigen die Art der Lebenssituationen, in denen wir am wahrscheinlichsten diese Lektionen finden können. Häufig sind nur wenige Minuten nötig zur Beschreibung Ihrer persönlichen Konstellation, und schon beginnen Sie die Bedeutung zu verstehen, die die Bilder der Karten für Ihr Leben haben.

Danach berechne ich Ihre Jahreskarten für einige zurückliegende Jahre und für die kommenden drei bis fünf. Aus meiner Besprechung dieser Karten erkennen Sie ein Entwicklungsmuster: wie sich zum Beispiel die Entscheidung eines Jahres in den Handlungen des Folgejahres niederschlägt, oder wie Sie von einer eher zurückgezogenen und introvertierten Haltung zu einer geselligeren und angriffslustigeren Energie gelangen. Sie erkennen, wie Sie dadurch sich ergänzende Lektionen im Laufe der Jahre erleben. So lernen Sie beispielsweise in einem Wagen-Jahr die Kontrolle zu behalten über sich entgegengesetzte Instinkte und Impulse, und in dem folgenden Kraft-Jahr lernen Sie, mit den Instinkten ins reine zu kommen, und können mit der darin ruhenden Kraft Frieden schließen.

Solche Gelegenheiten währen nicht ewig. Mit den so gemachten Erfahrungen werden Sie dann zu Ihrer nächsten Lektion kommen. Auf diese Art erleben Sie jedes Jahr als eine spannende Gelegenheit zu neuem Wachstum. Die Lektion des laufenden Jahres steht üblicherweise in direkten Zusammenhang mit der Situation, deretwegen Sie um Rat suchen.

Ungefähr ein Drittel der Zeit einer Beratung verwende ich auf diese Betrachtungen. So kann es gut sein, daß Sie schon eine Antwort auf Ihre bedrückendsten Fragen bekamen, noch bevor ich Sie nach dem Grund Ihres Besuches gefragt habe. Ihre unmittelbaren Anliegen werden dadurch in einen Blickwinkel gerückt, der es ermöglicht, sie in Zusammenhang mit größeren Mustern Ihres Lebens zu sehen. Das ist Sinn und Ziel der Tarot-Konstellationen und eine der Arten sie zu nutzen. Im weiteren Verlauf des Buches erfahren Sie dann die dazu notwendigen Einzelheiten sowie auch die anderen Möglichkeiten der Verwendung.

Kapitel 1 zeigt, daß, ebenso wie die Konstellationen am Himmel uns unseren Weg auf Erden weisen können, die Tarot-Konstellationen uns unseren Weg durch das Leben zeigen. Sie werden eine Übung kennenlernen, mit der Sie täglich triumphieren können und darüber hinaus das einzig wirklich Wichtige erfahren, das man wissen muß, um eine Tarotkarte jeweils zu deuten.

Kapitel 2 zeigt Ihnen, wie Sie Ihre Persönlichkeitskarte und Ihre Wesenskarte finden können und erklärt die Karte der verborgenen Seite. *Kapitel 3* beschreibt die Grundregeln der Tarot-Konstellationen und wie Sie sie verwenden können. Von *Kapitel 4* bis *Kapitel 12* wird jede der neun Konstellationen ausführlich beschrieben und anhand von Beispielen bekannter Persönlichkeiten erläutert.

Kapitel 13 und *14* zeigen die Möglichkeiten, die in den Jahreskarten liegen und die Bedeutung der Hohenpriesterin als Jahreskarte für die Menschheit anläßlich des bevorstehenden zweiten Jahrtausends. *Kapitel 15* erklärt Ihnen, wie Sie Ihre Namenskarte finden können, und wie Sie die Karten auf Ihren Namen hin auslegen können, eine Legung, die Ihr Leben lang Bedeutung hat. In *Kapitel 16* werden die traditionellen Hofkarten neu definiert, so daß Sie deren Bedeutungen in Ihren Legungen besser erkennen können.

Die Kontroverse 8-11

Beim Schreiben dieses Buches beschäftigt mich ein Grunddilemma, das in der Numerierung der Karten Kraft und Gerechtigkeit aus der Großen Arkana liegt. In der Tradition und dem, was ich die Spiele der »Französischen Schule« nenne (siehe Anhang B), angeführt von dem klassischen Marseiller Deck (das etwa um 1700 entstand) hat die Gerechtigkeit die Nummer 8 und die Kraft die Nummer 11. Historisch gesehen gibt es allerdings keine einheitliche Zählweise, da die Zahlen im wesentlichen zum Punktezählen bei Kartenspielen verwandt wurden.

1910 ging der Okkultist Arthur Edward Waite in die Tarot-Geschichte ein, indem er ein neues Kartendeck herausgab, das seine Schülerin Pamela Coleman Smith künstlerisch gestaltet hatte, und in dem die Gerechtigkeit zu Nummer 11 und die Kraft zu Nummer 8 wurde.

Heute sind beide Numerierungen gängig, wodurch jeder, der ein Tarotbuch schreibt oder ein Tarotdeck entwirft, notwendigerweise seine eigene Wahl zwischen 8 und 11 treffen muß. Da ich in meinen Büchern Zahlensysteme verwende, ist die Numerierung für mich von fundamentaler Bedeutung. Ich persönlich fühle mich der Numerierung von A. E. Waite verbunden, zum Teil weil sein Deck für viele Jahre mein erstes und einziges war. Ich habe beobachtet, daß die Zählweise, die man zuerst lernt, sich ins Bewußtsein einprägt und nur schwer wieder entfernt werden kann.

In Anhang A bespreche ich die historischen, praktischen und persönlichen Aspekte der 8-11-Kontroverse im einzelnen und zeige, warum beide Systeme richtig sein können. In diesem Buch verwende ich die Numerierung von Waite-Smith, womit: *Kraft Nummer 8* und *Gerechtigkeit Nummer 11* ist. Dessenungeachtet glaube ich, daß die Französische Schule (und vielleicht auch andere Systeme) ihre Gültigkeit haben. Bitte fühlen Sie sich frei, diese Methode anzunehmen oder zu verändern. Wo ich kann, werde ich dazu Vorschläge machen.

Zusammenfassende Tabelle der Kartennamen

Die Grundeinteilung der Karten

Große Arkana (Karten) = Trumpfkarten = Triumphe = Schlüssel			22
Kleine Arkana (Karten) {	Zahlenkarten	4 Sätze	40
	Hofkarten = Personenkarten		16

Zusammmen = 78

Die Lebenskarten

	Geburtskarten		Namenskarten		Karte des Lebens-potentials
Große Arkana (Karten)	Persönlichkeitskarte Wesenskarte Karte der – verborgenen Seite – des Schattens – der Unterweisung }	Persönlichkeits- und Wesensmuster Muster der persön- lichen Bestimmung	Wunsch und Motivationskarten Karte der äußeren Person	Karte des Themas Rhythmuskarte Melodiekarte Namenskarte der verborgenen Seite } Bestimmungs- karten (alle mit der gleichen Wurzelzahl)	(Name + Geburt)
				Vorname Zweiter Vorname Familienname } Dreiklang	
Kleine Arkana (Karten)	Karten der Gelegenheiten und der Lektionen				

24

Kapitel 1
Bedeutsame Karten

Sie stehen am Anfang eines Abenteuers, und dieses Buch ist Ihr Führer. Die *Tarot-Konstellationen* werden auf dieser Reise Ihre Landkarte sein und Ihnen die Bedeutung von Aussichtspunkten und Ereignissen am Wege verraten. Wenn Sie an einer Kreuzung stehen, können Ihnen die *Konstellationen* sagen, wohin die einzelnen Wege führen. Die Entscheidung aber, welchen Weg Sie letztlich wählen, bleibt bei Ihnen. Dieses Buch beschreibt eine Gegend, in der Ihre Gefühle und Ihre Phantasie eine sich immer wandelnde Landschaft bilden, durch die Sie wandern. Es ist die Heimat Ihres möglichen Selbst. Ob Sie fähig sind, dieses Selbst wirklich zu entdecken, hängt davon ab, wie weit Sie sich auf dieses Abenteuer einlassen. Die Gedanken und Übungen in diesem Buch sind wie eine Reisehilfe, die die Erfahrungen vertiefen und Einblick in die Wunder geben, die am

Wege liegen. Sie haben eine Karte in Ihren Händen, die das Gebiet Ihres Selbst darstellt, und die eigens gemacht ist, Ihnen eine neue Vorstellung davon zu geben, woher Sie kommen, wohin Sie gehen und wie Sie dort über eine Reihe abwechslungsreicher Wege hingelangen können. Sie wird Ihnen helfen, zu einer Panorama-Aussicht zu gelangen, an einer geistigen Oase Pause zu machen und sich zu erholen, unbekannte Gebiete Ihrer Seele zu entdecken und einen Eindruck vom Rad der Bestimmung zu gewinnen, das sich hinter den Schleiern Ihrer Persönlichkeit dreht. Das Wichtigste aber ist, daß die Konstellationen es Ihnen ermöglichen, herauszufinden, wo Sie sich gerade jetzt befinden. Wenn Sie also bereit sind... gehen wir los.

Wir befinden uns auf einer Zauberreise, die von den Tarot-Konstellationen beleuchtet wird. Das Universum, das wir am nächtlichen Himmel erblicken, wurde als erstes von den Chaldäern, den »Sternenguckern« 600 Jahre vor Christus in bedeutungsvolle Konstellationen aufgeteilt. Heute kennen wir 88 Konstellationen, die wir nach mythologischen Gestalten, Tieren und Gegenständen benennen. In ähnlicher Weise ist Tarot eine Karte des Bewußtseins, die von den Alten entwickelt und uns überliefert wurde, in der wir die Reise unseres Selbst erkennen können. Hermes Trismegistus, ein halb mythischer Philosoph, beschrieb die Beziehung zwischen dem inneren und dem äußeren Universum wie folgt: »Wie oben so unten und wie unten so oben, um das Wunder des Einen zu vollbringen.« Dieses sogenannte hermetische Axiom steht im Zentrum aller Alchemie und metaphyischen Philosophie und es ist der Schlüssel, um solche Symbole wie die des Tarot zu verstehen und zu gebrauchen.

Dabei müssen wir uns vergegenwärtigen, daß die astronomischen und astrologischen Konstellationen ja keine tatsächlich miteinander in Verbindung stehenden Sterne sind. Sie sind Lichtpunkte, die von der Vorstellung zusammengebracht wurden. Einige sind uns ziemlich nah, andere weit entfernt, und nur von unserem persönlichen Standpunkt aus, den wir Erde nennen, scheinen sie miteinander zusammenzuhängen. Weil wir ein so starkes inneres Bedürfnis nach Sinn und Bedeutung haben, hat die Menschheit zu allen Zeiten unser Bewußtsein auf den nächtlichen Himmel projiziert, in Form großer Muster und Bilder. Dessenungeachtet ist die Bedeutung, die wir darin sehen, vollends gültig: indem wir die Sterne betrachten, sehen wir uns selbst ganz klar. Oder wie es der Autor Joseph Chilton Pearce treffend ausgedrückt hat: »Das menschliche Bewußtsein spiegelt ein Universum wider, das ein menschliches Bewußtsein widerspiegelt.«

Archetypen und Tarot

Die Tarotkarten haben deshalb eine so große Bedeutung für uns, weil sie die uns innewohnenden und unvergänglichen menschlichen Merkmale symbolisieren, die der Psychologe C. G. Jung als »Archetypen« bezeichnet hat. Diese auf einem Kartenspiel dargestellten und projizierten Archetypen sprechen uns auf der tiefsten Ebene an und zeigen uns – ebenso wie die Sterne – Geheimnisse, die hinter unseren Alltags-Persönlichkeiten verborgen liegen.

Die Gegebenheiten in Ihrem Leben entwickeln sich um unzählige Strukturen oder Themen, ähnlich den Themen der alten Mythen. Sobald Sie solche Strukturen wahrnehmen, stellen Sie fest, daß Ihr Leben nicht sinnlos ist, sondern statt dessen eine große mythische und spirituelle Bedeutung hat. Die Jung-Psychologin M. Esther Harding sagt dazu:

Die Tatsache, daß sich der Weg in einer Art entfaltet, die das Individuum Schritt für Schritt und nicht selten über ganz unerwartete Wendungen zu einem Ziel der Ganzheit führt, muß bedeuten, daß es in der Psyche Strukturen oder Entwicklungsregeln gibt, die den Mustern im psychologischen Umfeld entsprechen, die die (...), die zum Wachstum und zur Entwicklung des Embryos führen. Wir sollten nicht überrascht sein, in dem Leben der Psyche solche a-priori-Muster zu finden.

Im weiteren sagt sie, daß Männer und Frauen, die solche innere Ganzheit finden und sich selbst von den Konflikten und der Zerrissenheit in ihrem Leben befreien, »etwas Konstruktives tun werden, um die großen Probleme zu lösen, die die Menschheit zu vernichten drohen«. Es kann nur dann eine Welt frei von Konflikten und Zerrissenheit geben, wenn sie von Menschen bevölkert ist, die sich zuvor von Konflikten und Zerrissenheit befreit haben.

In der Sprache der Jungschen Psychologie heißt der Begriff »konstelliert«, daß ein bestimmter Archetyp von großer Macht besetzt ist und durch ein Übermaß von Energie aktiviert wird. Dieser konstellierte Archetyp kann unsere Psyche beherrschen, bis wir seine Energie verstehen und ihn in unsere Persönlichkeit integrieren. Andernfalls projizieren wir seine Qualitäten auf andere Personen, die wir dementsprechend als mächtig und fähig betrachten. In diesem Fall fühlen wir uns entweder minderwertig oder egoistisch in diesem Bereich. Die positiven Seiten dieses Archetyps sind uns dennoch zugänglich und werden von uns nach und nach aufgenommen.

Abgesehen davon, daß zu jeder Zeit in unserem Leben ein Archetyp konstellieren kann, werden wir bei unserer Geburt in eine bestimmte Konstellation hinein geboren. Sie wird deutlich durch das Horoskop ausgedrückt, das auf den exakten Augenblick unserer Geburt berechnet ist. Ein Geburtskennzeichen auf einer anderen Ebene ist der Archetyp, dessen Energie an unserem Geburtstag konstelliert und der durch die Tarotkarte symbolisiert wird, die dem Zahlenwert des Geburtsdatums entspricht. Mit der Namensgebung konstelliert eine andere Energie, der wir uns angleichen müssen. Diese scheinbar zufälligen Gegebenheiten werden uns verständlicher, wenn wir akzeptieren, daß unser höheres Selbst sich alle Umstände unseres Geborenwerdens auswählt, damit wir bestimmte Eigenarten entwickeln, bestimmten Herausforderungen entgegentreten und uns auf die Erfüllung eines selbstgesteckten Ziels konzentrieren können. Unser Name, der uns bei Geburt gegeben wird, spiegelt mit seiner kulturellen, familiären und generationsspezifischen Bedeutung die gesellschaftliche Konstellation, die wir uns für unser Tun ausgesucht haben. Wenn wir unseren Namen ändern, entscheiden wir uns für neue Archetypen und die darinwohnenden Energien. Wenn uns ein Archetyp bewußt geworden ist, kann er oftmals nicht in sein altes Gewand zurückkehren, so daß ein neuer Anzug, eine neue Konstellation, ein neuer Name für ihn gemacht werden muß.

Ebenso ist jedes Jahr in unserem Leben durch einen bestimmten Energiefluß gekennzeichnet, der durch einen Archetyp ausgedrückt werden kann und dessen abklingender Einfluß es uns ermöglicht, seine Lektionen zu verstehen und seine Werte in unser Wesen zu integrieren. Falls diese Energie bereits in unserem Namen oder unserem Geburtsdatum liegt, wird sie mehr als sonst aktiviert, aber auch zugänglicher. In diesen Fällen müssen wir unmittelbarer und konstruktiver mit der Energie umgehen, da uns sonst ihre kraftvollen Auswirkungen mehr schaden als nutzen.

Man kann sagen, daß die Karten, die durch das Geburtsdatum und den Namen bestimmt werden, die Hauptspannungen kennzeichnen, mit denen wir unser Leben lang zu kämpfen haben. Marie Louise von Franz nennt die konstellierten Archetypen »eine Anhäufung dynamischer Energie«, und »einen Faktor psychologischer Wahrscheinlichkeit«. Von Franz ist der Ansicht, daß das Konstellieren eines Archetyps jeweils ein inneres Muster oder einer Struktur der Psyche bewirkt. Sie sieht in Orakel-Techniken Versuche, zu diesen Grundstrukturen zu gelangen, damit die psychologischen Wahrscheinlichkeiten dort erkannt werden können.

Obwohl sie hier das plötzliche Auftauchen eines Archetyps in der Psyche vor Augen hat und über dessen Ursprung nichts aussagt, gehe ich davon aus, daß die zentralen archetypischen Konstellationen im Leben eines Menschen – mit denen er sich während seines ganzen Lebens auseinandersetzen muß – seiner ursprünglich gewählten Absicht entsprechen und in seinem Geburtsdatum und seinem Geburtsnamen Ausdruck finden. Diese persönlichen Merkmale drükken auf tiefer Ebene aus, was wir im doppelten Sinne realisieren müssen: verwirklichen und begreifen.

Eine andere Art, das Selbst bei der Suche nach seiner eigenen Bestimmung zu betrachten, liegt in dem Bild des Kindes oder des Narren beim Glücksspiel – ein Bild, das in den meisten Mythologien auftaucht. Wenn der Würfel rollt (um eine der ältesten Formen des Glücksspiels zu nehmen) ist das Schicksal Herr dieses Augenblicks. Wenn man jedoch der Jungschen Theorie über Synchronizität folgt, derzufolge alles was sich gleichzeitig ereignet, bedeutsam miteinander verbunden ist, dann wird das Schicksal zu einem synchronistischen Phänomen. So gesehen finden synchronistische Ereignisse, die uns einzigartig, sporadisch und unvorhersehbar erscheinen, innerhalb eines gewaltig größeren Rahmens, den wir kaum jemals werden sehen können, statt. Insofern sind diese zeitgleichen Ereignisse Spiegel einer Konstellation, wobei jedes Ereignis einen kleinen Ausschnitt wiedergibt von dem Ganzen, dem Archetyp, der sich ausdrücken will. Das sehe ich im Bild des Narren, der das Schicksal – und sich selbst – dem Spiel des Windes überläßt; aber dieser Wind kam von irgendwo und geht irgendwo hin. Der Narr springt lediglich auf und läßt sich von der Bewegung tragen, die er nicht sehen kann. Er vertraut auf seine Bestimmung und eventuell erkennt er deren genauere Struktur.

Natürlich können Sie mich fragen, wie mir ausgerechnet eine *Zahl* etwas über meine zentrale archetypische Konstellation sagen kann? Wissenschaftlich ausgedrückt, leben wir in einem Kontinuum von Zeit–Raum, das auf der mathematischen Relativität beruht. Wir messen sowohl Zeit wie Raum mit Zahlen. Wiederum sagt Frau von Franz:

Zahlen geben Auskunft über die zeitgebundene Zusammensetzung von Ereignissen. In jedem Augenblick gibt es eine andere Zusammenstellung, und es sind Zahlen, die Auskunft über die qualitative Struktur eines zeitabhängigen Bündels an Ereignissen geben ... Ich glaube, wir müssen einsehen, daß die Zahl ein archetypischer Ausdruck oder eine Idee ist, die einen quantitativen und einen qualitativen Aspekt enthält.

Richard Wilhelm, der Übersetzer des I Ging, hat erklärt, die Chinesen seien der Ansicht, man könne die Zukunft voraussagen, sofern man den Zusammenhang zwischen einem Baum und seiner Saat erkenne. Wenn wir also den Kernpunkt einer Situation, eines bestimmten Lebens, kennen, können wir die Folgen voraussagen. Folgen verstehe ich hier als Ausdruck *wofür wir leben*. In der psychologischen Sprache ausgedrückt heißt das, wenn wir die tiefste archetypische Konstellation unserer derzeitigen Situation erkennen, dann können wir bis zu einem gewissen Maße wissen, wie sich die Dinge entwickeln. In diesem Buch versuche ich Ihnen einige Werkzeuge zu geben, um diese »Kernpunkt-Konstellation« zu entdecken.

Die Art des Glaubens

Tarotkarten wirken wie Spiegel, in denen wir unsere Erfahrungen ziemlich objektiv erkennen können. Die Bilder auf den Karten spiegeln unsere Vorstellungen vom Leben und veranschaulichen sowohl die gesellschaftlichen Glaubensstrukturen in die wir hineingeboren wurden, wie auch unser abendländisches Erbe. Sie haben viel gemeinsam mit hermetischer Philosophie, der Kabbalah, der Astrologie und der Numerologie, der Psychologie nach C. G. Jung und einer mythisch und symbolisch orientierten Psychologie, der Alchemie und anderen esoterisch orientierten, metaphysischen Systemen.

Jede dieser Richtungen beschreibt einen bestimmten Ausschnitt der Wirklichkeit, vergleichbar mit wissenschaftlichen Systemen, die die Strukturen innerhalb von Atomen und Molekülen beschreiben. Der Tanz von Shiwa und Shakti (zwei hinduistischer Gottheiten) entspräche der Struktur eines Netzes, und die von Shiwa und Shakti verkörperte Grunddualität von männlich und weiblich fände ihre Entsprechung in einer Art binären Code: an/aus, Ordnung/Chaos, bewußt/unbewußt, schwarz/weiß, Energie/Materie, männlich/weiblich, das Auftauchen und das Verschwinden der Erscheinungswelt.

Jeder einzelne ist Teil einer großen Glaubensrichtung, die zusammengenommen unsere Gesellschaft prägen. Solange wir unser Handeln nach den Grundsätzen eines Glaubens ausrichten, tragen wir dazu bei, ihn zu verewigen, gleichgültig ob wir ihn gut finden oder nicht. In der Regel sind wir uns nicht einmal bewußt, daß unser Handeln auf Glaubensgrundsätzen beruht. Wir »folgen nur unserem natürlichen Drang«. Warum sollten wir die selbstverständlichsten Impulse in

Frage stellen? Wir sind doch »natürlich«. Aber was ist natürlich? Ist es denn natürlich, einem Haufen von Glaubensgrundsätzen und Ideen zu folgen, die uns von allen Seiten eingeschärft wurden, zunächst von unseren Eltern und Lehrern und später von Vorgesetzten, Politikern und vom Fernsehen? Das ist zumindest das, was die meisten Menschen machen. Sie nennen ihr Handeln dann natürlich, aber mit Natur hat das nichts mehr zu tun. Sie handeln so aus Gewohnheit, als Reaktion, nicht als Aktion. Häufig führt das zu einer Art Machtlosigkeit, weil wir uns verfangen haben in sich widersprechenden Überzeugungen unserer vielen Lehrer.

Glauben kann sowohl hilfreich wie schädlich sein, und in der Regel ist er nur hilfreich im richtigen Umfeld. Das Problem liegt darin, daß Glaubensgrundsätze oft zu Verhaltensregeln verallgemeinert werden, und die dahinterliegende Überzeugung vergessen wird. So wird einigen Menschen zum Beispiel beigebracht, niemals einen Hut auf ein Bett oder einen Stuhl zu legen. Sie nerven dann ihre Umwelt damit und es kann zu ganz erheblichen Auseinandersetzungen kommen, wenn sie einen Hut auf dem Bett finden. Nur wenige fragen sich, woher diese Regel überhaupt stammt. (»Es gehört sich eben so!«). In der Tat hat sie einen ganz praktischen Ursprung. In vielen Gegenden gibt es sogar heute noch Probleme mit der Kopflaus. Sie kann sehr schnell von einem Hut auf das Bett und von dort in das Körperhaar eines anderen Menschen springen. Wenn wir aber in einer Gegend leben, in der es keine Läuse gibt, müssen wir nicht besorgt sein, wenn jemand seinen Hut auf unser Bett legt. Das ist nur ein Beispiel für eine Verhaltensregel, die von ihrem Ursprung abgeschnitten ist. Dennoch kann ein Verstoß zu üblen Folgen führen, deren Grund aber in unserer Furcht liegt und nicht als natürliche Folge des Fehlverhaltens zu erklären sind.

Wenn Menschen bestimmte Dinge oder Ereignisse in ihrem Leben erwarten, suchen sie danach und sehen alles durch diese Brille. Wenn es nützlich ist, unser Gespür zu entwickeln, warum sollten wir nicht daran glauben? Wenn Sie keinen Krieg wollen, aber andererseits überzeugt sind, daß er ohnehin nicht vermeidbar ist, wird Ihr Handeln immer von einer feindseligen oder gewalttätigen Erwartung bestimmt sein. Was wir zuerst lernen müssen, ist, uns unserer Gefühle und unseres Glaubens bewußt zu werden.

Ein Grundlehrsatz in allen metaphysischen Denksystemen sagt, daß wir uns unsere eigene Realität gemäß unseren Glaubensvorstellungen erschaffen. Unser Glauben verleiht unserer Wirklichkeit ihre Form und hält sie zusammen. Aber in mancher Hinsicht sind die Glaubens-

inhalte rein willkürlich. Dadurch ist es möglich, daß für Sie Zukunftsträume eine unbestreitbare Erfahrung sind, wohingegen eine andere
Person nicht glauben wird, daß die Tatsache solcher Vorausschau in
jedem Fall »beweisbar« ist. Ein Skeptiker wird keinerlei Erfahrung
machen, die seiner Überzeugung zuwiderläuft, bis sich ein Aspekt
seines Glaubens ändert und es ihm ermöglicht, eine andere Wirklichkeit wahrzunehmen. Das eröffnet ihm dann mit einem Schlag ein ganz
neues Universum.

Das erklärt auch, warum Sie ein Buch lesen können, das Sie schon vor
Jahren gelesen haben, das Ihnen aber heute etwas völlig Neues sagt.
Wie kam es, daß Sie das beim ersten Mal überlesen haben? Weil Sie die
Dinge nicht wahrnehmen, die mit Ihrem Glaubensbild nicht übereinstimmen. Der Glaube leitet Ihre Wahrnehmung ebenso wie Ihre
emotionalen Reaktionen.

Ich versuche Ausdrücke wie »Ich denke...« und »Ich glaube...«
immer sehr bewußt zu verwenden, um damit zu sagen, daß es sich um
meine Glaubensüberzeugung handelt, die Sie nicht teilen müssen.
Aber auch dort, wo ich nicht ausdrücklich darauf hinweise, sollten Sie
in diesem ganzen Buch immer davon ausgehen, daß ich es so meine.
Wenn Ihr Glauben dem meinen nicht gleicht, mag es sein, daß das, was
ich sage, für Sie keine oder eine andere Bedeutung hat. Deshalb bitte
ich Sie, meine Gedanken in Frage zu stellen, und dabei gleichzeitig vor
Augen zu haben, daß es eine unermeßliche Vielfalt von Überzeugungen gibt. Dessen ungeachtet möchte ich Sie bitten, Ihren Unglauben so
lange willentlich auszuschalten, bis Sie sich den Ideen und Übungen
dieses Buches mit einer freudigen und nonchalanten inneren Haltung
genähert haben. Sie sollten bereit sein, mit mir zu spielen und meine
Vorschläge zu prüfen, um zu sehen, ob Sie Ihnen etwas Neues sagen
können. Danach sollten Sie durchaus Ihre eigenen Spielregeln entwikkeln.

Die Triumph-Übung

In diesem Buch werde ich Ihnen viel über die charakteristischen
Merkmale der Karten und ihrer Konstellationen sagen. Das ist zwar
hilfreich, hat aber auch seine beengenden Seiten und kann Sie sogar auf
die falsche Spur führen oder Sie davon abhalten, Ihre eigenen Möglichkeiten zu erkennen. So wie es niemals ein Traumdeutungsbuch geben
wird, das eine angemessene oder genaue individuelle Deutung Ihres

Traumes gibt, so ist auch mein Verständnis der Karten nicht gleichwertig mit dem, was Sie aus den Karten gewinnen können. Tarotbücher nennen Ihnen Hunderte von Bedeutungen für eine Karte, aber die folgende Übung zeigt Ihnen, wie Sie Ihre persönliche Bedeutung entdecken, wenn Sie inmitten einer Legung sind (auch dann, wenn Sie niemals zuvor ein Tarotspiel in der Hand gehabt haben). Ich selbst benutze diese Methode bei meinen Beratungen immer wenn ich auf eine ausgelegte Karte innerhalb einer Legung blicke und plötzlich feststelle, daß mein Kopf leer ist. Dann bricht Panik über mich herein: »Ich habe alles vergessen. Ich habe keine Ahnung, was diese Karte bedeutet! Was soll ich sagen?« Das passiert jedem. Ich reiße mich dann zusammen und mache Schritt für Schritt die Übung, die ich Ihnen hier beschreibe.

Wenn in meinen Kursen ein Teilnehmer sagt: »Ich weiß nicht, was diese Karte bedeutet« oder »Welche Bedeutung könnte sie in diesem Zusammenhang haben?« bitte ich ihn, die gleiche Übung zu machen. Sie hat es wirklich in sich!

Ich nenne sie die »Triumph-Übung«, weil dazu nur die Trumpfkarten der Großen Arkana gebraucht werden (obwohl sie sich grundsätzlich für alle Karten eignet). In den Anfängen der Kartenspiele wurden sie Trumpfkarten genannt, weil sie den übrigen Karten überlegen waren. Man geht davon aus, daß dieser Begriff entstand, als die Karten im Europa der Renaissance zum bildhaften Ausdruck einer triumphalen Prozession dienten. Jede dieser Karten zeigt Personen oder Symbole als Allegorie für Tugenden oder universellen Grundsätzen (wie Liebe, Keuschheit, Zeit, Tod usw.) Wenn wir das auf die heutigen Tarotkarten übertragen, zeigen uns die »Trumpfkarten« der Großen Arkana wie wir in einer Situation »triumphieren« können. Das Wort Trumpf bedeutet der Hilfs-Schlüssel, der im geeigneten Augenblick eingesetzt werden sollte. Die Karten der Großen Arkana werden häufig »Schlüssel« genannt. Damit ist gesagt, daß uns diese Karten Hinweise geben können, die allen anderen überlegen sind.

Nehmen Sie diesmal nur die 22 Trumpfkarten. Sie können diese Technik aber auch auf alle 78 Karten anwenden, sofern die Karten ihres Decks alle bebildert sind.

Bitte stellen Sie sich, während Sie dies lesen, eine Karte der Großen Arkana vor. (Falls Sie mit den Karten noch gar nicht vertraut sind, nehmen Sie ein Kartenspiel zur Hand, sortieren Sie die 22 Trumpfkarten aus, mischen Sie diese gründlich durch, fächern Sie die Karten dann verdeckt vor sich auf und wählen Sie irgendeine davon aus.)

Die Karte, die ich gezogen habe, ist: _____ Schreiben Sie den Namen hier in das Buch oder in Ihr Tarot-Notizbuch. (Immer wenn Sie dieses Buch lesen, sollten Sie ein Tarotspiel und einen Stift zur Hand haben.)

Die Karte, die Sie gezogen haben, hat Ihnen etwas zu sagen. Sie müssen jetzt nichts anderes tun, als sie zu fragen, was. In diesem Augenblick ist die Karte Ihr Spiegel. Es gibt 22 Möglichkeiten. Jede davon ist ein anderer Spiegel, in den Sie schauen können.

Beschreiben Sie die Karte. Seien Sie freizügig mit Eigenschaftsmerkmalen und beschreibenden Sätzen. Schreiben Sie schnell alles nieder, noch bevor Sie darüber nachdenken, was Sie eigentlich sagen wollen. Überraschen Sie sich selbst. Zum Beispiel: *Ein Magier ist ein Garten voller Blumen in voller Blüte. Er steht vor einem Tisch, auf dem die Symbole aller Elemente ausgebreitet sind. Vielleicht sind das seine Werkzeuge. In seiner rechten, erhobenen Hand hält er einen Stab und mit seiner linken Hand weist er zu Erde.* Vermutlich werden Sie die Karte jedesmal, wenn Sie sie sehen, anders beschreiben, und dabei Dinge wahrnehmen, die Ihnen das letzte Mal nicht auffielen und dafür diesmal andere übersehen.

Beschreiben Sie dann, wie sich die Figuren in der von Ihnen beschriebenen Situation fühlen. Wie ist ihre Haltung oder ihre Stimmung? Wie fühlen Sie sich in dieser Situation? Zum Beispiel: *Er konzentriert sich, als würde er etwas offenbaren oder als würde er voller Vertrauen ein Kanal für eine höhere Energie sein. Es sieht so aus, als wolle er zeigen, wie man etwas macht.*

Sie sollten zumindest eine frei phantasierte Aussage über die Karte machen, die mit »Was wäre, wenn...« beginnt. Machen Sie es jetzt gleich aus dem Stegreif, ohne viel darüber nachzudenken. Haben Sie Spaß daran. (Was wäre, wenn der Magier ein Geschichtenerzähler wäre, der eine Geschichte vorbereitet, in der alle Gegenstände auf dem Tisch vorkommen?)

Als nächstes wiederholen Sie die wesentlichen Aussagen von dem, was Sie zuvor gesagt haben. Aber diesmal setzen Sie die erste Person Einzahl ein, also: »Ich bin...« Damit werden Sie zu der Person auf der Karte und übernehmen die beschriebenen

Eigenschaften. Ersetzen Sie dementsprechend auch die Worte »Was wäre, wenn«, so daß sie Teil der gesamten Aussage werden. *Ich bin ein Magier in einem Blumengarten in voller Blüte. Ich stehe vor einem Tisch, auf dem die Symbole der vier Elemente ausgebreitet sind. Es sind meine Werkzeuge. In meiner rechten, erhobenen Hand habe ich einen Stab und mit meiner linken weise ich zu Erde. Ich bin Kanal für eine Kraft, die ich voller Vertrauen und Konzentration durch mich strömen lasse. Ich bin mit voller Aufmerksamkeit dabei zu zeigen, wie man etwas macht. Ich bin ein Geschichtenerzähler und bereite eine Geschichte vor, bei der ich alle Gegenstände benutzen werde, die auf dem Tisch liegen.* Wie Sie sehen, habe ich überflüssige Worte wie »vielleicht« und »es scheint« gestrichen und habe die Ideen miteinander verknüpft, um die Aussage stärker werden zu lassen.

Sie werden auf Anhieb sehen, daß einige Aussagen für Ihr jetziges Leben recht zutreffend sind. Diese sollten Sie unterstreichen.

Die HERRSCHERIN

Machen Sie aus allen Sätzen eine Frage. Je nachdem welche Sätze Sie verwandt haben, sollten Sie sich jetzt beispielsweise fragen: »Worauf konzentriere ich mich zur Zeit?« Im obigen Beispiel könnten Sie fragen: »*Welche Elemente oder Werkzeuge benutze ich?*« und »*Auf welche Geschichte bereite ich mich vor und wie kann sie mir nützen (oder ein Gewinn sein?)*« Sie können auch auf die Motive der Karte zurückkommen und sich fragen: »*Wie kann ich all die Gegenstände auf dem Tisch verwenden?*«

GERECHTIGKEIT

Prüfen Sie all die Bilder, die Sie als Symbole für Ereignisse, Überzeugungen und Entscheidungen in Ihrem Leben verwandt haben, eben für die Realität, die Sie stets schaffen. Weitere solcher Beispiele sind: *Die Herrscherin: Eine schwangere Frau sitzt in einem ganz üppigen Feld.* Das wird zu *Ich bin eine schwangere Frau und sitze in einem ganz üppigen Feld.* Fragen Sie sich dann: *Mit welchem Kind oder welchem Vorhaben gehe ich schwanger?* und *Welche Art von Reichtum umgibt mich?* Oder für die Karte der Gerechtigkeit: *Sie scheint in einem Gerichtssaal oder in einer strengen Umgebung zu sein. Sie versucht ernst und gerecht zu sein und sieht aus, als würde sie nur das annehmen, was ihr zusteht... Daraus wird: Es sieht so aus als säße ich in einer strengen Umgebung oder einem Gerichtssaal. Ich versuche ernst und gerecht zu sein und nehme nur das an, was mir zusteht. Was ist so streng an meiner Haltung oder meiner Umgebung? Worüber wird ein Urteil gefällt? Wo versuche ich in meinem Leben ernst und gerecht zu sein? Was glaube ich, steht mir zu?*

Schreiben Sie nun einige Ihrer Fragen auf, die sich auf die von Ihnen gemachte Beschreibung der von Ihnen gezogenen Karte beziehen.

Beantworten Sie diese Fragen so ehrlich wie möglich, wobei Sie Ihre derzeitige Lebenssituation vor Augen haben sollten.

Da jede Karte einen Weg des »Triumphes« weist, sollten Sie nun prüfen, welche Möglichkeiten und Qualitäten Ihnen Ihre Karte zeigt, damit Sie wachsen oder einer Herausforderung begegnen können.

Wie können Sie triumphieren? Was ist die höchste auf der Karte dargestellte Qualität? Welche Eigenschaften werden von ihr ausgedrückt, die Sie wertschätzen oder gerne entwickeln würden? Schreiben Sie mindestens fünf Qualitäten auf, die Sie wahrnehmen. Machen Sie das schnell, ohne lange darüber nachzudenken.

Es ist wichtig, daß Sie bei dieser Übung negative Aussagen vermeiden. Verändern Sie diese in ihr Gegenteil, in erfreuliche Qualitäten. Wenn Sie zum Beispiel aufgeschrieben haben, daß Sie triumphieren können, indem Sie »keine Angst« haben, überlegen Sie welche positiven Qualitäten darin liegen: Mut? Das Akzeptieren von Angst? Bestimmung? Mitleid?

Verändern Sie dann alle negativen Aussagen Ihrer obigen Notizen in deren triumphierende Qualitäten.

Bringen Sie diese Qualitäten jetzt in die »Ich bin...«-Form und bestätigen Sie sich damit, daß Sie diese Qualitäten in sich haben.

Um weitere Möglichkeiten auszuloten, die diese Karte für Sie beinhalten kann, und um ihre Wichtigkeit zu verstehen, sollten Sie morgen zu dieser Seite zurückkehren und daraufhin eine kurze Zusammenfassung dessen geben, was in den 24 Stunden seit Beginn dieser Übung geschehen ist. Notieren Sie vor allem Gedanken, Vermutungen und Ereignisse, die mit Ihrer Karte in Verbindung stehen oder wie Sie deren Qualitäten bei Ihrer Tätigkeit eingebracht haben.

Karte _____ Datum (1. Notiz) _____
Beobachtungen und Datum (2. Notiz) _____
Entsprechungen:

Machen Sie das gleiche noch einmal nach etwa sieben bis zehn Tagen
und schauen Sie, ob Sie noch weitere Aspekte dazu gewonnen haben.
In diesem Fall sollten Sie Ihre Notiz in einer anderen Farbe festhalten,
damit sie beide Eintragungen später auseinanderhalten können.

Diese Übung scheint einfach. Es handelt sich hier um eine Grundtech-
nik, die bei jeder Kartendeutung angewandt werden kann. Wenn Sie
sie einige Male nach dem beschriebenen Muster gemacht haben, wird
sie Ihnen sehr vertraut sein und ganz automatisch ablaufen als ein
ganzheitlicher Blick aus dem »inneren Auge«. Wenn diese Übung
wirklich gründlich gemacht wird, kann Sie ebensoviel aussagen wie
Übungen mit allen Karten in einem normalen Legesystem. *In jedem
Fall wird die Aussage für Sie bedeutsamer sein als alle Deutungen, die
Sie in einem Buch nachschlagen können.* Vermutlich müssen Sie danach
nie wieder die Bedeutung dieser Karte nachblättern. Sie werden die
Karten nach und nach gemäß Ihren persönlichen Kriterien und
Erfahrungen verstehen, wodurch Sie Ihnen immer vertrauter werden.
Auf diese Art werden die Karten immer persönlicher, sprechen zu
Ihnen, und Sie entdecken Ihr eigenes Tarot.

Ihre tägliche Triumph-Übung

Wenn Sie Ihren täglichen »Triumph« ziehen, ist das so, als würden Sie
in einen Spiegel schauen. Sie haben die Möglichkeit zu erkennen,
welche Ansichten und Überzeugungen an diesem Tag aktiviert werden. Gleichzeitig zeigt Ihnen die Karte, wie Sie den Herausforderungen des Tages »triumphierend« begegnen können. Selbst wenn Sie sich
später für eine andere Art des täglichen Tarotlegens entscheiden sollten
oder die Karten nicht täglich benutzen, *sollten Sie diese Übung jetzt
nicht voreilig verwerfen,* weil Sie Ihnen zu einfach oder zu überflüssig
erscheint. In der beschriebenen Vorgehensweise führt jeder Schritt zu
einer Technik, die für die spätere Arbeit wichtig ist. Wenn Sie Tarot für
sich selbst anwenden, brauchen Sie ein Echo. Symbole haben einen
persönlichen Charakter. Mit Hilfe dieser nur scheinbar simplen
Übung werden Sie schnell entdecken, was die Karten in Ihrem Leben
ausdrücken, und Sie werden erkennen, wie all Ihre Ansichten und
Überzeugungen miteinander zusammenhängen und verwoben sind.

Verwahren Sie Ihre Tarotkarten in einem besonderen Behältnis, dort wo Sie sich ankleiden oder auf einem persönlichen Altar. Nehmen Sie jeden Morgen (oder zu einer von Ihnen bevorzugten Zeit) die 22 Großen Arkana, mischen Sie die vergangene Tageskarte unter die anderen und ziehen Sie dann eine Karte für den neuen Tag. Sie können das als Teil einer inneren Sammlung oder einer Meditation machen, aber auch schnell und einfach, ohne große Umschweife. Es ist sehr ratsam, sich an eine regelmäßige Zeit zu gewöhnen (in der Regel frühmorgens oder am Abend). Lassen Sie Ihren »täglichen Triumph« offen liegen, so daß Sie den ganzen Tag lang an ihn erinnert werden und sich das Bild langsam in Ihr Bewußtsein eingräbt.

Wenn Ihnen beim Mischen eine Karte herausfällt, sollten Sie diese als Tageskarte nehmen. Falls Ihnen zwei herausfallen, nehmen Sie beide. Entweder verbinden Sie die zwei zu einer Bedeutung oder Sie beobachten, daß beide widersprüchliche Ideen ausdrücken. Lassen Sie in diesen Fällen die Erfahrung des Augenblicks zu Ihnen sprechen und begrüßen Sie das Unerwartete als eine wichtige Mitteilung Ihres inneren Wesens. Behalten Sie dabei immer vor Augen, daß ich Ihnen zwar Richtlinien gebe, denen Sie aber niemals blindlings folgen sollten. Anstatt mich jeden Tag zu bemühen, eine neue Frage zu formulieren, stelle ich jeden Tag dieselbe: »Worauf soll ich heute achten?« Sie können auch fragen: »Was ist heute meine größte Herausforderung?« Auf diese Art verweisen die Karten auf größere Herausforderungen und was wir dabei zu lernen haben.

Schreiben Sie jeden Tag den Namen Ihrer Karte auf *Ihre tägliche Triumphliste*. Benutzen Sie dazu entweder die Liste in diesem Buch oder machen Sie Ihre eigene. Das geht wie folgt: Falten Sie ein weißes DIN-A4-Blatt dreimal nacheinander in der gleichen Richtung von unten nach oben. Wenn Sie es dann auseinanderfalten haben Sie acht querlaufende Felder. Ziehen Sie an den Faltkanten Querstriche und schreiben Sie die Spaltentitel in die oberste Rubrik, so daß Sie mit den sieben freien Rubriken darunter eine für jeden Tag der Woche haben. Diese tägliche Triumphliste sollten Sie in Ihrem Tarot-Notizbuch aufbewahren, damit Sie ein fortlaufendes Protokoll Ihrer Seele haben und jederzeit schnell nachblättern können.

Wie Sie mit Ihrer Karte arbeiten können

Das mindeste, was Sie tun sollten, ist die Karte und das Datum aufzuschreiben. Ich rate Ihnen sehr, auch alles andere aufzuschreiben, was Ihnen dabei von Belang zu sein scheint.

Es kann sein, daß Sie nicht genügend Zeit für ausführlichere Eintragungen in Ihre Trageliste haben. Sie brauchen aber nur zwei bis fünf Minuten, um ein paar wichtige Dinge unter den Spaltentiteln der obersten Rubrik festzuhalten:

1. *Datum:* Notieren Sie den Wochentag und das vollständige Datum. Sie können dazu auch die Mondphase vermerken oder bedeutsame astrologische Aspekte. Falls Sie einen Tag versäumt haben, aber dennoch ein fortlaufendes Protokoll haben möchten, können Sie diese auch im nachhinein ziehen. Dabei sollten Sie vor Augen haben, daß diese Karte für einen zurückliegenden Tag gilt und dies auch auf Ihrer Liste vermerken.

2. *Karte:* Schreiben Sie auf, welche Karte Sie bekommen haben. Falls Sie verschiedene Tarotspiele benutzen, sollten Sie auch aufschreiben, welches Deck Sie an diesem Tag benutzen.

3. *Gefühl:* Karten lassen automatisch Erinnerungen und Gefühle in Ihnen hochsteigen. Sobald Sie Ihre Tageskarte umgedreht haben, sollten Sie das Gefühl aufschreiben, das sie in Ihnen wachruft. Fühlen Sie sich enttäuscht oder befreit? Löst sie Freude oder Furcht in Ihnen aus? Sind Sie glücklich oder verärgert? Machen Sie sich Ihr erstes Gefühl bewußt und schreiben Sie es in die Spalte »Gefühle«. Ein oder zwei Stichwörter genügen.

4. *Bild:* Behalten für einen Augenblick dieses erstes Gefühl und lassen Sie Bilder und Erinnerungen in sich aufsteigen, die dieses Gefühl in Ihnen wachruft. Beschreiben Sie diese kurz in der Spalte »Bild«.

5. *Ansichten:* Ihre Reaktionen beruhen in aller Regel auf den Ansichten, die Sie von sich und der Welt haben, Ansichten, die häufig in Bildern zum Ausdruck kommen. Tragen Sie solche Beobachtungen in der Rubrik »Ansichten« ein. *(Als ich beispielsweise einmal »Die Sonne« zog, bemerkte ich, daß ich erfreut dachte: Du mußt etwas Richtiges getan haben! Ein anderes Mal, beim »Gehängten« erschien mir plötzlich das Bild meiner Tochter, die ihre Hände in etwas verwickelt hatte und mir hilflos sagte: »Ich kann es nicht.«)* Achten Sie darauf, wie solche Ansichten im Laufe des Tages auftauchen, und prüfen Sie, ob es sich dabei um eine hilfreiche Ansicht handelt oder eine, die Sie in Ihren Möglichkeiten beengt.

6. *Ereignisse:* Füllen Sie diese Kolumne am nächsten Tag mit einer kurzen Bemerkung, was Sie getan und wen Sie gesehen haben. Wenn Sie die Ereignisse des vorhergehenden Tages an sich vorbeiziehen lassen, zeigt Ihnen die entsprechende Tageskarte noch einmal die Herausforderung, der Sie begegneten und die Grundüberzeugung oder eine Ansicht, der Sie sich bewußt werden mußten.

7. *Art des Triumphes:* In diese letzte Spalte tragen Sie kurz die höchste (günstigste, erfreulichste, wachstumsfördernste) Qualität ein, die Sie in der Karte sehen. Wenn Sie mit dieser Haltung allem, was auch immer geschieht, begegnen, können Sie triumphieren.

Trends, die Sie in Ihrer täglichen Triumphliste erkennen

Schauen Sie, ob gleiche Karten immer dann auftauchen, wenn eine bestimmte Person an diesem Tag für sie wichtig war, oder wenn Sie mit einer bestimmten Arbeit oder Aufgabe betraut waren.

Welche Karten tauchen an den Tagen auf, die voller Streß sind? Welche Karten erscheinen bei besonders glücklichen Tagen?

Gehen Sie am Ende der Woche noch einmal die Karten durch, die Sie gezogen haben. Karten, die mehrmals aufgetaucht sind, zeigen noch unerledigte Angelegenheiten oder Probleme, deren Wurzeln noch nicht behandelt wurden. Achten Sie auch darauf, wenn diese Karten plötzlich nicht mehr regelmäßig erscheinen. Was geschah an dem Tag, als sie das letzte Mal auftauchten? Achten Sie darauf, wenn eine neue oder lange nicht gezogene Karte erscheint. Ist sie Vorbote einer Veränderung oder neuer Lebensumstände?

Schauen Sie, ob Ihre Tageskarte zu Ihren Geburtskarten oder Ihren Namenskarten gehört, wie sie in Kapitel zwei und fünfzehn beschrieben werden. Beobachten sie die Zyklen, Strukturen und die zeitlichen Übereinstimmungen, die zu erkennen sind. Sie bestätigen die Wichtigkeit und die Bedeutung bestimmter Symbole.

Wenn Sie sich mit Ihren Träumen auseinandersetzen, sollten Sie sich vor dem Einschlafen aus den 22 Großen Arkana die Karte auswählen, von der Sie träumen möchten. Wenn Sie Ihre Absicht auf diese Art festhalten (man nennt das Inkubation), sagen Sie Ihrem Innersten, wohin es im Traumzustand blicken soll. Nachdem Sie am nächsten Morgen Ihren Traum aufgeschrieben haben, sollten Sie eine Karte der Großen Arkana ziehen als Ausdruck der Kernbotschaft Ihres Traumes.

Ihre tägliche Triumphliste

Datum	Karte	Notizen
		Gefühl: Bild: Ansicht: Ereignisse: Art des Triumphes:
		Gefühl: Bild: Ansicht: Ereignisse: Art des Triumphes:
		Gefühl: Bild: Ansicht: Ereignisse: Art des Triumphes:
		Gefühl: Bild: Ansicht: Ereignisse: Art des Triumphes:
		Gefühl: Bild: Ansicht: Ereignisse: Art des Triumphes:
		Gefühl: Bild: Ansicht: Ereignisse: Art des Triumphes:
		Gefühl: Bild: Ansicht: Ereignisse: Art des Triumphes:

Das Deuten der Karten – Zusammenfassung

Zusammengefaßt möchte ich betonen, daß die Deutung von nur einer Karte zentraler Bestandteil jeder Deutung aller Karten in jeder Form von Legesystem ist. Es kann sein, daß dieser Vorgang so automatisch erfolgt, daß er schnell und ganz natürlich stattfindet.

Wann immer Sie unsicher sind, was eine Karte bedeutet, sollten Sie diese Technik anwenden, und darauf vertrauen, daß Sie dabei auf die Bedeutung stoßen werden. Verlassen Sie sich darauf, daß die Dinge, die Sie *in diesem Moment* wahrnehmen, die Eigenschaften, die Sie beschreiben, sowie die Bilder und Erinnerungen, die in Ihnen aufsteigen, die richtigen sind.

Falls Sie die Karten für andere deuten, sollten Sie die gleiche Technik auf den Frager anwenden. Sie können den Frager natürlich auch selbst durch die nachfolgenden Stufen geleiten:

Wie man eine Tarotkarte liest

1. Beschreiben Sie diese Karte einfach. Gehen Sie großzügig mit Eigenschaftsmerkmalen und Umschreibungen um. Was geschieht hier? Wie fühlen sich die Figuren in der von Ihnen beschriebenen Umgebung? Wie ist die Atmosphäre?

2. Versuchen Sie möglichst genau die gleichen Worte, die Sie gerade gesagt haben, nochmals zu verwenden, indem Sie sie auf den Frager beziehen.

3. Formen Sie Ihre Aussagen zu offenen, allgemeinen Fragen und Antworten um. Beispielsweise: *Wie ist es, wenn Sie teuflisch sind?*

4. Betrachten Sie die Symbole als Ausdruck für Ereignisse, Ansichten und Entscheidungen in Ihrem Leben. Inwieweit sind sie förderlich oder beengend?

5. Wie können Sie triumphieren? Welche Qualitäten zeigt Ihnen diese Karte, die Sie wertschätzen oder die Sie entwickeln möchten?

Die Beurteilung

Beim Kartendeuten gibt es die Kategorien »richtig und falsch« nicht. Wenn Sie die Karten für sich deuten, insbesondere aber, wenn Sie für jemand anderes deuten, sollten Sie die durch die Karten gezeigten Gedanken und Handlungen des Fragers auf die Frage hin betrachten, ob Sie für ihn hilfreich sind, sein Wachstum und Wohlbefinden fördern, oder ihn begrenzen und blockieren. Dieses Urteil kann praktisch nur vom Frager selbst abgegeben werden. Als Deuter müssen Sie den Frager (und sich selbst, wenn Sie für sich deuten) fragen, wie er diese Situationen beurteilt. Nachdem Sie anderen Ihre Werturteile nicht aufzwingen können, ist es Ihre Aufgabe, dem anderen zu helfen, sein eigenes Urteil zu bilden – zu erkennen, was er wertschätzt (und damit in seinem Leben fördern möchte) und was ihm schadet (und was er deshalb ablegen will). Die Wege, die zu diesen Zielen führen, ergeben sich immer aus den Karten. Aber auch hier liegt es letztlich beim Frager, sich zu entscheiden. Und es ist nicht Aufgabe des Deuters, sein Urteil dem Frager aufzudrängen.

Kapitel 2
Ihre Geburtskarten

Karten für das ganze Leben

Eine der besten Methoden, die ich bisher kennengelernt habe, um mit Karten zu arbeiten, stammt von Angeles Arrien. Sie wurden ursprünglich vor etwa 15 Jahren als Persönlichkeitskarte, Wesenskarte und Jahreskarte entwickelt und werden »Lebenskarten« genannt. Ich habe diese Methode in den vergangenen neun Jahren ausgiebig praktiziert. Hier stelle ich die Lebenskarten ausführlicher vor, und zeige darüber hinaus in diesem Kapitel die Bedeutungen der Karte der Unterweisung und der Karte der verborgenen Seite sowie in Kapitel 15 die Bedeutung der Namenskarte. Allgemein gesagt basieren die hier dargestellten Lebenskarten auf: 1. Ihrem Geburtstag (die Geburtskarten) und 2. dem Namen, den Sie bei Ihrer Geburt erhielten (die Namenskarten). Diese Karten sind für uns unser Leben lang bedeutsam. (Eine Übersicht über die verschiedenen in diesem Buch vorgestellten Karten und deren Namen finden Sie in der Tabelle auf Seite 305).

Schicksal und Bestimmung

In den vergangenen Jahren hat der wiederauflebende Glaube an Schicksal und Bestimmung viele kontroverse Diskussionen ausgelöst. Gleichzeitig gibt es einen recht willkürlichen Umgang mit dem Wort »Verantwortung«. So wird beispielsweise behauptet, wir seien verantwortlich für alles was uns zustieße, gerade so als ob wir es unmittelbar verursacht hätten. Diese Form von »Verantwortung« hat viel seelisches Leid bei Menschen hervorgerufen, die Opfer von Gewalt wurden, oder bei Eltern, deren Kinder behindert sind, oder bei Menschen, die sich lebensgefährliche Krankheiten zuzogen. Wurde uns dieses Leid vom Schicksal gesandt oder haben wir es verursacht? Ist es unser Schicksal als Vietnamese, Südafrikaner, Afghane, Nicaraguaner oder als Amerikaner auf die Welt zu kommen, ober haben wir es verursacht und müssen nun den Preis dafür zahlen?

Ich habe ganz bestimmt nicht *die* Antwort darauf, aber die Auseinandersetzung mit unseren grundlegenden Lebenskarten kann zu einigen Einsichten über mögliche Zusammenhänge verhelfen.

Die Karten, die sich vom Datum unserer Geburt (und von unserem Geburtsnamen) ableiten, beruhen auf einem System, das als willkürlich angesehen werden könnte. Wir benutzen den Gregorianischen Kalender, der in England und den Vereinigten Staaten (damals noch die amerikanischen Kolonien) erst 1752 eingeführt wurde.* In der Tat gibt es mehrere hundert Arten von Kalendern, die heute in der Welt in Gebrauch sind, wie den chinesischen, hinduistischen, hebräischen, den römisch-katholischen Kirchenkalender und den islamischen. Sie haben nicht nur unterschiedliche Namen für die Monate, sondern einen unterschiedlichen Neujahrsbeginn und unterschiedliche Schaltjahrsmethoden, um den einen zusätzlichen Tag auszugleichen, der bei der Sonnenjahresrechnung alle vier Jahre anfällt.** Der älteste Kalender, der noch in Gebrauch ist, scheint der chinesische Mondkalender zu sein, der 2397 v. Chr. eingeführt wurde! Unser heutiger Kalender wurde ursprünglich von den Äyptern übernommen, von den Römern verändert und von Papst Gregor XIII. im Jahre 1582 berichtigt.

Nun mögen Sie natürlich fragen, wie ein derart zufälliges System irgendeinen Wert haben kann. Haben Sie schon mal versucht, in einem anderen Zeitsystem zu denken? Es gibt viele Menschen, deren Sprache die Worte »Vergangenheit«, »Gegenwart« und »Zukunft« nicht kennt. Sie denken statt dessen in Dingen, die »eingetreten« sind und Dingen, die »nicht eingetreten« sind. Diese Beschreibung bleibt notwendigerweise ungenau, weil wir keine Worte für diese Erfahrungsweise haben.

Wir sind an unsere eigene Zeitwahrnehmung gebunden, die uns schon in unserer Kindheit eingeprägt wurde. Fragen Sie ein fünfjähriges Kind, wann es Geburtstag hat, und es wird Ihnen wahrscheinlich nicht nur den genauen Tag nennen, sondern wohlmöglich auch, wie lange es noch bis dahin ist. In der Tat prägt unsere Zeitvorstellung die Art unserer Wahrnehmung von Zeit und es steht nicht in unserem freien Ermessen, uns von diesem erlernten Verständnis zu lösen. Als Ameri-

---

* In Deutschland zwischen dem 16.10.1583 (Bayern) und dem 15.11.1699 (protestantische Gebiete), in Österreich am 16.10.1583 und in der Schweiz zwischen dem 22.1.1584 (katholische Gebiete) und dem 1.1.1724 (protestantische Gebiete).
** In jedem Jahr bleibt ein Rest von 5 Stunden, 48 Minuten und 46 Sekunden »übrig«, für den hier alle vier Jahre – im Schaltjahr – der 29. Februar eingefügt wird.

46

kaner oder auch Europäer ist es unser »Schicksal«, Zeit so wahrzunehmen, wie wir es tun, und zu wissen, daß der Februar (oder *Febrero*) dem Januar (oder *Enero*) folgt. Dies gehört in der gleichen Weise zu unserem kulturellen Erbgut wie unser genetisches Erbgut ein bestimmtes »Schicksal« für uns beinhaltet: kaukasisch, negroid, asiatisch; gelockte, rote Haare und grüne Augen oder struppige, schwarze Haare und braune Augen usw.; in gleichem Maße ist es unser Schicksal, die Zeit gemäß unserem kulturellen Erbgut zu erleben mit den dazugehörigen Uhren und Kalendern. Aber das ist weder von uns verursacht worden, noch sind wir dafür verantwortlich. Dennoch sind wir verantwortlich dafür, wie wir damit umgehen.

Viele spirituelle Führer lehren, daß unsere Seele sich vor der Geburt das Leben aussucht, in dem sie die notwendige Erfahrung machen kann, die sie auf dieser physischen Ebene braucht, und daß manche Seele sich für ein kurzes Leben voller Mühsal und Leid entscheidet, um sich dadurch schneller zu entwickeln oder um damit das Wachstum und das Lernen dieses ganzen Planeten zu fördern. Wer sind wir, solches zu glauben? Ich gehe davon aus, daß mein höheres Ich manchmal größere Zusammenhänge erkennt. In der Zwischenzeit aber muß ich mit dem zurechtkommen, was mir mitgegeben wurde. Ich gehe davon aus, daß das Leben, das wir »schicksalhaft« erhielten, sich psychisch aus unserem Namen und Geburtstag heraus beschreiben läßt in gleichem Maße, wie es physisch durch unsere Chromosomen beschrieben wird. Unser Geburtsname und unser Geburtstag sind unser Leben lang Schlüssel zu unserem inneren seelischen Selbst, *so wie wir uns durch unsere Kultur, unsere Sprache und unser ethnisches Erbe erleben.*

Wenn wir die Bedeutung unserer Lebenskarten verstehen und der verschiedenen Geburts- und Namenskarten, können wir die Verantwortung dafür übernehmen, was wir aus unserer Bestimmung machen wollen. Das ist freier Wille.

Die Persönlichkeits- und die Wesenskarte

In jeder Tarot-Sitzung bestimme ich als erstes die Persönlichkeitskarte und die Wesenskarte des Fragers, die beide aus seinem Geburtstag hervorgehen. Schon mit dieser Information läßt sich sagen, was ein Mensch am meisten in seinem Leben zu lernen hat, und durch welche Lektionen er dazu gebracht wird.

Errechnen Sie anhand Ihres Geburtstages Ihre Persönlichkeitskarte, Ihre Wesenskarte und die Karte Ihrer verborgenen Seite. Um die Kombination Ihrer Persönlichkeit und Ihres Wesens zu erhalten (Ihr Bestimmungsmuster) addieren Sie Tag, Monat und Jahr Ihrer Geburt folgendermaßen:

Zum Beispiel:

16. Dezember 1901	=	16
Margaret Mead		12
		<u>1901</u>
		1929

Aus der so ermittelten Summe zählen Sie dann die einzelnen Ziffern zusammen: 1 + 9 + 2 + 9 = 21. Liegt diese Zahl zwischen 1 und 22 belassen Sie es dabei (den anderen Fall erläutert das nächste Beispiel). Diese Zahl ist Ihre Persönlichkeitszahl, in diesem Beispiel 21. Sie entspricht der 21. Karte der Großen Arkana, der Welt. *Ihre Persönlichkeitskarte zeigt Ihnen Persönlichkeitsmerkmale, die Sie mühelos entwickeln* und die Lektionen, die Sie schon früh in Ihrem Leben erlernen, weil sie mit Ihrer Wesensnatur im Einklang stehen.

Bilden Sie dann die erneute Quersumme aus 21 = 2 + 1 = 3 um zu Ihrer Wesenszahl zu gelangen. Die Anthropologin Margaret Mead hat die Wesenszahl 3, die der 3. Großen Arkana entspricht, der Herrscherin. *Ihre Wesenskarte zeigt Ihnen die Bestimmung Ihrer Seele: Ihre inneren Werte, die Sie zum Ausdruck bringen müssen und die Sie nützen müssen, um in Ihrem Tun Erfüllung zu finden.*

In einigen Fällen ergibt die erste Quersumme eine Zahl, die größer als 22 ist. Da wir nur 22 Karten der Großen Arkana haben, müssen Sie in diesem Fall durch die nächste Quersumme zu einer Zahl unter 22 kommen.

Zum Beispiel:

26. Juli 1943   =   26
Mick Jagger   7
                      1943
                      1976

1 + 9 + 7 + 6 = 23 und 2 + 3 = 5

Im Falle des Rocksängers Mick Jagger ist die 5. große Arkana, der Hierophant, sowohl Persönlichkeits- als auch Wesenskarte. Jeder, dessen Persönlichkeits- und Wesenszahl identisch ist, arbeitet in diesem Leben besonders an seiner inneren Aufgabe. Diese Menschen sind gezielter und direkter.

Es gibt einen Fall, in dem können mehr als zwei Karten auftauchen. Wenn die erste Summe 19 ist, haben Sie drei Karten:

Zum Beispiel:

15. Januar 1929   =   15
Martin Luther King jr.   1
                            1929
                            1945   = 19
                                    1 + 9 = 10
                                    1 + 0 = 1

Nur wenn die Quersumme Ihres Geburtstages 19 ergibt, wie im obigen Fall von Martin Luther King jr., haben Sie eine solche Dreierfolge. In gewisser Weise sperren sich alle drei Karten davor, in Kategorien eingeteilt zu werden. Sie können aber zunächst einmal davon ausgehen, daß die Sonne (19) Ihre Persönlichkeitskarte ist, der Magier (1) Ihre Wesenskarte und das Schicksalsrad (10) Ihre Unterweisungskarte (über diese Karte später mehr). Menschen, die diese

Dreierfolge haben, müssen lernen, ihre individuelle Kreativität auszudrücken. Ihre persönliche Identität und ihr Selbstgefühl ist untrennbar mit dem Sinn ihres Lebens und ihres Wesens verknüpft. Ihre Fähigkeit mit anderen in Verbindung zu treten wird sehr davon abhängen, inwieweit sie mit diesen gemeinsame Vorstellungen verbinden oder den gleichen Lebenssinn teilen.

Wenn die Quersumme Ihres Geburtstages 22 ergibt, verbinden Sie große Impulsivität und große Meisterschaft miteinander, ein gutes Gleichgewicht. Die Zahl 22 entspricht der 0 (dem Narren), da die Großen Arkana aus 22 Karten bestehen und die 22 in der Numerologie als die Meisterzahl gilt, die große Weisheit oder große Torheit bedeutet. Ihre Quersumme ergibt 4 (den Herrscher). In einem anderen Tarot-Buch habe ich geschrieben, daß der Herrscher die Persönlichkeitskarte und der Narr die Wesenskarte ist, aber die Erfahrung hat mir gezeigt, daß es nicht so leicht ist, diese beiden festzulegen. Der Einfachheit halber nenne ich jetzt den Narren die Persönlichkeitskarte und den Herrscher die Wesenskarte – vor allem um die späteren Berechnungen und Tabellen einfacher zu gestalten. Aber glauben Sie deshalb nicht, daß sich Herrscher-Narren wie Woody Allan in aller Ruhe in ein beliebiges System einpassen lassen.

Zum Beispiel:

1. Dezember 1935	=	1
Woody Allan		12
		1935
		1948

= 22 (Der Narr)
2 + 2 = 4 (Der Herrscher)

Schema ihrer Persönlichkeits- und Wesenskarte

Erkennen Sie Ihre Persönlichkeitskarte und Ihre Wesenskarte wie folgt:

Addieren Sie den Tag Ihrer Geburt: _____
den Monat Ihrer Geburt: _____
das Jahr Ihrer Geburt: _____
Summe: _____

Addieren Sie die 4 Ziffern der Summe: _ + _ + _ + _ = __ (a)

Haben Sie eine zweistellige Zahl, addieren Sie nochmals die Ziffern: _ + _ = __ (b)

Ist die Zahl in Feld (a) nicht größer als 22 ist es Ihre Persönlichkeitszahl ____ und die entsprechende Karte der Großen Arkana mit der gleichen Zahl ist Ihre Persönlichkeitskarte ____.

Die einstellige Zahl in Feld (b) ist Ihre Wesenszahl und die entsprechende Karte der Großen Arkana ist Ihre Wesenskarte: _____.

Ist die Zahl in Feld (a) größer als 22, ergibt sich Ihre Persönlichkeits- und Ihre Wesenszahl aus der einstelligen Zahl in Feld (b), womit Ihre Persönlichkeitskarte mit Ihrer Wesenskarte identisch ist.

Wenn Feld (a) eine 19 ergibt, sind Sie ein 19-10-1-Typ, das heißt, Sie haben außer den beiden genannten Karten auch noch das Rad (10) als Unterweisungskarte.

Die Karte der verborgenen Seite

Zusätzlich zu den Zahlen, die Sie durch Addition und Quersummen erhielten, gibt es häufig noch eine andere Zahl, die indirekt mit dem Geburtsdatum verbunden ist, und die ich die verborgene Seite nenne. Die folgende *Konstellations-Tabelle* wird Ihnen helfen, diese Zahl zu bestimmen. Eine Tarot-Konstellation besteht aus allen Karten mit der *gleichen Grundzahl* (1 bis 9) sowie allen Karten der Großen Arkana, deren Zahlen in der Quersumme diese Grundzahl ergeben. Diese Energien bilden eine Konstellation, sie treffen sich, weil sie auf ähnlichen Prinzipien beruhen, weil sie ähnliche Schwingungen haben.

In der nachstehenden Tabelle stehen die Zahlen der Großen Arkana jeweils in der Kolumne, die zu der »Grundzahl« führt, die sich aus

51

ihrer Quersumme ergibt. So läßt sich beispielsweise in der Spalte 19-10-1 jede Zahl auf die Grundzahl 1 zurückführen (1 + 9 = 10 = 1 + 0 = 1). Zu jeder der neun Konstellationen, die auf diese Art entstehen, gehören auch alle Karten der Kleinen Arkana mit der gleichen Grundzahl.

19	20	21	22						
10	11	12	13	14	15	16	17	18	**Große Arkana**
1	2	3	4	5	6	7	8	9	

10er +1er	2er	3er	4er	5er	6er	7er	8er	9er	**Kleine Arkana**

1	2	3	4	5	6	7	8	9	**Grundzahlen**

Nehmen wir noch einmal unser erstes Beispiel, den Geburtstag von Margaret Mead: Ihre Persönlichkeitskarte ist die Welt (21) und ihre Wesenskarte ist die Herrscherin (3). Wenn wir diese beiden Zahlen zusammennehmen, können wir sie als den Typ »21-3« bezeichnen. Wenn Sie jetzt in die Konstellations-Tabelle schauen, stellen Sie fest, daß noch eine weitere Große Arkana in der gleichen Kolumne aufgeführt ist, nämlich die 12. Nachdem die ursprüngliche Berechnung in ihrem Fall keine 12 ergab, handelt es sich hierbei um eine verborgene Seite, die in ihrem Geburtsdatum mitschwingt. Damit ist die Karte ihrer verborgenen Seite der Gehängte (12). Es ist die Zahl, die sich nicht aus der Berechnung ergibt, sondern aus der Konstellation. Ebenso gehören alle Dreierkarten der Kleinen Arkana in ihre Konstellation.

Um das noch deutlicher zu machen: Der Geburtstag der Anarchistin und Feministin Emma Goldman.

27. Juni 1869   =   27
Emma Goldman   6
$$\underline{1869}$$
1902   = 12 (der Gehängte)
            1 + 2 = 3 (die Herrscherin)

Ihre Persönlichkeitskarte ist der Gehängte (12) und ihre Wesenskarte die Herrscherin (3). Deshalb ist die Karte ihrer verborgenen Seite die Welt (21), weil 21 die Zahl ist, die Teil ihrer Konstellation ist, sich aber nicht unmittelbar aus dem Geburtsdatum ergibt. Ebenso gehören alle Dreierkarten der Kleinen Arkana in ihre Konstellation.

Mick Jagger, dessen Persönlichkeitskarte und Wesenskarte der Hierophant (5) ist, hat die Mäßigkeit (14) als Karte der verborgenen Seite. Außerdem gehören alle Fünferkarten der Kleinen Arkana in seine Konstellation.

Abweichungen

Es gibt drei Fälle, in denen die Ermittlung der verborgenen Seite von den vorstehenden Beispielen abweicht:

1. Die erste Abweichung tritt im Falle der Konstellationen 5 bis 9 auf bei den Persönlichkeits-/Wesens-Typen 14-5 bis 18-9.

Zum Beispiel:

1. Juni 1926   1
Marilyn Monroe   6
                  1926
                  1933   = 16 (der Turm)
                  1 + 6 =   7 (der Wagen)

Marilyn Monroe ist damit der Typ 16-7 mit dem Turm (16) als Persönlichkeitskarte und dem Wagen (7) als Wesenskarte. In diesem Fall gibt es keine weitere Zahl in ihrer Konstellation und somit keine Karte der verborgenen Seite. Insofern hat diese Kombination (und ebenso der Typ 14-5, 15-6 und 18-9) die verborgene Seite in sich selbst. Die Karten von der Mäßigkeit (14) bis zum Mond (18) können auch die »Nachtkarten« genannt werden. Sie liegen zwischen der Todeskarte (13) und der Sonne (19) und zeigen Themen der Nacht. In den Karten von Waite-Smith ist auf der Karte Mäßigkeit (14) ein Sonnenuntergang zu sehen, der Teufel (15) ist die Dunkelheit und der Turm (16), der Stern (17) und der Mond (18) sind eindeutig Bilder der Nacht. Diese Karten haben traditionell eine dunkle oder verleugnete, unerkannte Seite. Dabei möchte ich Sie davor warnen, die dunkle Seite grundsätzlich als übel, schlecht oder wertlos einzustufen. Letztlich ist es unsere Reise durch die Nacht (bei der uns kein Licht ablenkt), auf der wir erkennen, wer wir wirklich sind.

MÄSSIGKEIT

Der TEUFEL

Der TURM

Der STERN

Der MOND

RAD des SCHICKSALS

2. Die zweite Abweichung ist der Typ 19-10-1. Das liegt daran, daß das Schicksalsrad (10) sich durch die Errechnung ergibt und kein »verborgener« Faktor ist. Ich nenne sie daher die Unterweisungskarte, weil sie nicht die »Schattenseite« zeigt, die normalerweise mit der Karte der verborgenen Seite in Verbindung steht.

3. Zu guter Letzt haben Menschen, die eine einfache 1, 2, 3 oder 4 sind (was heißt, daß ihre Persönlichkeit und Wesenskarte identisch ist [Typ 1-1, 2-2, 3-3 oder 4-4]) *zwei* Karten der verborgenen Seite, wie aus der vorstehenden Tabelle hervorgeht. So hat zum Beispiel der einfache Typ 4 (4-4) den Narren (22) und den Tod (13) als Karten der verborgenen Seite. Menschen mit dieser einstelligen Kartenkombination waren bis vor kurzem selten.

In der Tat gibt es den einfachen Typ 1 erst seit dem 1. Januar 998 und den einfachen Typ 2, 3 und 4 gibt es erst bei Menschen, die nach dem 31. 12. 1957 geboren sind. Diese Typen werden seit den 70er Jahren entschieden häufiger.

Die Karte der verborgenen Seite als Schattenkarte

Ihre Karte der verborgenen Seite zeigt Aspekte von Ihnen, die Sie fürchten, ablehnen oder nicht sehen. Deshalb können wir sie auch die Schattenkarte nennen. »Schatten« ist ein Begriff, der von C. G. Jung geprägt und benutzt wurde, und der sich auf unbekannte oder nur wenig bekannte Teile der Persönlichkeit bezieht. Dabei handelt es sich um Aspekte unserer selbst, die wir verleugnen, und die wir deshalb nicht klar sehen können.

Da wir aber dennoch für diese Eigenheiten empfänglich sind, neigen wir dazu, sie bei anderen wahrzunehmen. Dieser Vorgang wird in der Psychologie »Projektion« genannt.

Die Eigenheiten des Schattens sind dual, das heißt, sie haben eine »lichte« und eine »dunkle« Seite. Der sogenannte »dunkle Schatten« bezieht sich auf Dinge, die wir nicht mögen und denen wir mißtrauen:

die kleinen Sünden. Sie bergen eine enorme seelische Kraft, die wir nutzen können, wenn wir furchtlos mit ihnen in Verbindung treten. Die »lichte Schattenseite« beinhaltet Qualitäten, die wir bewundern (Erscheinung, Kreativität, Sicherheit) und die wir eigentlich auch verwirklichen könnten, die wir aber wiederum nicht in uns erkennen. Diese inneren Impulse treten oft im ungeeigneten Augenblick auf unerwartete Weise zutage, weil sie nicht von der bewußten Steuerung reguliert werden können.

Die Karte der Schattenseite wirkt weitgehend in der gleichen Art wie Saturn im Horoskop. Saturn ist der äußerste der persönlichen Planeten und markiert damit die Grenze, die wir nicht überschreiten können, ohne den transpersonalen oder metaphysischen Bereich zu erfahren. Die Karte zeigt damit den Zugang zu transpersonalen und metaphysischen Bereichen, den inneren Landschaften.

Die meisten von uns erleben diese Karte als einen Spiegel, in dem wir Furcht und Faszination erblicken. Wir werden darin mit unseren Grenzen konfrontiert, unseren fixen Ideen, unseren Ängsten – den Quellen unseres Stresses. Die verborgene Seite zeigt auch häufig unsere unsichtbaren Überzeugungen: Dinge, die außerhalb unserer Wahrnehmung hinter bewußten Überzeugungen stecken, wie zum Beispiel die Vorstellung, daß wir »verantwortlich sind für das Glück unseres Geliebten«, ein Gedanke, der für manche unsichtbar hinter der Überzeugung liegt, daß »es unsere Schuld ist, wenn unser Geliebter nicht glücklich ist, und wir etwas tun müssen, um das wieder in Ordnung zu bringen.«

Die Karte der verborgenen Seite als Unterweisungskarte

Nach meinen Beobachtungen zeigt sich die Karte der verborgenen Seite vorwiegend in unseren jüngeren Jahren als unser Schatten. Der Planet Saturn braucht etwa 28 bis 30 Jahre, um einmal den Tierkreis zu durchlaufen und damit wieder auf den Punkt zurückzukehren, an dem er sich befand, als wir geboren wurden. Dieser durchschnittlich 29-jährige Zyklus wird auch die »Rückkehr des Saturns« genannt. Saturn, der, wie schon gesagt, viel mit unserer Schattenseite zu tun hat und mit der Karte der verborgenen Seite weitgehend gleichbedeutend ist, begegnet sich selbst also alle 29 Jahre. Im Alter von 30 haben die meisten Menschen den Eindruck, daß sie größte Lernprozesse durchgemacht haben, die ihnen von ihrer Schattenseite auferlegt wurden. C. G. Jung sagte, daß der Schatten unser wichtigster Lehrer ist, und daß wir nur durch Begegnung mit unserem Schatten zur Individuation gelangen können.

Aus diesem Grunde neige ich dazu, die Karte der verborgenen Seite bei Menschen über 30 die Unterweisungskarte zu nennen, da diese Menschen bereit sind bewußt und aktiv mit den durch diese Karte ausgedrückten Prinzipien zu arbeiten. Damit will ich aber nicht sagen, daß das nicht auch schon vor der Rückkehr von Saturn geschehen könne. Viele Menschen werden sich ihrer verborgenen Seite schon früher bewußt und erleben die Saturn-Rückkehr dann als eine Zeit der Befreiung und der Freude. Die meisten Menschen begegnen ihren Ängsten, ihren Grenzen und ihren inneren Beschränkungen zumindest zeitweise. Alle Erfahrungen dieser Art können mit der Unterweisungskarte in Verbindung gebracht werden. Wenn Ihre Persönlichkeitskarte eine »Nachtkarte« ist, eine Karte zwischen der Mäßigkeit (14) und dem Mond (18), beinhaltet diese Karte gleichzeitig auch Themen der verborgenen Seite.

Wenn Sie der Typ 19-10-1 sind, haben Sie keine verborgene Seite, sondern dafür das Schicksalsrad (10) als Unterweisungskarte. In diesem Fall werden die Schattenseiten nicht hervorgehoben. Sie fühlen statt dessen ganz deutlich, daß Ihnen das Leben die Erfahrungen bringt, die Sie benötigen, um Ihr Ziel zu erreichen. Im ungünstigsten Fall drückt sich das Fehlen dieser richtungweisenden Auseinandersetzung mit dem Schatten darin aus, daß Sie durch Ihr Leben schlingern, ohne jemals einer Herausforderung zu begegnen, bei der Sie Ihre reichhaltigen Talente wirklich einsetzen müssen.

Die verborgene Seite bringt uns immer dazu, den Rahmen unserer normalen Erfahrung zu überschreiten. Dort liegt häufig auch unser Ziel. Eben das, um dessen Verständnis wir ringen, und was wir in uns und in unserem Umfeld hervorbringen wollen.

Die nachstehende *Tabelle der verborgenen Seite* führt alle Persönlichkeits-/Wesenstypen auf mit ihrer entsprechenden Karte der verborgenen Seite.

Tabelle der verborgenen Seite

Persönlichkeits-/Wesenstyp (Bestimmungsmuster)	Verborgene Seite Schatten/Unterweisungskarte(n)
1-1	10 + 19
10-1	19
19-10-1	10**
2-2	11 + 20
11-2	20
20-2	11
3-3	12 + 21
12-3	21
21-3	12
4-4	13 + 22
13-4	22
22-4	13
5-5	14
14-5	*
6-6	15
15-6	*
7-7	16
16-7	*
8-8	17
17-8	*
9-9	18
18-9	*

* Die Persönlichkeitskarten 14 bis 18 sind die sogenannten »Nachtkarten«, die die Idee der verborgenen Seite in sich selbst tragen und deshalb keine zusätzliche Karte dieser Art haben.
** nur Unterweisungskarte

Karten, die Gelegenheiten und Lektionen zeigen

Die Zahl, die sich durch Ihren Geburtstag ergibt, läßt sich auch auf die Karten der Kleinen Arkana beziehen, die die gleiche Ziffer wie Ihre Wesenskarte hat. Wenn also beispielsweise Ihre Wesenskarte der Hierophant (5) ist, sind alle Karten der Kleinen Arkana mit einer 5 Ihre Lektions- und Gelegenheitskarten. Sie zeigen Ihnen ganz einfach die Art von Situationen, in denen Sie am wahrscheinlichsten Ihre Herausforderung finden und Ihren inneren Sperren begegnen, aber auch Ihre persönlichen Gaben und günstige Gelegenheiten. Durch die Erfahrungen, die diese Karten zeigen, lernen wir die *Lektionen*, die notwendig sind, um unsere Persönlichkeit zu entfalten und finden die *Gelegenheiten*, um unsere Wesensnatur zum Ausdruck zu bringen.

Wenn Sie beispielsweise der Typ Narr–Herrscher (22-4) sind, dann sind alle Vierer der Kleinen Arkana Ihre Lektions- und Gelegenheitskarten. Die Ausnahme von der Regel bildet lediglich der Typ Sonne–Schicksalsrad–Magier (19-10-1), bei dem sowohl die Asse wie die 10er der vier Farbserien der Kleinen Arkana zählen.

Die herausragenden Merkmale der Karten Ihrer Persönlichkeit, Ihres Wesens, Ihrer verborgenen Seite, ebenso wie die Lektions- und Gelegenheitskarten werden in den folgenden zehn Kapiteln beschrieben. Ich möchte aber betonen, daß es sich dabei um allgemeine Tendenzen handelt. Jeder einzelne findet seinen eigenen, einzigartigen Weg, um seine Möglichkeiten auszudrücken und mit seinem Schicksal umzugehen. Ich rate Ihnen daher, über den Bildern Ihrer Karten zu meditieren und mit den Figuren ins Gespräch zu kommen (und darauf zu achten, wenn diese Karten als Jahreskarten auftauchen, wie es im Kapitel 13 beschrieben wird). Bestimmen Sie selbst die persönliche Bedeutung, die die Karten für Sie haben, indem Sie meine Schilderungen nur als Ausgangspunkt für Ihre eigenen Überlegungen und Einsichten nehmen.

Die Tarot-Konstellationen

1

AS der STÄBE

2

Die SONNE

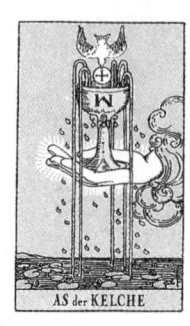

AS der KELCHE

GERICHT

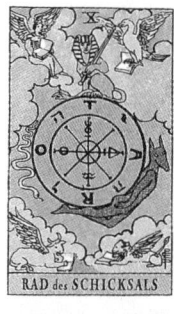

RAD des SCHICKSALS

AS der SCHWERTER

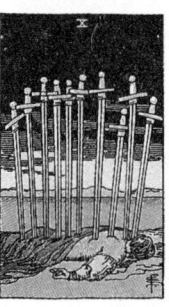

GERECHTIGKEIT

Der MAGIER

AS der MÜNZEN

Die HERRSCHERIN

3

4

Die WELT

Der NARR

Der GEHÄNGTE

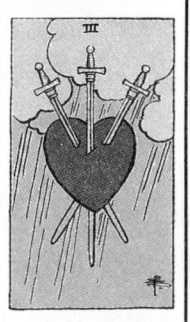

TOD

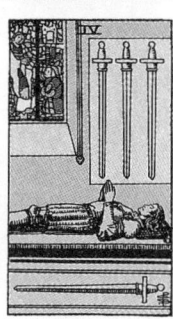

Die HOHEPRIESTERIN

Der HERRSCHER

5

MÄSSIGKEIT

Der HIEROPHANT

6

Der TEUFEL

Die LIEBENDEN

7

Der TURM

Der WAGEN

8   9

Der STERN

Der MOND

KRAFT

Der EREMIT

Kapitel 3

Die Tarot-Konstellationen

Sie haben in den vorhergehenden Kapiteln gesehen, wie Sie die Persönlichkeitskarte, die Wesenskarte und die Karte der verborgenen Seite ermitteln können, und daß alle drei zu derselben Konstellation gehören. Dieses Kapitel gibt Ihnen nun einen detaillierten Überblick über die einzelnen Konstellationen und zeigt Ihnen die verschiedenen Wege, aus den dadurch gegebenen Informationen Nutzen zu ziehen. Die anschließenden neun Kapitel (Kapitel 4–12) beschreiben, was Ihre Karte in jeder der neun Konstellationen bedeutet und illustriert sie zudem mit einer Reihe verschiedener Kartenspiele.

Das Wesen der Konstellationen

Ihre Persönlichkeitskarte ist ein wichtiger Wegweiser auf Ihrer Lebensreise, während die Wesenskarte Ihren Lebenssinn oder Ihr Lebensziel enthüllt. Diese beiden Karten können in 22 verschiedenen Kombinationen zusammengestellt sein, die ich die Muster der persönlichen Bestimmung nenne (oder Bestimmungsmuster), die sich alle um neun Grundprinzipien der Reise drehen. Diese Muster und die damit verbundenen Konstellationen sind das zentrale Anliegen dieses Buches. Darüber hinaus stehen auch die Karten der Kleinen Arkana mit diesen neun Prinzipien in Verbindung. Sie verkörpern zusätzliche Orientierungspunkte auf unserer spirituellen Reise. Für den Fall, daß Sie mit den vier Serien dieser Kleinen Arkana noch nicht vertraut sind, gibt es eine einführende Beschreibung am Ende dieses Kapitels.

Bei den Tarot-Konstellationen handelt es sich um Gruppierungen aus den Karten der Großen und der Kleinen Arkana auf der Basis ihrer jeweiligen Ziffer, die die neun Grundprinzipien zum Ausdruck bringen, bzw. die Archteypen, die unserem Äußeren zugrunde liegen. Bei diesen grundlegenden Archetypen, die selbst nicht darstellbar sind, handelt es sich um die unbewußt richtungsweisenden Kräfte, die in allen Kulturen für das Zutagetreten gleicher Motive sorgen. Die Wesenskarte aus der Tarot-Konstellation zeigt neun Ausdrucksformen der verbreitetsten und wichtigsten Motive des Selbst:

1	Magier	Außen. Selbstbewußtsein
2	Hohepriesterin	Innen. Allwissendes Selbst. Jungfrau
3	Herrscherin	Fruchtbar. Schöpferische Mutter
4	Herrscher	Geordnet. Formender Vater
5	Hierophant	Lehrer. Träger des »Wortes«
6	Liebende	Die Zwillinge – Duales Selbst
7	Wagen	Held. Krieger
8	Kraft	Zauberin. Animalische Natur/Helfer
9	Eremit	Alter weiser Mann. Reise in die Unterwelt

Die neun Konstellationen

Der Magier	Die Hohepriesterin	Die Herrscherin	Der Herrscher	Der Hierophant	Die Liebenden	Der Wagen	Die Kraft	Der Eremit		
19	20	21	22							
10	11	12	13	14	15	16	17	18	Die Großen Arkana	
1	2	3	4	5	6	7	8	9		
10, As	2	3	4	5	6	7	8	9	Stäbe	Die
10, As	2	3	4	5	6	7	8	9	Kelche	Kleinen
10, As	2	3	4	5	6	7	8	9	Schwerter	Arkana
10, As	2	3	4	5	6	7	8	9	Münzen	

Alle diese Grundmotive werden durch die übrigen Karten der jeweiligen Konstellation weiter aufgeschlüsselt. Die Konstellationen, die Ihre Geburts- und Namenskarten* enthalten, zeigen Ihnen den Archetyp, der sich für Sie um Ihre Geburt konstellierte. Dabei handelt es sich um bestimmte Energien, die Sie in Ihrem Leben ausdrücken, erschließen und entfalten, ebenso wie die Herausforderungen, die Sie annehmen und verstehen müssen. Sie sind ein Hinweis auf den Grund Ihres Daseins und zeigen bestimmte Qualitäten, die Sie in Ihrem Leben verwirklichen können.

---

* Zur Namenskarte siehe Seite 239 ff.

Die verschiedenen Prinzipien der Konstellationen

In diesem Abschnitt finden Sie eine Aufstellung der Konstellationen und ihrer Prinzipien. Es wäre wünschenswert, wenn künftige Tarot-Praktiker diese Art der Betrachtung aufgreifen und weiter ausbauen würden.

1. Die Konstellation des Magiers (19-10-1):
Einschließlich der Persönlichkeits-/Wesenstypen 1-1, 10-1 und 19-10-1.

Das Prinzip des Willens und des konzentrierten Bewußtseins

Die *Asse* zeigen Gelegenheiten, Neues zu beginnen und sind Hinweis auf vier in Ihnen angelegte Fähigkeiten.

Die *Zehner* sind Ausdruck entwickelter Fähigkeiten, mit denen wir Herausforderungen begegnen können. Sie zeigen das Ergebnis, wenn wir die Anlagen zu ihrer äußersten Entfaltung gebracht haben.

2. Die Konstellation der Hohenpriesterin (20-11-2):
Einschließlich der Persönlichkeits-/Wesenstypen 2-2, 11-2 und 20-2.

Das Prinzip des ausgewogenen Urteils durch intuitives Gewahrsein.

Die *Zweier* repräsentieren die vier Wege der Urteilsbildung.

3. Die Konstellation der Herrscherin (21-12-3):
Einschließlich der Persönlichkeits-/Wesenstypen 3-3, 12-3 und 21-3.

Das Prinzip der Liebe und der schöpferischen Vorstellungskraft.

Die *Dreier* sind Hinweis auf Gelegenheiten und Herausforderungen, bei denen wir auf kreative Weise Liebe zeigen können.

4. Die Konstellation des Herrschers (22-13-4):
Einschließlich der Persönlichkeits-/Wesenstypen 4-4, 13-4 und 22-4.

Das Prinzip der Lebenskraft und der Verwirklichung von Macht.

Die *Vierer* zeigen Gelegenheiten, etwas zu konsolidieren oder abzuschließen als Vorbereitung für das Neue.

5. Die Konstellation des Hierophanten (14-5):
Einschließlich der Persönlichkeits-/Wesenstypen 5-5 und 14-5.

Das Prinzip von Lehren und Lernen.

Die *Fünfer* zeigen die Schwierigkeiten, denen wir begegnen, wenn wir durch die Erfahrung lernen.

6. Die Konstellation der Liebenden (15-6):
Einschließlich der Persönlichkeits-/Wesenstypen 6-6 und 15-6.

Das Prinzip der Zugehörigkeit und der Entscheidung.

Die *Sechser* zeigen die Herausforderungen, die darin liegen, eine Beziehung aufrecht und lebendig zu halten, und die Verantwortung für die von uns getroffene Wahl zu übernehmen.

7. Die Konstellation des Wagens (16-7):
Einschließlich der Persönlichkeits-/Wesenstypen 7-7 und 16-7.

Das Prinzip der Meisterschaft auf Grund von Veränderung.

Die *Siebener* sind eine Probe, ob durch Veränderung Meisterschaft und Beherrschung erreicht werden kann.

8. Die Konstellation der Kraft (17-8):
Einschließlich der Persönlichkeits-/Wesenstypen 8-8 und 17-8.

Das Prinzip von Mut und Selbstwert.

Die *Achter* zeigen Lohn und Schwierigkeiten, das Selbstvertrauen zu entfalten, einer Vision zu folgen.

9. Die Konstellation des Eremiten (18-9):
Einschließlich der Persönlichkeits-/Wesenstypen 9-9 und 18-9.

Das Prinzip der Innenschau und der persönlichen Integrität.

Die *Neuner* zeigen die Herausforderung, die darin liegt, nach innen zu schauen und unsere eigene Weisheit zu entdecken.

Muster der persönlichen Bestimmung

	Die Muster			In Verbindung mit	
Nr.	Persönlichkeits-/ Wesenskarte	Verborgene Seite, Unterweisungskarte	Karten der Kleinen Arkana	Konstellation des	
1 2 3	1–1 10–1 19–10–1	10 + 19 19 10 (Lehrer)	10er und 1er	Der Magier (19–10–1)	1
4 5 6	2–2 11–2 20–2	11 + 20 20 11	2er	Die Hohepriesterin (20–11–2)	2
7 8 9	3–3 12–3 21–3	12 + 21 21 12	3er	Die Herrscherin (21–12–3)	3
10 11 12	4–4 13–4 22–4	13 + 22 22 13	4er	Der Herrscher (22–13–4)	4
13 14	5–5 14–5	14 *	5er	Der Hierophant (14–5)	5
15 16	6–6 15–6	15 *	6er	Die Liebenden (15–6)	6
17 18	7–7 16–7	16 *	7er	Der Wagen (16–7)	7
19 20	8–8 17–8	17 *	8er	Kraft (17–8)	8
21 22	9–9 18–9	18 *	9er	Der Eremit (18–9)	9

* Persönlichkeitskarten von 14 bis 18 haben keine verborgene Seite.

Der Umgang mit den Konstellationen

In den nun folgenden neun Kapiteln werden Aussagen über die Konstellationen gemacht, die in verschiedener Weise gebraucht werden können:

1. Um Ihre eigene (oder die des Fragers) Karte der Persönlichkeit, des Wesens oder der verborgenen Seite nachzuschlagen. Schauen Sie dazu noch einmal in den Einführungsteil (Die Bedeutung der Tarot-Konstellationen bei der Kartendeutung S. 20). Dort erhalten Sie eine Beschreibung, wie diese Karten als Einstieg in eine umfassende Tarotdeutung zu handhaben sind.

2. Sie können die Konstellations-Beschreibungen auch zur Interpretation jeder einzelnen Karte innerhalb einer Tarotdeutung gebrauchen. Dadurch werden die damit verbundenen Grundsätze betont und ebenso die Herausforderungen, vor die uns die jeweilige Karte stellt. Nehmen Sie die Beschreibungen, um bei Ihrer Deutung die Möglichkeiten herauszustellen, die jede Karte für uns beinhaltet, ebenso wie den tieferen Sinn, der mit der Erfahrung dieser Karten verbunden ist. Sie zeigen Ihnen, welche Energien im Fragezeitraum aktiv sind.

3. Benutzen Sie diese Beschreibungen, um die Karte Ihres täglichen Triumphes als Tagesenergie besser zu verstehen. (Siehe dazu Kapitel 1 S. 25 ff.)

4. Wenn sich die Kartenlegung um eine Karte dreht, die als besonders wichtig herausragt oder wenn dabei drei oder noch mehr Karten einer Konstellation auftauchen, sollten Sie das Grundprinzip dieser Konstellation mit einbeziehen. Danach sollten Sie alle Karten dieser Konstellation einzeln durchgehen, um Möglichkeiten zu finden, wie Sie mit dieser speziellen Energie in Ihrem Leben arbeiten können.

5. Jedem der folgenden neun Kapitel ist jeweils eine Darstellung des Konstellationsmusters vorangestellt, bei der Karten aus den verschiedensten Kartenspielen genommen wurden. Nehmen Sie Ihre eigenen Karten zur Hand und legen Sie damit die Konstellation in der gleichen Weise nach. Sie lernen dabei das Muster in seiner Gesamtheit kennen. Schieben Sie dann Ihre Karten so lange hin und her, bis Sie ein Muster gefunden haben, das für Sie tauglich erscheint.

6. Ermitteln Sie die Persönlichkeits-/Wesens-Typen in Ihrer Familie und von Ihren Freunden. Schreiben Sie auch deren Namen und Geburtsdaten in die entsprechende Rubrik Ihres Tarot-Notizbuches.

Sie werden dabei Zusammenhänge innerhalb Ihrer Familie und innerhalb Ihrer näheren Umgebung erkennen.

7. Lesen Sie etwas über das Leben der berühmten Leute, die in Ihrer Konstellation aufgeführt werden. (Holen Sie sich eine gute Biographie oder ein entsprechendes Nachschlagewerk aus der Bücherei.) Lesen Sie es auf Ähnlichkeiten oder Übereinstimmungen durch. Dabei müssen Sie sich vor Augen halten, daß die Karten nicht so sehr sagen, was diese Menschen taten, als vielmehr *warum sie es taten.* Bei Schriftstellern und Philosophen kommt das sehr häufig durch ihr Schlüsselthema zum Ausdruck. Schauen Sie einmal nach, welche Zitate von ihnen überliefert wurden. Fragen Sie sich dann, ob diese Themen aus deren Leben auch für Sie zutreffen. Dabei müssen Sie berücksichtigen, daß einzelne Bestimmungsmuster durchaus verschiedene »Typen« beinhalten können, weil die Themen sich zum Teil in einem Spektrum gegenteiligen Verhaltens ausdrücken.

8. Nehmen Sie die Karten aus Ihrer Konstellation und breiten Sie diese auf dem Boden oder einem großen Tisch aus. Schieben Sie sie dann so lange hin und her, bis sie ein Muster gefunden haben, das Ihnen zusagt. Stellen Sie sich dann die folgenden Fragen:

Inwieweit sind sich die Karten ähnlich und wo liegen die Unterschiede?

Wie werden die Qualitäten der Großen Arkana durch die Karten der Kleinen Arkana aus derselben Konstellation ausgedrückt?

Inwieweit zeigen diese Karten der Kleinen Arkana günstige und inspirierende Eigenschaften, und wie drücken sie beengende und problematische Themen aus?

Welche Vorschläge machen die Karten der Großen Arkana, um den Spannungsthemen der Kleinen Arkana zu begegnen?

Welche Situationen werden von den Karten der Kleinen Arkana beschrieben, in denen wir lernen, die Möglichkeiten zu entfalten, die in den Großen Arkana schlummern? Inwieweit sind die Kleinen Arkana Prüfungen und Erfahrungsquelle für die Großen?

9. Sprechen Sie mit den Figuren, die auf den Karten Ihrer Persönlichkeit, Ihres Wesens und Ihrer verborgenen Seite dargestellt sind. Stellen Sie fest, was sie Ihnen persönlich sagen wollen. Es handelt sich hierbei um eine so wichtige Methode, daß sie langsam entwickelt werden muß.

Der Dialog mit den Karten

Durch diese Methode lernen Sie, persönlich mit einer Figur oder einem
Symbol auf einer Ihrer Karten in Briefwechsel zu treten. Dabei handelt
es sich um Teile Ihres Wesens, die üblicherweise nicht in der Lage sind,
zu sprechen. Entscheiden Sie zunächst, wer oder was auf dieser Karte
am ehesten für ein Gespräch offen zu sein scheint (in dieser magischen
Welt können auch Gegenstände sprechen). Beginnen Sie mit einer
geschickten Eröffnungsfrage. *Zum Beispiel: »Löwe, was starrst du
mich so an?«* Lassen Sie dann den Löwen sprechen, indem Sie das
sagen, *was Ihnen als erstes einfällt.* Dabei ist es sehr wichtig, daß Sie
spontan sind und bei Ihrer Antwort weder werten noch zögern. Wenn
Sie sich bei dieser Übung etwas albern vorkommen, dann nehmen Sie
einfach die albernste Antwort, die der Löwe sagen könnte. Sie
schmelzen damit das Eis und bringen das Gespräch in Gang. In der Tat
sind Sie es, die die Antworten geben und genau darum geht es.

Denken Sie nicht an Ihre Handschrift, an Rechtschreibung, Gramma-
tik oder sonst etwas, wodurch das Gespräch behindert werden könnte.
Setzen Sie das »Gespräch« in Ihrem Tarot-Notizbuch für mindestens
12 bis 15 Minuten fort. Sobald Sie sich einmal an diese Methode
gewöhnt haben, können Sie schreiben, solange Sie wollen. Ich gehe
allerdings auch weiter davon aus, daß es sehr hilfreich ist, sich auf eine
bestimmte Zeit festzulegen. Dabei stellen viele Menschen fest, daß sich
ihre Handschrift mit zunehmender Dauer verändert und lockerer oder
kindlicher wird. Dadurch zeigt sich, daß Sie Ihre normalen »Kontrol-

len«, die Ihr denkender Verstand aufrichtet, hinter sich gelassen haben und so Ihrem »inneren Wesen« Platz gemacht haben, damit es sich einfach und unmittelbar ausdrücken kann.

Sie werden dabei ganz bestimmt zu dem kommen, was ich die »Schwelle« nenne. Die Schwelle kennzeichnet den Punkt, an dem Sie glauben, genug geschrieben zu haben, und daß es nicht nötig ist, weiterzumachen. Es kann sein, daß Sie sich plötzlich müde und gelangweilt fühlen. Sie sind an einer Grenze angekommen, die Ihre Gedanken normalerweise nicht überschreiten. Wenn Sie sich selbst wirklich kennenlernen wollen, ist es jetzt an der Zeit, absichtsvoll zu handeln. Stellen Sie zunächst einfach fest: »Ich bin an der Schwelle«. Steuern Sie Ihren Willen, weiterzumachen, indem Sie sich sagen: »Ich entscheide mich, weiterzugehen, um zu sehen, was auf der anderen Seite ist.« Ihr inneres Selbst hat vermutlich schon sehr lange darauf gewartet, das zu hören! In der Regel werden Sie jetzt feststellen, daß anstelle der Betonwand, die Sie zuvor gesehen haben, nun ein offenes Tor vor Ihnen liegt. In jedem Fall sollte es für sich leicht, wenn nicht gar erheiternd sein, jetzt weiterzugehen. Bei den ersten Malen sollten Sie nicht mehr als ein oder zwei Schwellen überschreiten. Sie können sich später weiter vorwagen und mehr Schwellen überqueren. Wenn Sie dabei Hilfe brauchen, wenden Sie sich an einen geeigneten Tarot-führer, wie den Mäßigkeits-Engel (14) oder die Sternenfrau (17), damit Sie Ihren Weg finden.

Einige Fragen, die Sie in diesem Gespräch stellen möchten, könnten etwa sein:

Was ist die Bedeutung eines bestimmten Symbols in der Karte? (Auf diese Art können Sie eventuell Ihr persönliches Symbol-Verzeichnis erstellen, indem Sie Ihr eigenes Verständnis aller Tarotsymbole festhalten.)

Wie können Sie jedes einzelne Symbol in Ihrem Leben gebrauchen?

Was müssen Sie von dieser Karte lernen?

Warum sind Sie so von dieser Karte angezogen oder abgestoßen?

Wie können Sie das Problem oder die Herausforderung, die in dieser Karte liegt, am besten angehen?

Welche triumphalen Eigenschaften dieser Karte können Sie verwenden?

Warum haben Sie sich dazu entschieden, gerade mit dieser Figur oder diesem Symbol ins Gespräch zu kommen, und was können Sie daraus lernen?

Wundern Sie sich nicht, wenn die Figur anfängt, Ihnen Fragen zu stellen! Es ist von besonderer Bedeutung, wie Sie darauf antworten. Wo immer Sie einer solchen Veränderung mit Widerstand begegnen, sind Sie an der Schwelle.

Gezielte Fragen an die Karten

Sie können jederzeit die generelle und immer richtige Frage stellen: »Was kann ich von dir lernen?« Darüber hinaus hat aber jede Karte bestimmte Merkmale und Eigenarten, die Sie vielleicht erfragen möchten.

Die nachstehende Liste nennt Ihnen einige weitere Fragen, die Sie den einzelnen Karten stellen könnten:

Der Magier: Wo liegt meine eigene, persönliche magische Fähigkeit? Wie kann ich sie bündeln und zielgerichtet einsetzen? Wie kann ich die vier Elemente in meinem Leben verwenden? Wie kann ich in vier Arten kommunizieren?

Die Hohepriesterin: Ich frage meine innere Weisheit: Wie kann ich mir dein Wissen bewußt machen? Welche Fragen muß ich stellen, um mich selbst kennenzulernen? Wie komme ich nach innen? Was wollen mir meine Träume und meine Intuition sagen?

Die Herrscherin: Was bringe ich zur Welt? Wie wachse ich in Schönheit? Was ist in meinem Leben reich und üppig? Was umgibt mich körperlich? Was will sich durch mich kreativen Ausdruck verschaffen?

Der Herrscher: Wo liegt meine Macht? Wie kann ich selbst zu einer eigenen Autorität werden? Was muß ich in mir überwinden? Wie habe ich mich entschieden, meine Energien auszurichten?

Der Hierophant: Was muß ich aus meinen Problemen lernen? Auf welche Werte gründe ich meine Entscheidungen? Was habe ich zu lehren? Welche Überzeugungen muß ich in Frage stellen? Wie kann ich lernen?

Die Liebenden: Wie kann ich mich öffnen und der Liebe begegnen? Welche Entscheidungen habe ich zu treffen? Wie kann ich andere so annehmen, wie sie sind? Was wünsche ich mir und was brauche ich in meinen Verbindungen?

Der Wagen: Welche Energien muß ich einspannen, damit ich mein Ziel erreiche? Wohin gehe ich? Wie kann ich meine Instinkte im Zaum und mich selbst im Gleichgewicht halten?

Kraft: Wer bist du, Bestie? Wo liegt meine Kraft? Wobei kann ich sie nutzen? Wie kann ich Macht und Liebe ins Gleichgewicht bringen und wie kann ich meine Kraft liebevoll ausdrücken? Wie stelle ich mich zu meinen Begierden?

Der Eremit: Wonach suche ich? Wo sollte ich suchen? Wie kann ich meinem eigenen Weg folgen? Was muß ich vervollständigen? Was habe ich so gemeistert, daß ich es andere lehren kann?

Rad des Schicksals: Was verändert sich, und wie kann ich diese Veränderungen am besten handhaben? Wie kann ich meine Perspektive ändern? Wie kann ich meine Mitte finden und mich von dem äußeren Auf und Ab freimachen?

Gerechtigkeit: Was muß ausgesöhnt oder ausgeglichen werden? Wo bedarf es der Gerechtigkeit? Auf welcher Grundlage kann ich mir ein Urteil bilden oder einen Wert ermessen? Wie kann ich zu mir selbst ehrlich sein?

Der Gehängte: Was läßt mich hängen oder wo bin ich in der Schwebe? Was muß ich von einem anderen Gesichtspunkt aus betrachten? Wem oder welcher Erfahrung muß ich mich überlassen? Wo muß ich bescheiden sein?

Tod: Wovon muß ich mich trennen, um aufs Neue zu wachsen! Wie kann ich mich von unnötigen Verhaltensmustern lösen? Wovon wird mich das Loslassen befreien? Wohin gehe ich von hier?

Mäßigkeit: Wo liegt meine Geschicklichkeit? Was muß ich miteinander mischen? Wie kann ich mein Interesse wiedererwecken und meinen Geist verjüngen? Wie kann ich meine Energien und Heilkräfte zum Fließen bringen?

Der Teufel: Welchen Begierden laufe ich nach? Was hasse oder fürchte ich? Woran fesseln mich meine Gefühle? Wie kann ich mich aus diesen Fesseln lösen? Welche Art von Wissen wird mein Denken freimachen?

Der Turm: Wie kann ich meine Wut und meine Aggressionen ausdrükken? Was muß ich tun, um aus der Beengtheit auszubrechen? Welche eigenen Mauern habe ich aufgebaut? Was muß in meinem Leben befreit werden?

Der Stern: Wie komme ich zu größerer geistiger Tiefe? Was bringt mir die Hoffnung? Wie kann ich meine Träume wahr werden lassen? Was macht mich wirklich frei?

Der Mond: Wie kann ich aus meinen Träumen lernen? Wie kann ich mir meine verborgenen Quellen erschließen? Wohin hat mich meine Entwicklung gebracht? Was muß ich aus meiner Vergangenheit noch verdauen, um weiterzukommen?

Die Sonne: Wo kann ich meine Fröhlichkeit finden? Wie kann ich Glück und Liebe erleben? Was kommt zum Vorschein, wenn ich mich selbst vorbehaltlos öffne?

Gericht: Was verlangt der Sinn meines Lebens von mir? Wie werde ich den Ruf wahrnehmen? Was kann ich tun, um Teil eines neuen Zeitalters zu sein und meine Blutsverwandtschaft mit anderen zu erkennen? Was muß in meinem Leben wiederauferstehen?

Die Welt: Wo liegen meine Möglichkeiten zur Verwirklichung? Wie kann ich Freiheit im Rahmen einer Ordnung ausleben? Wie kann ich an meinen Begrenzungen tanzen? Was ist das Ganze, von dem ich ein Teil bin?

Der Narr: Wohin führt mich meine Seele? Was ist die Weisheit meines Narrens? Auf welche Weise bin ich närrisch? Worauf muß ich vertrauen? Wie kann ich spontaner und fröhlicher leben?

Die Sätze der Kleinen Arkana

In den nächsten Kapiteln über die Konstellationen werden die Bedeutungen der Zahlenkarten der Kleinen Arkana besprochen, wie sie bei jeder Deutung verwandt werden können. Wenn Ihnen diese Karten noch nicht vertraut sind, wird die nachstehende Besprechung sie Ihnen etwas näherbringen:

Den vier Sätzen der Kleinen Arkana liegen die vier Elemente zu Grunde: Stäbe entsprechen dem Feuer, Kelche dem Wasser, Schwerter der Luft und Münzen der Erde*. Diese in den vier Sätzen ausgedrück-

---

* Zwar kann die Zuordnung zu den Elementen variieren, doch handelt es sich hier um die verbreitetste Entsprechung bei den Kartenspielen, in denen die Karten der Kleinen Arkana illustriert sind (im Gegensatz zu einer rein zahlenmäßigen Darstellung). Dieser Unterschied in den verschiedenen Kartenspielen wird im Anhang B (S. 299 ff.) eingehender besprochen.

ten vier Elemente sind in uns wirksam. Sie sind stets im Fluß, aber niemals im vollkommenen Gleichgewicht. Bei der Kartendeutung können Sie aus diesen Karten erfahren, was auf den vier Ebenen geschieht oder innerhalb dieser vier Aspekte Ihrer selbst.

Beim Deuten sollten Sie zunächst immer feststellen, welche der vier Sätze überwiegen und ob eventuell ein Satz gar nicht vertreten ist. In der Regel zeigt so ein fehlender Satz, daß diese Ebene aus sich selbst heraus wirksam funktioniert und derzeit nicht überprüft werden muß. Falls aber das fehlende Element zentraler Bestandteil der Frage war, müssen Sie überlegen, warum es nicht auftauchte. Die überwiegenden Sätze zeigen, wo Sie Ihre Energien gebündelt haben. Wenn problematische Karten vorherrschen (was bei Schwertern z. B. wahrscheinlich ist), werden dadurch Hindernisse angezeigt, die überwunden werden müssen – etwas, das wir durchdringen müssen, um zu dem höchsten Ergebnis zu gelangen, das uns die Karten anzeigen.

Die Sätze der Kleinen Arkana in der Übersicht

Symbol	Satz und Element	Bedeutung der Sätze
	Stäbe Feuer	Persönliches Wachstum. Geist. Eingebungen. Kreativität. Einweihung. Enthusiasmus. Begierde. Leidenschaft. Intuitive Erkenntnis. Handlungen. Bewegung. Optimismus.
	Kelche Wasser	Gefühle und Emotionen. Unbewußtes. Phantasie. Gespür. Medialität. Träume. Bildliche Vorstellungsgabe. Innere Vorgänge. Beziehungen. Empfänglichkeit. Reflexionen.
	Schwerter Luft	Gedanken. Kämpfe. Konflikte. Entscheidungen. Wissen und Schlauheit. Analyse. Diskussion. Kommunikation. Geistige Vorgänge. Schärfe. Kritik. Pessimismus.
	Münzen Erde	Ergebnisse. Tatsachen. Sinneswahrnehmung. Sicherheit. Verankerung. Innere Ruhe. Verwirklichung. Fähigkeiten. Geschicklichkeit. Belohnungen für erbrachte Leistungen. Früchte der Arbeit. Tradition. Das Physische und Materielle.

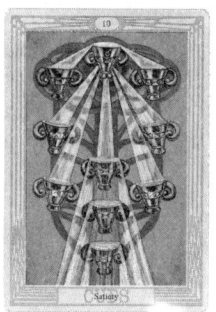
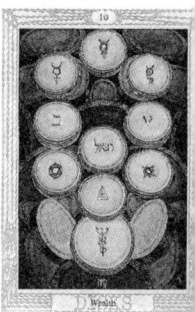

Die Konstellation des Magiers: 19-10-1
Wille und konzentriertes Bewußtsein
Aus dem Thoth Tarot

78

Kapitel 4

Die Konstellation des Magiers: 19-10-1

Die Sonne (19)   Das Rad des Schicksals (19)   Der Magier (1)
  As und 10 der Stäbe   As und 10 der Kelche
  As und 10 der Schwerter   As und 10 der Münzen

Das Prinzip des Willens und des konzentrierten Bewußtseins

Der Magier	**Rad des Schicksals**	**Die Sonne**
Merkur	*Jupiter*	*Sonne*
Einheit des Selbst	Einheit in der Vielfalt	Einheit im Geist
Das Individuum	Das Individuum in der Gesellschaft	Alles als das Eine

Schlüsselworte: Kommunikation. Selbstbewußtsein. Individualisation. Selbstausdruck. Initiative. Eins-Sein. Originalität.

Wenn Sie der Typ 10-1 sind, lesen Sie die folgenden Abschnitte dieses Kapitels:

Der Magier (1) als Wesenskarte
Das Rad des Schicksals (10) als Persönlichkeits- oder Unterweisungskarte
Die Sonne (19) als verborgene Seite
Berühmte 10-1-Typen
Die Asse und Zehner der Kleinen Arkana

Wenn Sie der Typ 19-10-1 sind, dann lesen Sie:

Der Magier (1) als Wesenskarte
Die Sonne (19) als Persönlichkeitskarte
Das Rad des Schicksals (10) als Persönlichkeits- oder Unterweisungskarte
Berühmte 19-10-1-Typen
Die Asse und Zehner der Kleinen Arkana.

Der Magier (1) als Wesenskarte

(Dies trifft zu, wenn Sie der Typ 19-10-1 oder der Typ 10-1 sind.)

Einheit des Selbst. Das Individuum

Der Magier steht für konzentriertes Bewußtsein und für den Willen. Durch ihren Bezug zum Planeten Merkur zeigt diese Karte, daß Sie ein kommunikativer Mensch mit handwerklichem Geschick sind.

Die Symbole der vier Tarotsätze auf dem Tisch stehen für Ihre Fähigkeit, mit allen vier Elementen als Ihren Werkzeugen zu arbeiten.

Als Magier arbeiten Sie kreativ, wobei Sie Ihre Hände ebenso wie Ihren Geist einsetzen. Sie sind zu großer geistiger Konzentration fähig und weisen sich selbst den Weg zu Ihrem Tun. Logisch-analytisches Denken fällt Ihnen leicht, und Sie nutzen diese Fähigkeit, um alles unter der Sonne zu steuern.

Vermutlich fällt es Ihnen schwer, für andere zu arbeiten, weil Sie sich bevorzugt Ihren eigenen Ideen widmen. Sie stecken all Ihre Kräfte in Ihre Aufgaben. Das macht es Ihnen leicht, an Ihre Ideen zu glauben und sie anderen mitzuteilen. Dennoch läßt Ihre egozentrische Tendenz anderen nicht immer genügend Raum, es sei denn, diese sind bereit, Ihnen zu folgen. Sie sind ein Individualist. Sie sind nicht sehr geduldig und suchen immer nach sofortiger Befriedigung.

Um zur Entfaltung Ihrer höheren Anlagen zu gelangen, müssen Sie sich bewußt machen, daß Sie ein Mittler für ein höheres Bewußtsein werden können. Wenn Sie sich dem Geist öffnen und sich vom göttlichen Willen durchströmen lassen, können Sie sich mit anderen vom Typ 19-10-1 zusammentun, die hervorragende Heiler, Lehrer, Führer, Erneuerer, Erfinder sind und in jeder Weise Vermittler.

Sie sind einfallsreich und haben einen schnellen, bodenständigen Verstand. Dementsprechend lassen Sie sich natürlich auch schnell von neuen Ideen ablenken. Es könnte für Sie hilfreich sein, einen Kollegen zu haben, der die Tagesaufgaben erledigt. Sie neigen dazu, sich mit Ihrer Arbeit und Ihrem Schaffen nicht nur zu identifizieren, sondern darin einen wesentlichen Ausdruck Ihrer Persönlichkeit zu sehen, und sind demzufolge empfindsam, wenn Ihr Tun kritisiert wird.

Sie besitzen die magische Fähigkeit, sich selbst zu transformieren und zu verändern, ebenso wie Sie gewöhnliche, alltägliche Dinge ins Magische verwandeln können. Sie sehen Ihre Aufgabe in dem Bewußtsein, das der Gleichzeitigkeit (Synchronizität) Bedeutung verleiht und sehen sich als den Handelnden, ohne den keine Handlung stattfinden kann.

Im ungünstigsten Fall können Sie zu einem Gauner werden, zu einem schnellzüngigen Trickser, der anderen leicht ein X für ein U vormachen kann. Sie spielen und gaukeln anderen etwas vor, um damit Ihre persönlichen Ziele zu erreichen. Dann erscheinen Sie jedem Menschen, dem Sie begegnen, anders, immer gerade so, wie die anderen Sie haben möchten. Am meisten genießen Sie es, wenn Sie ein Publikum haben, das Sie bewundert als ein Abbild von Faszination und Charme.

Magier unterliegen auch dem sogenannten »Peter Pan«-Komplex – der Weigerung, älter zu werden und die Pflichten des Erwachsenen zu übernehmen. Sie bewahren Ihren Sinn für Spiel und Freude und Sie haben einen charakteristischen Drang nach Selbstbelohnung. Sie meinen, was Sie sagen, während Sie es aussprechen, aber Sie möchten später nicht beim Wort genommen werden. Falls Sie eine Frau sind, und diese Glücksritterseite in sich unterdrücken, kann es leicht sein, daß Sie diese Haltung auf Ihren Mann projizieren, dessen Weigerung, erwachsen zu werden, dann Ihre eigenen Wünsche widerspiegelt.

Der Magier zeigt sich nur als Wesenskarte. Sie können ihn daher nie als Karte der Persönlichkeit, der verborgenen Seite oder eines Jahres erleben. Die Zahl 1 ist für sich genommen seit dem 1. 1. 998 n. Chr. nicht mehr aufgetaucht und wird bis zum 31. 12. 9957 nicht mehr erscheinen. Erst dann wird es wieder Geburtsdaten geben, die in der Summe 10 000 ergeben, vorausgesetzt, daß es dann noch unseren Kalender gibt.

Rad des Schicksals (10) als Karte der Persönlichkeit oder der Unterweisung

RAD des SCHICKSALS

(Dies gilt als Persönlichkeitskarte, wenn Sie der Typ 10-1 sind und als Karte der Unterweisung beim Typus 19-10-1. Seit 998 n. Chr. ist es nicht mehr möglich, das Rad des Schicksals als Karte der verborgenen Seite zu haben.)

Die Einheit in der Vielfalt, das Individuum in der Gesellschaft

Das Rad des Schicksals bedeutet Veränderung, Bewegung und Entfaltung der Ideen. Es ist die Karte des Glücks und des Unglücks. Mit der Drehung des Rades ergeben sich neue Gelegenheiten und alte Vorhaben kommen in eine neue Runde auf der ewigen Spirale. Das Rad, das von vier Figuren in den vier Eckpunkten eingegrenzt wird, steht für den heiligen Kreis, der von göttlichen Wesen beschützt wird.

Zumeist wird der Planet Jupiter mit dieser Karte in Verbindung gebracht, der damit das Denken des Magiers erweitert und zu neuen Ebenen bringt, indem er philosophische Gesichtspunkte mit einbezieht. Sie verfügen über ein gutes Gespür auf Grund Ihres Überblicks und Ihrer Fähigkeit, alles als ein Ganzes zu sehen. Ihr Glauben und Ihre Hoffnungen geben Ihnen entweder Halt oder stürzen Sie in Verzweiflung (allerdings wohl nicht für lange). Wie die Bücher, die die vier Eckfiguren in den Händen halten, zeigen, sind Ihre Ideen geeignet, als Bücher veröffentlicht zu werden oder der Öffentlichkeit in anderer Form mitgeteilt zu werden.

Im Rad des Schicksals liegt die Möglichkeit der Belohnung für die kreativen Projekte, die der Magier eingeleitet hat. Wenn Ihre Persönlichkeit durch das Rad dargestellt ist, lernen Sie durch Veränderungen. Sie spielen und gehen die Risiken ein, die in den Herausforderungen liegen. Sie erleben die Wirkung, die Ihr Tun in dieser Welt hat und sehen oft, wie es später wieder zu Ihnen zurückkommt, wobei es häufig in einer Weise verändert oder verwandt wurde, die Sie sich nie hätten träumen lassen. Auf diese Weise müssen Sie vielleicht den Folgen der zeitweisen Gedankenlosigkeit Ihres Magier-Wesens in die Augen blicken.

Die problematische Seite zeigt, daß Sie sich leicht treiben lassen können, ohne sich wirklich anzustrengen und dabei über genügend Glück und Raffinesse verfügen, um nicht steckenzubleiben oder zu stolpern. Selbst dort, wo sich neue, interessante Situationen mit spannenden Erfahrungen für Sie ergeben, lassen Sie manchmal keinen Ehrgeiz aufkommen. Es sieht so aus, als müßten Sie nur lange genug warten, damit alles, was Sie brauchen, auf Sie zukommt. In diesen Fällen mangelt es Ihnen aber an Durchhaltevermögen und an der Freude für das Detail. Damit bleiben viele Ihrer Vorhaben einfach liegen. In diesem Sichtreibenlassen und in einer dilettanttischen Vorgehensweise kann der Grund liegen, wenn Sie nicht die größtmögliche Entfaltung Ihrer Möglichkeiten erreichen.

Nichtsdestoweniger zeigt das Rad des Schicksals die Beweglichkeit und die Fähigkeit, gute Gelegenheiten zu ergreifen, sobald sie sich zeigen. Sie haben ein leichtlebiges, großmütiges und nachsichtiges Wesen. Sie stehen die Tiefen genauso leicht durch, wie Sie die glücklichen Seiten genießen, wohlwissend, daß beide Extrempunkte zeitlich begrenzt sind und daß Sie genügend Durchhaltevermögen besitzen.

Die Sphinx ist der Wächter an dem Einlaß zu weiterer Entwicklung. Sie fragt, ob Sie bereit sind, sich vom Schicksalsrad drehen zu lassen, um mit einem tieferen Verständnis wieder aufzutauchen.

Die Sonne (19) als Karte der verborgenen Seite

(Dies gilt für den Typ 10-1.)

Die SONNE

Wenn 10-1 Ihr Persönlichkeits-/Wesensmuster ist, dann zeigt die Sonne interessanterweise Ihre Schattenseite. Damit ist Ihr persönlicher Schatten das, was C. G. Jung den »lichten Schatten« nennt. Sie haben vermutlich Schwierigkeiten damit, Ihre guten Seiten und Ihre Leistungen anzuerkennen. Schauen Sie sich einmal um: Gibt es jemanden, von dem Sie denken, daß Sie so sein möchten wie er (sie)? Wahrscheinlich schätzen Sie Ihren eigenen Wert nicht genügend ein und fühlen sich von anderen in den Schatten gestellt.

Vielleicht fanden Sie es in Ihrer Jugend schwierig, offen zu anderen zu sein. Im Grunde genommen sind Sie ein Einzelgänger, der sich wohl fühlt, wenn er für sich an den eigenen Aufgaben und Vorhaben arbeiten kann. Sie lassen andere nicht zu nahe an sich herankommen und können nur schwer Vertrauen zu anderen fassen, weil Sie nicht sicher sein können, ob die ständige Veränderung des Lebens, sie nicht nur heute hier, morgen aber ganz woanders sein läßt. Später, wenn die Sonne Ihre Unterweisungskarte geworden ist, werden Sie lernen, sich langsam zu öffnen und die Freuden der Freundschaft kennenzulernen. Eine Ihrer größten Aufgaben liegt darin, Vertrauen zu entwickeln: Sowohl Vertrauen in Ihr eigenes Tun wie auch die Bereitschaft, anderen Ihre tiefsten Gefühle anzuvertrauen. Wenn Ihnen Vertrauen mangelt, werden Sie Zweifel über Ihre Vorhaben bekommen und sich selbst und Ihre Freundschaften in Frage stellen. Mit der verwandlungsfähigen Natur des Magiers als Ihrer Wesenskarte ist Ihre Identität schwer zu greifen und wandelt sich je nach den äußeren Umständen. Die Sonne fordert Sie heraus, sich selbst als den Schöpfer Ihrer eigenen Wirklichkeit zu erkennen.

Berühmte 10-1-Typen

Aus meiner Liste berühmter Persönlichkeiten nenne ich vor allem einen Vertreter des Typs 10-1. Der Philosoph René Descartes (geb. am 31.3. 1596) gründete seinen »Gottesbeweis« auf die Tatsache, daß wir an allem zweifeln, was wir zu wissen glauben. Und wenn wir zweifeln, denken wir, und aus dieser Folgerung heraus schuf Descartes den Ausspruch: »Ich denke, also bin ich.« Für Descartes waren Geist und Natur zwei vollkommen unterschiedliche Bereiche: der eine oben (Geist), der andere unten (die physische Welt). Heute, da wir uns der Wende zum 2. Jahrtausend nähern, werden viele Menschen dieses Typs 10-1 geboren (seit dem 31.12. 1965). Da sie noch alle zu jung sind, um berühmt zu sein, können wir nur vermuten und beobachten.

Claudius Nero (römischer Kaiser) 15.12. 37
Raffael (italienischer Künstler) 27.3. 1483
Ulrich van Hutten (Humanist) 21.4. 1488
Martin Luther (Reformator) 10.11. 1483
René Descartes (französischer Philosoph) 31.3. 1596
E. T. A. Hoffmann (Dichter) 24.1. 1776
Joseph von Eichendorff (Dichter) 10.3. 1788
Henry Ford (amerikanischer Industrieller) 30.7. 1863
Enrico Caruso (italienischer Sänger) 25.2. 1873

Die Sonne (19) als Persönlichkeitskarte

(Dies trifft zu, wenn Sie der Typ 19-10-1 sind.)

Einheit im Geist. Alles als das Eine

Die Sonne steht für Ganzheit, Vollendung und die Enthüllung, die das helle Licht der Sonne mit sich bringt, vor dem sich nichts verbergen läßt. Walt Whitman (ein 19-10-1-Typ) schrieb: »Gebt mir die herrliche stille Sonne mit all ihren blendenden Strahlen!« Mit einer Sonnenpersönlichkeit sind Sie vor allem optimistisch und heiter. Wie die Sonnenblume drehen Sie sich immer zu der lichten Seite hin. Die Mauer, die auf der Karte gezeigt ist, steht für das Bewußtsein der eigenen Grenzen. Sie lernen, Ihre Leistungen anzuerkennen und wenn Sie auf dem inneren Wege des Schicksalsrades erfolgreich waren, dann ist Ihnen klar, daß Sie anderen sich selbst und Ihre Motive uneingeschränkt zeigen können.

Sie können sich wie ein Kind über die kleinen Dinge im Leben freuen und haben herausgefunden, daß Sie sich von Ihren Instinkten leiten lassen können, die Sie ehrlich, ohne verborgene Absichten, führen. Sie strahlen die Überzeugung aus, daß auch andere ihre Ziele erreichen können, und deshalb sind Sie eine ständige Quelle der Inspiration für andere. Dank Ihres Vertrauens bringen diese ihr Bestes hervor.

Die meisten Tarotspiele zeigen auf dieser Karte zwei Kinder, die im Licht der Sonne tanzen. Das heißt, daß Sie es schätzen, Ihre Erfahrungen mit anderen zu teilen. Diese Karte ist somit Ausdruck des gemeinsamen Schaffens. Sie brauchen jemanden, mit dem Sie Ihre Ideen, Ihre Arbeit und Ihre Freuden teilen können. In den Mythen und Märchen gehören Sonne und Mond immer zusammen. In gleicher Weise möchten Sie zu jemandem gehören, sich mit jemandem ergänzen. Da der Magier Ihre Wesensart darstellt, identifizieren Sie sich so sehr mit dem, was Sie tun, daß es für Sie nur schwer möglich ist, mit jemandem eine Beziehung zu haben, der nicht interessiert Anteil an Ihren Tätigkeiten nimmt oder zumindest bereit ist, zuzuhören. Weil Sie ein Führer sind und ein Mensch der Ideen, sollte Ihre »andere Hälfte« jemand sein, der Sie unterstützt und Dinge zu Ende bringt. Sie stehen gerne im Rampenlicht. Ihre Beziehung wird großartig sein, wenn Ihr Partner bereit ist, Sie zu unterstützen. Andernfalls kann es leicht zu übergroßen Konkurrenzkämpfen kommen.

Wenn Sie eine Arbeit haben, die es Ihnen nicht erlaubt, kreativ und unabhängig zu sein, werden Sie das niemals als Ihren Beruf, sondern lediglich als einen Job ansehen. In diesem Fall benötigen Sie dringend einen weiteren Aufgabenbereich, in dem Sie »leuchten« können.

Berühmte 19-10-1-Typen

Wie Sie der nachstehenden Aufstellung entnehmen können, sind Menschen dieses 19-10-1-Typs Führungsnaturen und Erfinder. Sie setzen neue Bewegungen in die Welt und sind in vieler Hinsicht die Ersten. Sie werden häufig zu Leitfiguren für andere, die ihnen folgen und zum Sprachrohr werden in den Angelegenheiten, mit denen sie sich identifizieren.

Karl der Große (römischer Kaiser) 2. 4. 742
Sir Isaac Newton (englischer Wissenschaftler) 4. 1. 1643
George Washington (1. Präsident der USA) 22. 1. 1732
Napoleon I. (Kaiser von Frankreich) 15. 8. 1769
Niccolò Paganini (Geiger) 27. 10. 1782
Benjamin Disraeli (englischer Premier-Minister) 21. 12. 1804
Karl Marx (deutscher Gesellschaftsphilosoph) 5. 5. 1818
Leo Tolstoi (russischer Schriftsteller) 9. 9. 1828
Konrad Adenauer (Bundeskanzler) 5. 1. 1876
Carl Gustav Jung (Schweizer Psychologe) 26. 7. 1876
Mata Hari (Spionin) 7. 8. 1876
George Gurdjieff (spiritueller Führer) 13. 1. 1877
Friedrich Flick (Unternehmer) 19. 7. 1883
Ernest Hemingway (amerikanischer Schriftsteller) 21. 7. 1899
Werner Heisenberg (deutscher Physiker) 5. 12. 1901
Walt Disney (Filmproduzent) 5. 12. 1901
Simone de Beauvoir (französische Existenzialistin) 9. 1. 1908
Lyndon B. Johnson (Präsident der USA) 29. 8. 1908
Jacques Cousteau (Meeresforscher) 11. 6. 1910
L. Ron Hubbard (Gründer der Scientology) 13. 3. 1911
Lech Walesa (Gewerkschaftsführer) 29. 9. 1943
Rainer Werner Fassbinder (Filmemacher) 31. 5. 1945

Die Asse der Kleinen Arkana

Die *Asse* (oder die Einser) zeigen die Bewußtseinsebene an, auf der Sie sich bewegen. Darüber hinaus sind sie Ausdruck Ihrer vier Grundbegabungen und der vier Bereiche, in die Sie Ihre Energien ausrichten können. Wenn Sie Ihr Bewußtsein und Ihre Energien wirklich konzentriert einsetzen wollen, müssen Sie beidem eine Richtung geben. Die Asse stehen dabei für den Anfang, für die Aussaat der Idee, für die Erkenntnis, daß sich uns eine Gelegenheit bietet, die uns aus dem auf der jeweiligen Karte dargestellten Geist zufließt. Sie zeigen ferner den Impuls, den es immer bedarf, wenn ein neues Projekt in Gang kommen soll. Falls dann im weiteren Verlauf die Energie eines Asses schwach werden sollte, kann das Projekt scheitern und muß nochmals aufs neue begonnen werden.

AS der STÄBE

Das *As der Stäbe* steht für ein inspiriertes Bewußtsein. Damit können Sie sich bietende Gelegenheiten sehr gut beim Schopf packen. Es entzündet sich wie eine Fackel oder eine hervorragende Idee durch die Kraft der Begeisterung. Sie erwärmen sich für Ihre Aufgabe. Sie sind willens, anzufangen, und Sie möchten, daß Ihre Ideen wachsen und sich entfalten. Dieses As gibt Ihnen den ersten Impuls und weckt den leidenschaftlichen Wunsch, sofort zu beginnen.

AS der KELCHE

Das *As der Kelche* zeigt das Bewußtsein von Liebe. Sie öffnen sich damit Ihren Gefühlen und nehmen Ihre Widerstände wahr. Wenn Sie Ihre Ziele verfolgen, müssen Sie für alle Hoffnungen und Zweifel offen sein, die dabei auftauchen. Spüren Sie eine innere Verbundenheit mit Ihrem Vorhaben und die Bereitschaft, sich nachhaltig darum zu kümmern? Wenn nicht, dann scheint es nicht die Bedeutung zu haben, und Sie werden es aufgeben, sobald Ihre anfängliche Begeisterung verflogen ist. Die Fülle, die über den Rand des Kelches quillt, zeigt, wie inbrünstig Sie sich für Ihre Idee einsetzen. Dadurch erhält diese die Unterstützung, die sie zum Wachstum braucht. Dieses As zeigt, daß Sie Ihr Vorhaben gefühlsmäßig annehmen müssen, wenn es wirklich wachsen und gedeihen soll.

AS der SCHWERTER

Das *As der Schwerter* steht für das vernünftige (konzentrierte) Bewußtsein. Sie können damit analysieren und erkennen, was getan werden muß, wobei Ihr logisches und differenziertes Denkvermögen Ihnen die notwendigen Schritte zeigt. Sie wägen damit das Pro und Kontra ab und tragen die notwendigen Informationen zusammen. Das Schwert symbolisiert die Fähigkeit, unwichtige Details abzuschneiden und die Spitze auf den Kern zu richten. Dieses As zeigt den ersten Schritt bei der systematischen Entfaltung einer Idee.

AS der MÜNZEN

Das *As der Münzen* steht für das kristallisierende Bewußtsein. Es bringt die Sicherheit und die Fähigkeit, zu Ergebnissen zu kommen. Mit wahrer Sturheit bleiben Sie bei der Sache, um den endgültigen Ausgang zu sehen und die Früchte Ihrer Arbeit zu ernten. Die Hand hält das Ergebnis Ihrer Mühen, worin zugleich die Saat für ein neues Vorhaben liegt. Mit diesem As führen Sie sich in Ruhe die erhofften Ergebnisse vor Augen und überlegen sich, wie Sie diese in neuer Weise nutzen können.

Die Zehner der Kleinen Arkana

Die *Zehner* sind das Ende des einen Zyklus und der Beginn des nächsten. Sie erinnern uns daran, daß alle Einser (die Asse) eigentlich immer das Ergebnis einer zurückliegenden Entwicklung sind. Wenn wir über diese Zehner nachdenken, entsteht das Bild des Uroboros – der Schlange, die ihren Schwanz im Maul hat – und wir erkennen, daß das Leben ein kontinuierlicher Prozeß ist. Deshalb stehen die Zehner wie das Rad des Schicksals für Übergänge und Veränderungen. In der Regel werden diese Veränderungen gefördert oder behindert, je nach dem Thema, das die jeweilige Karte zeigt. Die Zehner zeigen uns die Ergebnisse all dessen, was wir durch die Neuner vollständig gemacht haben. Sie zeigen auch, wohin die Energien jedes einzelnen Tarotsatzes führen, wenn wir sie konsequent zu Ende bringen.

Für die Menschen in der Konstellation des Magiers sind die Zehner ein Geschenk oder eine Herausforderung in bezug auf die Kommunikation und Ihren Individuationsprozeß.

Die *Zehn der Stäbe* zeigt, daß Ihre Energie ins Stocken gerät, wenn Sie zuviel Verantwortung übernehmen. Es kann kaum zu einer kraftvollen Veränderung kommen, wenn Sie sich einfach zuviel aufbürden. Es bleibt Ihnen zuwenig Zeit, wenn Sie sich um anderer Leute Sorgen und Vorhaben kümmern. Es kann sein, daß Ihre Weitsicht durch die Mühen des Alltags oder durch akute Sorgen versperrt ist.

Zum anderen zeigen die Zehn der Stäbe wie wichtig es ist, ein Verantwortungsbewußtsein zu entwickeln. Nur wenn Sie Ihre Verpflichtungen und Zusagen einhalten, werden Sie die Reife entwickeln, die in allen zwischenmenschlichen Beziehungen notwendig ist. Sie entwickeln Vertrauen zu sich selbst und in Ihre Fähigkeit, Ihre Ziele zu erreichen.

Die *Zehn der Kelche* zeigt, daß Sie eine gute und unbeschwerte Stimmung verbreiten können. Ihre Familie und Ihre Freunde spielen eine große Rolle für Sie, und ohne sie würden Sie sich nur als ein halber Mensch fühlen. Sie brauchen die anderen, um ihre Phantasien und Ideen mit ihnen auszutauschen, weil deren Reaktionen für Sie wichtig sind. Zwar ist Individualität Ihr Hauptmerkmal, aber Sie brauchen eine sehr gesellige Umgebung, um diese Seite auszudrücken. Das ist es, was Sie unter Wohlstand verstehen.

Als herausforderndes Thema kann die 10 der Kelche die Phantasien des Hans-Guck-in-die-Luft darstellen, die wirklichkeitsfremden Träume. Der Regenbogen stellt zwar ein Versprechen dar, für dessen Einlösung aber Vorleistungen erbracht werden müssen. Sie müssen Ihren Traum von gesellschaftlicher Harmonie und dem friedvollen Miteinander in der Welt oder im engeren Umfeld den Wunsch nach einer glücklichen Familie vor Ihren inneren Augen erst noch deutlicher werden lassen, bevor er verwirklicht werden kann.

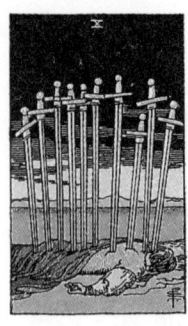

Die *Zehn der Schwerter* zeigt, daß Sie innerlich sehr blockiert sind bei der Vorstellung, Ihre Freunde könnten gegen Sie sein. Es ist, als ob Ihnen jemand in den Rücken gefallen wäre. Das kann eine tödliche Erfahrung für Ihr Selbstwertgefühl sein.

Eine Ihrer größten Herausforderungen liegt in der Frage, wann man aufgeben muß – wann man sich von undankbaren Freunden abwenden sollte oder ein aussichtsloses Vorhaben aufgeben muß. Wie in einem Alptraum haben Sie dabei das Gefühl, daß »Etwas« Sie jagt, aber Sie können nicht weglaufen. Wie bei einer schweren Rückgratverletzung fühlen Sie sich gelähmt und können sich nicht bewegen. Es kann sein, daß Sie aufhören müssen, sich weiter anzustrengen und den Kampf als verloren abbrechen müssen. Sobald Sie aufgeben, werden Sie eine Veränderung feststellen. Sie fühlen sich befreit, können wieder laufen, oder Sie stellen fest, daß das Ungeheuer so schlimm nun auch wieder nicht ist. Die Karte heißt: »Ganz tief unten gibt es nur noch Wege, die nach oben führen!« Die dunklen Wolken lichten sich, und der neue Tag beginnt.

Als Geschenk bedeutet diese Karte, daß Sie in der Lage sind, Dinge von allen Seiten aus zu betrachten und äußerst gründlich darum bemüht sind, alle Aspekte einer Situation festzuhalten. Auf Ihrer Wissenssuche greifen Sie hoch, und mit entsprechenden Bemühungen werden Sie Weisheit finden.

Die *Zehn der Münzen* zeigt, daß Sie Ihre reichhaltigen Mittel und Talente einsetzen können, um in dieser Welt Dauerhaftes zu errichten. Es ist Ihre Aufgabe, daraus eine bessere Wohnstatt zu machen und etwas Dauerhaftes und Greifbares zu hinterlassen. Eine weitere Aufgabe ist es, mit Ihren Begabungen die Traditionen zu pflegen, die für Sie Bedeutung haben. Ebenso wie die Zehn der Kelche zeigt diese Karte, daß Sie wertvolle Unterstützung von Ihren Freunden, Ihren Beziehungen und Ihrem Erbe erhalten. Wie das Bildmotiv zeigt, sind die meisten der Menschen, die das Rad des Schicksals als eine Ihrer Lebenskarten haben, niemals ohne Geld in der Tasche anzutreffen.

Die magischen Zeichen auf dem Gewand des alten Mannes, der Stab, der gegen den Torbogen gelegt ist und die kabbalistische (Lebensbaum) Anordnung der zehn Münzen zeigen, daß es sich hier eigentlich um eine magische Karte handelt. Der alte Mann ist »Der Magier«, der nun nach einem an Erfahrungen reichen Leben ein alter Zauberer und Wundertäter geworden ist. Auch wenn Sie denen, die nach Ihnen kommen, soviel Wissen wie möglich hinterlassen, wissen Sie doch ganz genau, daß jedes Kind die ganze Reise aufs neue machen muß.

Die Konstellation der Hohenpriesterin: 20-11-2
Ausgewogenes Urteil durch intuitives Gewahrsein

Aus dem Morgan-Greer-Tarot

Kapitel 5

Die Konstellation
der Hohenpriesterin: 20-11-2

| Gericht (20) | Gerechtigkeit (11) | Die Hohepriesterin (2) |
| 2 der Stäbe | 2 der Kelche | 2 der Schwerter | 2 der Münzen |

Das Prinzip des ausgewogenen Urteils durch intuitives Gewahrsein

Die Hohepriesterin	Gerechtigkeit/Aus-	Gericht/Aeon
Mond	gleich	*Pluto*
Persönliches Wissen	*Waage*	Kosmisches
Innere Wahrheit	Volksweisheit	Verstehen
	öffentliche Wahrheit	Geistige Wahrheit

Schlüsselworte: Intuition. Selbstgenügsamkeit. Selbstvertrauen. Unabhängigkeit. Dualität. Selbst und andere Alternativen, Analyse. Ringen. Teilung. Reflexion. Gegengewicht oder Entgegenstellung. Gleichgewicht. Ausgleich.

Wenn Sie ein einfacher 2-Typ (2-2) sind, lesen Sie die folgenden Abschnitte dieses Kapitels:

Die Hohepriesterin (2) als Persönlichkeits- oder Wesenskarte
Gerechtigkeit (11) als verborgene Seite
Gericht (20) als verborgene Seite
Berühmte einfache 2-Typen
Die Zweier der Kleinen Arkana

Wenn Sie der Typ 11-2 sind, dann lesen Sie:

Die Hohepriesterin (2) als Persönlichkeits- oder Wesenskarte
Gerechtigkeit (11) als Persönlichkeitskarte
Gericht (20) als verborgene Seite
Berühmte 11-2-Typen
Die Zweier der Kleinen Arkana

Wenn Sie der Typ 20-2 sind, dann lesen Sie:

Die Hohepriesterin (2) als Persönlichkeits- oder Wesenskarte
Gerechtigkeit (11) als Persönlichkeitskarte
Gericht (20) als verborgene Seite
Berühmte 20-2-Typen
Die Zweier der Kleinen Arkana

Die Hohepriesterin (2) als Persönlichkeits- oder Wesenskarte

(Dies trifft zu, wenn Sie ein einfacher 2-Typ sind oder Typ 11-2 oder 20-11-2.)

Persönliches Wissen. Innere Wahrheit.

Die *Hohepriesterin* steht für inneres Wissen, Intuition, Unabhängigkeit und Selbstgenügsamkeit. Diese Karte, die astrologisch dem Mond zuzuordnen ist, zeigt dessen zunehmende und abnehmende Phasen ebenso wie Ebbe und Flut der Gezeiten. Durch sie spiegeln sich unsere gegenwärtigen Situationen und Umstände als Reflexionen zurückliegender Ereignisse und Erinnerungen, die jetzt in Symbolen verschlüsselt in unseren Träumen und Gefühlen auf uns projiziert werden (wie auf den Schleier hinter ihr). Weil sie auch die jungfräuliche Priesterin genannt wird, müssen wir weit zurückgehen, um die ursprüngliche Bedeutung des Wortes »Jungfrau« wiederzufinden, mit dem gemeint war, »ganz für sie selbst« und »zu keinem Mann gehörig«. Sie war eine der Göttin geweihte Priesterin, Hüterin des Wissens über die Mysterien von Tod und Geburt, über unsere vergangenen und zukünftigen Leben und unserer Aufgabe in diesem Leben.

Sie ist die zweite Karte der Tarottrümpfe. Im Anschluß an die Idee der Einheit des Selbst zeigt sie die Wirklichkeit »des anderen«, der Dualität. Sie ist wie das Kleinkind, das zu verstehen beginnt, daß nicht alles ein Teil von ihm darstellt, sondern daß es von seiner Mutter getrennt ist. Und so zeigt diese Karte, wie im Wechselspiel zwischen den Palmen und den Granatäpfeln (Symbole für Sexualität und Fruchtbarkeit) deutlich wird, die offenbare Dualität zwischen dem

Selbst und den anderen, zwischen männlich und weiblich, hell und dunkel usw.

Als Hohepriesterin treffen Sie Ihre Entscheidungen intuitiv und verändern sie häufig. Das hat nichts mit Wankelmut zu tun. Sie wissen, daß sich die Umstände ständig verändern, daß Energien wie Ebbe und Flut kommen und gehen. Sie folgen einem inneren Rhythmus, der sich für Sie als zuverlässig erwiesen hat und den man nicht beschleunigen kann. Die Ruhe, die Sie ausstrahlen können, hat auch etwas Beruhigendes für andere, die sich oft zu Ihrer heiteren Gelassenheit hingezogen fühlen. Zu Ihnen sprechen andere Menschen offen über sich selbst und über ihre Probleme, weil Sie ein guter Zuhörer sind; es scheint, als würden Sie ihre innersten Gedanken kennen. Weil Sie die Ideen und Gefühle der anderen annehmen, ohne ein Urteil darüber zu fällen, sind Sie zugleich ein Spiegel für Ihre Umwelt.

Sie sind ausdrucksvoll, medial und spüren die subtilen Unterströmungen einer Situation. Häufig spüren Sie bereits irgend etwas in Ihrem Körper, bevor Sie es in Ihrem Bewußtsein erkennen. Eine Empfänglichkeit für solche Eindrücke kann rasche Stimmungsänderungen zur Folge haben. Sie erleben die Gefühle anderer häufig so, als wären es Ihre eigenen. Die Karte Gerechtigkeit kann Ihnen helfen, Ihre Energien von denen anderer zu unterscheiden.

Für Ihr geistiges und physisches Wohlbefinden ist es wichtig, daß Sie nahe dem Wasser sind. Wenn es nicht anders geht, hilft Ihnen auch ein warmes Salzbad, um Ihr Energiefeld zu reinigen. Ihre Macht ist die des Wassers und des Mondes: kühl, dunkel und fließend. Sie braucht Halt in einem Gefäß.

Als Hohepriesterin haben Sie weibliche Qualitäten hoch entwickelt und Frauen als Freundinnen und Lehrerinnen sind sehr wichtig für Sie. Männer glauben oft, diese Seite in sich unterdrücken zu müssen und projizieren die Qualitäten ihrer inneren Hohenpriesterin häufig auf jemand anderen. Männer mit der Hohenpriesterin als Wesenskarte haben deshalb eine hochentwickelte *Anima* – ein inneres Bild des Weiblichen – nach dem sie stets in der Welt da draußen suchen. Das Problem ist nur, daß keine Frau der Vollkommenheit dieses Idealbildes entsprechen kann.

Sie sind unabhängig und selbstgenügsam. Sie brauchen unbedingt Abgeschiedenheit, um wieder in Verbindung mit Ihrer geistigen Quelle zu treten. Da Sie Ihre wahren Gefühle nur selten zeigen, üben Sie eine große Anziehung auf andere aus, für die Sie geheimnisvoll und weise sind. Ihre Gefühle und Ihre Emotionen spornen Sie an. Vor Ihrem geistigen Auge vergleichen und verbinden Sie ständig gegenwärtige Situationen mit Ihren Erinnerungen aus vergangenen Zeiten. Ihre Reaktionen sind stark emotional.

Wenn Sie Ihre intuitive und mediale Seite unterdrückt haben, sind Sie sicherlich ein Skeptiker gegenüber metaphysischen Ansichten, etwa in der Art, von der Shakespeare sagt: »Die Lady protestiert zuviel.« In diesem Fall ist es schwer für Sie, Ihren intuitiven Gefühlen zu vertrauen. Statt dessen werden Sie immer bemüht sein, all Ihr Tun »vernünftig« zu begründen.

Die problematische Seite der Hohenpriesterin liegt in ihrer wesensmäßig paradoxen Natur. Sie können charmant intrigieren oder in Intrigen und Lügen verwickelt werden. Sie können flexibel oder wankelmütig sein. Sie können der Logik mißtrauen und sich dafür Verachtung zuziehen oder genau das Gegenteil: Sie mißtrauen Ihrer Intuition und bauen eine Fassade spitzfindiger Logik auf. Sie können mit Ihrem Feingespür prahlen oder sich kühl von allem fernhalten, das Ihren inneren Frieden beeinträchtigen könnte.

Wenn Sie ein einfacher 2-Typ sind, d.h. die Hohepriesterin als Persönlichkeits- und als Wesenskarte haben, sind sowohl die Gerechtigkeit und das Gericht Karten Ihrer verborgenen Seite. Lesen Sie anschließend die Beschreibung dieser Karten.

Berühmte einfache 2-Typen

Es gibt fast keine berühmte Person, die ein einfacher 2-Typ ist; diese Menschen wurden erst seit dem 31.12.1957 wieder geboren (nach einer Unterbrechung von 900 Jahren).* Dabei kommt diesen Menschen eine besondere Bedeutung zu, da sie die Fähigkeit besitzen, der Menschheit zu helfen und mit den tiefen Strömungen des kollektiven Unbewußten in Verbindung zu treten. (Siehe dazu in Kapitel 13 die Diskussion: »Das Zeitalter der Hohenpriesterin«.) Es ist deren Aufgabe, uns den Weg aus dem Dilemma zu weisen, ob wir unsere bisherige Richtung beibehalten sollen und uns dabei denkbarerweise selbst zerstören oder ob wir eine Richtungsänderung erwägen, bei der wir ein Bewußtsein für die Heiligkeit unseres Planeten entfalten.

---

* Ein berühmter einfacher 2-Typ ist: Boris Becker, (22.11.1967) Tennisstar.

Gerechtigkeit (11) als Persönlichkeitskarte

(Dies trifft zu, wenn Sie der Typ 11-2 sind.)

Volksweisheit, öffentliche Wahrheit

Die *Gerechtigkeit* steht für unsere gesellschaftlichen und kulturellen Gesetze, die wir aufstellen, um die Ordnung aufrechtzuerhalten und die denen Genugtuung verschaffen, denen Schaden zugefügt wurde. Die Figur zeigt die Göttin der Wahrheit wie Maat in Ägypten oder Themis und Athene in Griechenland, die danach strebten, das Gleichgewicht zwischen der Natur und dem Lebensrhythmus aufrechtzuerhalten. Um gerecht zu sein, müssen äußere Gesetze mit unserer inneren Natur im Einklang sein.

Dieser Karte zufolge gehen Sie davon aus, daß es wichtig ist, sich auf andere Menschen einzustellen. Sie fühlen sich verantwortlich für die Art, wie Sie und andere durch Ihre Urteile und Entscheidungen betroffen werden. Sie sind sich bewußt, daß jede Handlung notwendigerweise eine Reaktion mit sich bringt, für die Sie verantwortlich sind. Deshalb überlegen Sie schon im voraus, mit welchen Folgen Ihrer Impulse und Handlungen Sie zu rechnen haben. Oder Sie schauen auf das, was Sie taten, zurück, um ein bestimmtes Ergebnis sicherzustellen.

Als Persönlichkeitskarte zeigt die Gerechtigkeit, daß Sie ehrlich zu sich selbst sein müssen, denn ohne aufrichtige Ehrlichkeit gibt es weder Gerechtigkeit noch Gnade. Aus Ihren Fehlern lernen Sie, wie Sie die Menschen, Situationen und Ansichten, denen Sie vertrauen, einzuschätzen haben. Wenn diese an Bedeutung für Sie verloren haben oder nicht zu den gewünschten Ergebnissen führen, sind Sie in der Lage, die Verbindung abzubrechen und sich selbst aus überholten Abhängigkeiten zu befreien. Mit Hilfe Ihres Schwertes opfern Sie Ihre Illusionen, Ihre Ansprüche ebenso wie die Träume, die sich als Irrtum erweisen. Dagegen werden Sie mit aller Kraft die Ideen verteidigen, die für Sie existentielle Grundwahrheiten darstellen. Wie Sallie Nichols in ihrem Buch *Die Psychologie des Tarot* erklärt, können Sie im Extremfall so sehr damit beschäftigt sein, daß alles fair zugeht, daß Sie die meiste Zeit »zu Gericht sitzen« oder auf das System schimpfen, statt an sich selbst zu arbeiten.

Da Sie dazu neigen, diese Welt unter logischen Gesichtspunkten zu betrachten, legen Sie viel Wert auf das Gesetz von Ursache und

Wirkung und schätzen die deduktive Denkweise. Da aber die Hohe-priesterin Ihre Wesenskarte ist, (achten Sie auf die zwei Säulen, die in beiden Karten auftauchen), müssen Sie es lernen, sowohl Ihre Logik wie auch Ihre Intuition zu nutzen, damit Ihr Urteil ausgewogen ist (das zeigt die Farbe der beiden Säulen, die zu einem Grauton gemischt wurde). Die Gerechtigkeitskarte fordert Sie auf, sich in allen Situationen auf die Weisheit der Hohenpriesterin zu besinnen.

Sie erwarten, daß Sie für Ihre Vergehen bezahlen müssen und für Ihre guten Taten belohnt werden. Wenn Sie sich entscheiden müssen, wägen Sie alles Für und Wider sorgsam gegeneinander ab (wie bei den Schalen einer Waage), um sicherzugehen, daß das Gleichgewicht sichergestellt ist. Indem Sie die Spielregeln beachten, wollen Sie Harmonie und Stabilität sicherstellen. Vergessen Sie nicht, daß nur der das Gleichgewicht schätzen kann, der die Qualen des Chaos kennt.

Sie machen viel aus Ihren Erinnerungen, die Sie so lange hin und her bewegen, bis Sie innerlich ganz ruhig werden. Das ist der Grund, warum so viele berühmte 11-2-Typen eine Verbindung zu Kindern haben. Sie untersuchen die Verbindung zwischen kindlicher Erfahrung und psychologischer Entwicklung oder benutzen das Schwert/den Stift, um die Erinnerungen und die Gefühle der Jugend niederzu-schreiben (und deren Bedeutung zu ergründen). Als ein 11-2-Typ versuchen Sie auch dann Ihr Gleichgewicht zu halten, wenn Sie von emotionalen Spannungen und unausgedrückten Gefühlen überrum-pelt werden. Vielleicht finden Sie im Schreiben einen guten Ausdruck für diese Gefühle und für Ihre Gedanken über Gerechtigkeit.

Gericht (20) als Karte der verborgenen Seite

(Das trifft zu, wenn Sie ein einfacher 2-Typ oder ein 11-2-Typ sind.)

GERICHT

Gericht als Ihre verborgene Seite zeigt, daß Verän-derung und Transformation für Sie wichtig, aber schwierig sind. Sie spüren die Bürde des Urteils, das die Ordnung und die Autorität Ihnen auferlegt. Sie können sich selbst, aber auch anderen gegenüber sehr kritisch sein. Eigentlich möchten Sie alles kon-trollieren, müssen aber erleben, daß andere mächti-ger sind als Sie. Sie fühlen sich dann nur noch fähig zu reagieren, anstatt selbst etwas in Bewegung zu setzen. Es kann sein, daß Sie in diesen Fällen versuchen, die Kontrolle durch passiven Widerstand zu gewinnen.

Aus dieser Unterweisungskarte können Sie lernen, daß *Sie* der Auslöser Ihrer eigenen Veränderungen oder Entwicklungen sind. Sie sind für sich selbst verantwortlich. Wenn Sie weiterhin versuchen, passiv zu bleiben, macht das die Veränderung nur schwerer. Gerade Veränderungen, die Sie ursprünglich als bedrohlich ansahen, können sich durchaus als befreiend erweisen. Sie möchten Schmerzen lindern und Unrecht wiedergutmachen, indem Sie die Wahrheit ans Licht bringen, die zuvor verschüttet war oder nicht erkannt wurde. Das gilt besonders für die Schmerzen und das Unrecht, daß Sie selbst einst erlitten haben.

Wenn Sie lernen, für die große Wandlung Ihres Lebens selbst verantwortlich zu werden, eröffnet Ihnen die Erfahrung Ihrer persönlichen Macht völlig neue Aussichten und Möglichkeiten. Möglicherweise erwachen Sie zu der gesellschaftlichen und/oder geistigen Bedeutung, die hinter individuellen und häufig isolierten Zufällen liegt.

Berühmte 11-2-Typen

In dieser kleinen Gruppe von 11-2-Typen befinden sich einige Personen, die die Grundideen von Wahrheit und Freiheit mit Ihrem Körper verteidigt haben: Dave Crockett, Lord Byron und Benjamin Spock. Crockett sagt in seiner Autobiographie: »Diese Regel gebe ich nach meinem Tode weiter: Überzeuge dich davon, daß du Recht hast – dann kannst du mit dem, was du machst, fortfahren.« Byron ist für den Einzeiler berühmt: »Wahrheit ist immer befremdlich – befremdlicher als Dichtung« (aus *Don Juan*, XIV). Viele andere in dieser Aufstellung haben sich entweder beruflich mit frühkindlichen Entwicklungen befaßt oder Kinderbücher geschrieben.

Lord Byron (englischer Dichter und Abenteurer) 22.1.1788
Hans Christian Andersen (dänischer Märchenschreiber) 2.4.1805
Otto von Bismarck (deutscher Kanzler) 1.4.1815
Beatrix Potter (englische Kinderbuchautorin) 28.7.1866
Llewwllyn George (Astrologe) 17.8.1876
Karen Horney (englische Psychologin) 16.9.1885
Anna Freud (österreichische Psychologin) 3.12.1895
Bert Brecht (Schriftsteller) 10.2.1898

Gericht (20) als Persönlichkeitskarte

(Das trifft zu, wenn Sie der Typ 20-2 sind.)

Kosmisches Verständnis. Spirituelle Wahrheit

Das *Gericht* zeigt die Auferstehung oder das »Erwachen« in allen verschiedenen Kartenspielen. Im Waite-Spiel und in den meisten anderen zeigt diese Karte die Auferstehung der Toten aus Ihren Särgen, während ein apokalyptischer Engel die Posaune des Lebens bläst. Im Crowley Deck zeigt die entsprechende Karte »Aeon« Isis (die »Lebensspenderin« genannt wird) mit Osiris (»Gott der Toten«) und erinnert uns daran, wie Isis Osiris in einem schwimmenden Sarg auf den Wassern des Nils fand und ihn wieder zu Leben erweckte. In diesen Symbolzusammenhang gehört auch, daß die Gerechtigkeitskarte im Crowley Deck die Göttin Maat zeigt, die Isis den Weg zu Osiris wies.

Als 20-2-Typ sind Sie sich bewußt, daß Sie zwar durch Ihre Vergangenheit zu dem wurden, was Sie sind, daß Sie diese Grenzen aber überschreiten können. In Ihrem Leben werden Sie viele dieser Aufwacherlebnisse haben: ein Wachrütteln oder »Ihr Epiphanias«, bei dem Sie auf einmal den Sinn hinter den Ereignissen erkennen.

Dies ist die Karte der Zeitgleichheit (Synchronizität). Dabei handelt es sich um Ereignisse, die wie ein zufälliges Zusammentreffen aussehen, aber eine starke persönliche Bedeutung haben. Diese Bedeutung ist immer da, aber wir sind meistens zu bequem, danach zu suchen. Mit dem Gericht als Persönlichkeitskarte merken Sie, daß durch diese Synchronizitäten Ihre Aufmerksamkeit auf den Punkt der Entscheidung gelenkt wird, wenn Ihr Weg sich in viele Richtungen gabelt.

Der 20-2-Typ versucht, seine Umwelt zu kontrollieren und zu verändern. Sie sind ähnlich wie die plutonischen Menschen, die Robert Hand folgendermaßen beschreibt: »Sie verkörpern die Kräfte des Todes und der Wiederauferstehung, die in der Gesellschaft vorhanden sind ... und nutzen die Energien, die in einer Kultur hochschnellen, zu ihrem Vorteil.« Sie sind häufig direkt in den Kampf Ihrer Generation um Bewußtsein und eigene Identität verwickelt. Sie sehen in sich selbst Werte verkörpert, die Sie in die Welt bringen und mit der Welt teilen müssen.

Dieser Typus kann ein Heiler sein, ein Therapeut oder jemand, der die Methoden der Selbsttransformation lehrt. Aber auch ein Guru und ein religiöser Führer, der auf die Bedeutung von Tod und Wiedergeburt hinweist. Sie haben einen intuitiven Einblick in das Unbewußte der Massen in Ihrer Zeit und besonders Ihrer Generation.

Mit dieser Karte wird der Vorgang Ihrer Vervollkommnung dargestellt, womit gleichzeitig die Notwendigkeit ausgedrückt wird, alles Grobe und Unvollkommene, das Sie behindern kann, zurückzulassen. Wie Thomas Paine (ein 20-2-Typ) glauben Sie, daß Mittelmäßigkeit, zum Prinzip erhoben, immer eine Unart ist.

Die Lektion, die Sie lernen müssen, heißt, Ihre persönliche Kraft und Ihren Einfluß auf andere nicht für persönliche Ziele einzusetzen, sondern den anderen bei deren Transformation zu helfen. Der 20-2-Typ hat die Fähigkeit, mit allen inneren Ebenen in Verbindung zu treten, wie die übliche Darstellung der drei aus den Särgen auferstehenden Figuren zeigt. In der Transaktionsanalyse würden sie beispielsweise für das Eltern-, das Erwachsenen- und das Kindheits-Ich stehen; oder in Jungschen Begriffen für das Selbst, den Schatten und das Ego. Als ein 20-2-Typ können Sie mit Ihrem Verständnis und Ihrer Visionsgabe anderen bei Ihrer Wandlung helfen. Häufig genug behalten Sie Ihre Visionen still für sich und verletzen andere durch die Rechtschaffenheit Ihres Tuns. Sie sind gerne gesellig und verstehen es gut, Menschen miteinander in Kontakt zu bringen. Sie können ein geschätzter Freund und ein loyaler Partner sein und trotzdem Ihren starken Sinn für Unabhängigkeit und Selbstwert pflegen.

Mit Ihrer starken Pluto-Mond-Verbindung sind Sie im hohen Maße medial. Da aber unsere Gesellschaft Medialität nicht zu schätzen weiß, können Sie womöglich diese Seite von Ihnen verleugnen und sich statt dessen auf die rationale Seite der Gerechtigkeit konzentrieren, der Karte Ihrer verborgenen Seite. (In diesem Fall bedeutet »verborgen«: Verbunden mit unterdrückten unbewußten Seiten, und möglicherweise Ursache für plötzliche Ausbrüche und unangemessenes Verhalten.) Vor allem Männer haben in unserer Gesellschaft Probleme, zu ihren intuitiven Gefühlen zu stehen. Wenn das auch für Sie gilt, mag Ihre betonte Rationalität eine Illusion sein.

Gerechtigkeit (11) als Karte der verborgenen Seite

(Das trifft zu, wenn Sie ein einfacher 2-Typ sind oder ein 20-2-Typ.)

Die *Gerechtigkeit* erscheint meistens als Karte der verborgenen Seite. Sie zeigt, daß Sie es lernen müssen, Verantwortung zu übernehmen, wenn Sie dazu aufgefordert werden. Sie haben einen hochentwickelten Sinn für das, was Sie für richtig und falsch halten, und Sie können sowohl zu sich selbst, als auch gegenüber anderen überkritisch sein. Ihr Urteil kann Sie von anderen Menschen trennen und Freundschaften zerstören. Paradoxerweise reagieren Sie gleichzeitig sehr empfindlich auf Kritik, selbst wenn diese unbeabsichtigt erfolgt.

Sie prüfen alle Seiten einer Angelegenheit oder eines Konflikts und wägen alles Für und Wider ab, bevor Sie handeln. Sie meinen, es sei wichtig, immer logisch zu sein, selbst wenn es in einer bestimmten Situation unangemessen ist. Ihr Drang, fair zu sein, läßt Sie allein auf die »Fakten« vertrauen, ohne daß Sie mildernde Umstände anerkennen. Denken Sie einmal darüber nach, daß die meisten Urteile eine Sache der Intuition sind. Die vernünftigen Erklärungen kommen erst später. Die Gerechtigkeit zeigt, daß Ihr Handeln auf dem Verständnis Ihrer Vergangenheit basiert, so wie sie von Ihrer inneren Hohenpriesterin erinnert wird, deren intuitives Wissen Sie in praktischer Weise nutzen. Die Erinnerung ist Ihre richtungsweisenste Quelle. Die Verbindung zwischen Ihrem bewußten und Ihrem unbewußten Selbst führt zum Gleichgewicht.

Da die Karte Ihrer verborgenen Seite zugleich Ihre Unterweisungskarte ist, werden Sie feststellen, daß Sie Weisheit entfalten, in dem Maße, wie Sie sich auf die Lebensumstände einstellen und die Ergebnisse wahrnehmen. Indem Sie Verantwortung für Ihr Tun übernehmen, entwickeln Sie Nachsicht, und indem Sie akzeptieren, daß die Werte und Bedürfnisse anderer genauso wichtig sind wie die Ihren, entwickeln Sie Mitleid. Sie müssen die Ungleichgewichte in Ihrem Leben erkennen und dabei ausmachen, welche Seite für Ihre eigene Wesensnatur wahr ist. Nur Sie können entscheiden, welche Erinnerungen Sie pflegen und welche Sie verneinen sollten, welche Handlungen Sie ehren und welche Sie geißeln sollten, welche Überzeugungen Sie hoch halten und welche Sie verwerfen sollten. Auf diese Art können Sie das Gleichgewicht halten. Das ist Ihr Schicksal.

Berühmte 20-2-Typen

In dieser Aufstellung werden Sie Menschen finden, die dem Ruf folgten, sich selbst dem Aufbau von Harmonie in der Welt zu widmen. Darunter sind viel Menschenrechtler, ferner viele berühmte Medien sowie zwei Schöpferinnen von feministischen Tarotspielen. Des weiteren viele phantasievolle Romantiker, Poeten und Künstler – Menschen, die in der Lage sind, ihre inneren Bilder Gestalt annehmen zu lassen. Und es gibt darunter bekannte Personen des öffentlichen Lebens, mit einem Gespür für das Unbewußte eines Kollektivs, die zwar die Bilder boten, die die Masse brauchte, aber nicht immer auch den Inhalt.

Elizabeth I. (englische Königin) 17. 9. 1533
Antonio Vivaldi (italienischer Komponist) 4. 3. 1678
Thomas Paine (Schriftsteller und Menschenrechtler) 9. 2. 1737
Wolfgang Amadeus Mozart (österreichischer Komponist) 27. 1. 1756
Edgar Allan Poe (Autor übersinnlicher Geschichten) 19. 1. 1809
Elizabeth Cady Stanton (Feministin) 12. 11. 1815
Jules Verne (Science-Fiction-Autor) 8. 2. 1828
Ramakrishna (Hindu-Mystiker) 18. 2. 1836
Nikolai Rimski-Korsakow (russischer Komponist) 18. 3. 1844
Claude Debussy (französischer Komponist) 22. 8. 1862
Frank Lloyd Wright (Architekt) 8. 6. 1869
Karl Valentin (Humorist) 4. 6. 1882
Robert von Ranke-Graves (Poet, Schriftsteller) 26. 7. 1895
Bob Hope (Komiker) 29. 5. 1903
Leonid Breschnew (russischer Staatsführer) 19. 12. 1906
Mircea Eliade (Vergleichender Religionswissenschaftler) 9. 3. 1907
Alfred Krupp (Industrieller) 13. 8. 1907
Ronald Reagan (US-Präsident) 6. 2. 1911
Peter Hurkos (Medium) 21. 5. 1911
Rosa Parks (Menschenrechtlerin) 4. 2. 1913
Edith Piaf (französische Chanson-Sängerin) 19. 12. 1915
John Glenn jr. (Astronaut und Politiker) 18. 7. 1921
Sybil Leek (Medium und Hexe) 22. 2. 1922
Norman Mailer (Schriftsteller) 31. 1. 1923
Henry Kissinger (Politischer Berater) 27. 5. 1923
Art Buchwald (Zeitungs-Kolumnist) 20. 10. 1925
Richard Burton (Schauspieler) 10. 11. 1925
Marcia Moore (Astrologin und Medium) 22. 5. 1928

Jackie Kennedy Onassis (Präsidentengattin) 28. 7. 1929
Helmut Kohl (Bundeskanzler) 3. 4. 1930
Udo Jürgens (Sänger) 30. 9. 1934
Julie Andrews (Sängerin und Schauspielerin) 1. 10. 1935
José Argüelles (New Age Schriftsteller) 24. 1. 1939
Peter Fonda (Schauspieler) 23. 2. 1939
Julian Bond (Bürgerrechtler und Politiker) 14. 1. 1940
Paul Simon (Musiker) 13. 10. 1941
Ffiona Morgan (Schöpferin des »Daughters of the Moon Tarot«)
21. 11. 1941
Bobby Fischer (Schach-Champion) 9. 3. 1943
José Feliciano (Musiker) 10. 9. 1945
Vicki Noble (Mit-Schöpferin des »Motherpeace Tarot«) 13. 4. 1947
Charles (Prinz von Wales) 14. 11. 1948
John Travolta (Schauspieler) 18. 1. 1954

Die Zweier der Kleinen Arkana

Die *Zweier* drücken die Lektionen, die Gelegenheiten und die
Geschenke der Hohenpriesterin aus, aber auch unsere inneren Barrieren, durch die wir es verhindern, ihre wertvollsten Qualitäten auszuleben.

Wann immer wir mit einem Teil dieser Konstellation der Hohenpriesterin zu tun haben, stehen wir in der Regel vor einer Entscheidung.
Die Karten der Kleinen Arkana zeigen, wie wir uns in diesem
Entscheidungsprozeß verhalten können: Indem wir beide Seiten miteinander vermischen (Kelche), die eine der anderen vorziehen (Stäbe),
unentschieden bleiben (Schwerter) oder uns für beide entscheiden
(Münzen).

Die *Zwei der Stäbe* zeigt, daß Sie, wenn Sie gefordert sind, gut Entscheidungen treffen können und
dazu stehen. Vielleicht können Sie Ihre Entscheidungen nicht immer logisch begründen, aber Sie
haben genügend Vertrauen, um danach zu handeln.
Nur selten fragen Sie jemand anderen nach dem
Weg. Sie bevorzugen es, die Dinge in Ihrer eigenen
Art und Weise zu tun und für das Ergebnis die
Verantwortung zu übernehmen.

Sie brauchen ein Gleichgewicht zwischen Geist und Körper, deshalb handeln Sie erst im richtigen Zeitpunkt. Diese Selbstdisziplin kann in Verbindung mit Ihrer Intuition Ihre Geschäfte erfolgreich werden lassen. Die Langeweile – ein Ausdruck fehlender neuer Richtungen oder Anstöße – ist dabei Ihr größtes Problem. Zu Ihren Problemen gehört ferner Ihre Überzeugung, daß nur Sie die richtige Antwort wissen.

Die *Zwei der Kelche* zeigt, daß Sie ein mitfühlender und fürsorglicher Mensch sind. Sie wissen um die Heilkräfte der Liebe und wie wichtig zwischenmenschliche Beziehungen sind. Die zwei miteinander verschlungenen Schlangen und der eigenartige rotbeflügelte Löwenkopf stehen für eine spirituelle Seite Ihrer Leidenschaft sowie einer leidenschaftlichen Suche nach spirituellem Ausdruck. Eine Ihrer wichtigsten Aufgaben ist die Annahme Ihrer männlichen oder ihrer weiblichen Seite (die des anderen Geschlechts).

Diese Karte zeigt, daß Ihre bewußte und Ihre unbewußte Seite zusammenarbeiten können und scheinbare Gegensätze überwunden werden können. Ihr Schwachpunkt mag darin liegen, daß Sie übersentimental werden oder mit anderen derart mitfühlen, daß Sie ganz vergessen, wem welche Gefühle wirklich gehören. Bezwingen Sie Ihren inneren Drang, jedem der Ihnen begegnet, helfen oder ihn heilen zu wollen.

Die *Zwei der Schwerter* zeigt, daß Sie in Ihrem Wunsch, friedfertig zu sein, sich jeder Meinung enthalten, es sei denn, man zwingt Sie zu einer Stellungnahme. Der Wunsch nach Ordnung und Stabilität kann Sie zu blindem Konformismus und zu Rigidität fehlleiten. Einerseits suchen Sie durch eine ausgewogene Vernunft Ihre innere Ruhe zu behalten, andererseits können Sie eben dadurch Ihre Intuition verleugnen. Solange Sie sich des objektiven Standpunkts nicht sicher sind, zögern Sie. Ein Konflikt zwischen Ihren Meinungen und denen anderer kann Stillstand und Unentschiedenheit auslösen.

Wenn Sie nicht in der Lage sind, Ihre Möglichkeiten zu erkennen, bietet die Vernunft (Schwerter) keine Hilfe. Versuchen Sie nicht, Ereignisse herbeizuzwingen, bevor die Zeit dazu reif ist. Warten Sie, bis Sie spüren, daß Ihre Gefühle, wie die neue Flut, ansteigen. Dann wissen Sie, daß es Zeit zu handeln ist.

Die *Zwei der Münzen* zeigen, daß Sie in der Lage sind, zwei oder auch mehr Angelegenheiten gleichzeitig zu handhaben. Durch Reisen und Abwechslungen können Sie sich erholen, zuviel macht Sie allerdings unruhig und unstabil. Für alle Zweier ist es sehr heilsam, nahe am Wasser zu sein. Nehmen Sie sich die Zeit, um in Ihren Erinnerungen in Ihre Kindheit zurückzugehen und spielen Sie. Flexibel und unternehmungslustig zu sein, ist ein guter Rahmen für Ihre Intuition.

Als Freund oder Geschäftsführer sind Sie anpassungsfähig und umgänglich, laufen aber Gefahr, von einzelnen oder von der Volksmeinung zu leicht beeinflußt zu werden. Wenn Sie den Eindruck haben, vom Leben herumgeschubst zu werden, dann achten Sie auf die Synchronizitäten; vielleicht entdecken Sie die tiefere Bedeutung Ihrer Erfahrung und finden eine neue Richtung.

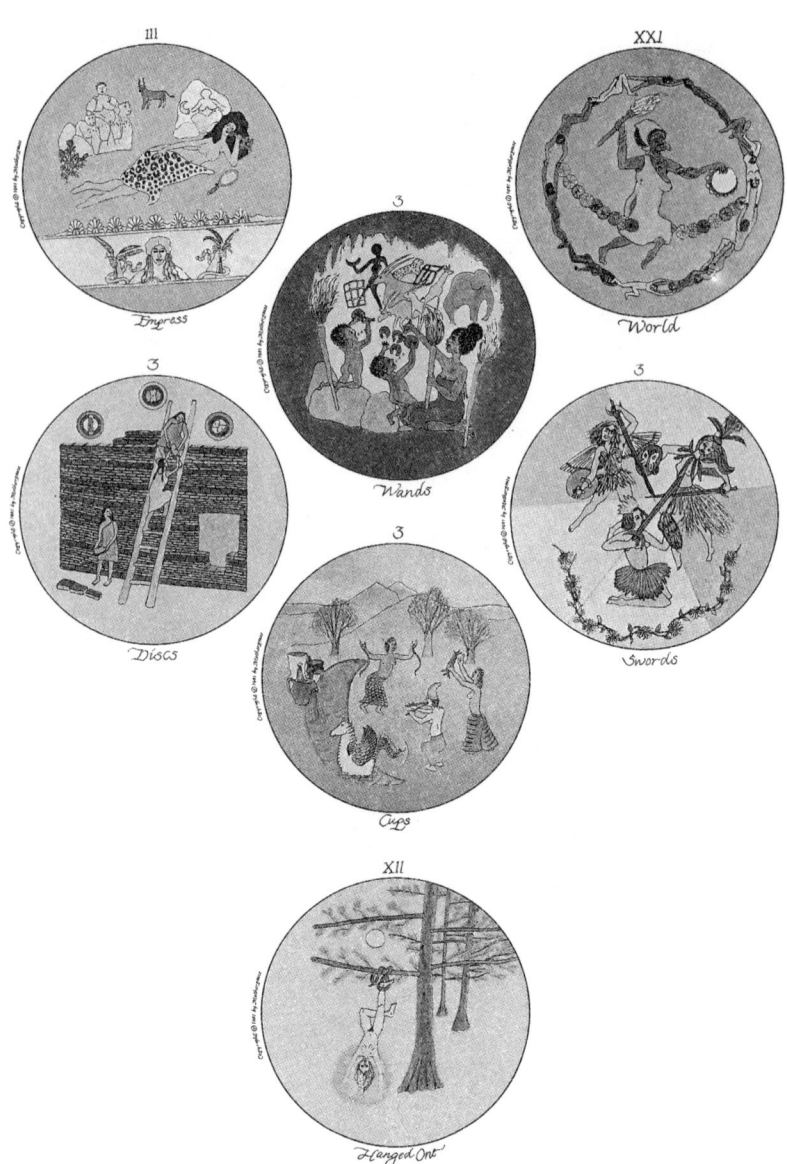

Die Konstellationen der Herrscherin: 21-12-3
Liebe und schöpferische Vorstellungskraft

Aus dem Motherpeace Tarot

Kapitel 6

Die Konstellation der Herrscherin: 21–12–3

Die Welt (21)   Der Gehängte (12)   Die Herrscherin (3)
6 der Stäbe   6 der Kelche   6 der Schwerter   6 der Münzen

Das Prinzip der Liebe und der schöpferischen Vorstellungskraft

Die Herrscherin	Der Gehängte	Die Welt
Venus	*Neptun*	*Saturn*
Persönliche Liebe	Unbedingte Liebe	Allumfassende Liebe
Den Körper gebären	Die Seele gebären	Den Geist gebären

Schlüsselworte: Kreativität. Ernährung. Opfer. Aufgabe. Form. Bezogenheit. Fruchtbarkeit. Begrenzung. Vorstellungskraft.

Wenn Sie ein einfacher 3-Typ (3-3) sind, lesen Sie:

Die Herrscherin (3) als Persönlichkeits- oder Wesenskarte
Den Gehängten (12) als die verborgene Seite
Die Welt (21) als die verborgene Seite
Berühmte einfache 3-Typen
Die Dreier der Kleinen Arkana

Wenn Sie der Typ 12-3 sind, lesen Sie:

Die Herrscherin (3) als Persönlichkeits- oder Wesenskarte
Den Gehängten (12) als die Persönlichkeitskarte
Die Welt (21) als die verborgene Seite
Berühmte 12-3 Typen
Die Dreier der Kleinen Arkana

Wenn Sie der Typ 21-3 sind, lesen Sie:

Die Herrscherin (3) als Persönlichkeits- oder Wesenskarte
Die Welt (21) als Persönlichkeitskarte
Den Gehängten (12) als die verborgene Seite
Berühmte 21-3 Typen
Die Dreier der Kleinen Arkana

Die Herrscherin (3) als Persönlichkeits- oder Wesenskarte

(Das trifft zu, wenn Sie ein einfacher 3-Typ sind, ein Typ 12-3 oder 21-3.)

Persönliche Liebe. Die Geburt des Körpers.

Die *Herrscherin* ist mit den Göttinnen Demeter und Ceres verwandt. Sie ist freigiebig, fruchtbar und wachstumsfördernd und verkörpert die Vereinigung des Magiers und der Hohenpriesterin, die ersten zwei Karten der Großen Arkana. Die Kombination aus diesen beiden ist die Herrscherin, die ihrerseits neues Leben in sich trägt und damit mehr als nur die Summe ihrer »Bestandteile« ist. Da diese Karte auch mit Venus verwandt ist, zeigt sie Liebe und Schönheit. Sie ist die weibliche Energie, die einen guten Nährboden für Wachstum und Wohlbefinden verkörpert. Sie ist die archetypische Mutter Erde, die alle Gegensätze zu überwinden versucht und Disharmonien vertreiben will.

Wenn die Herrscherin Ihre Persönlichkeits- oder Ihre Wesenskarte ist, haben Sie einen hochentwickelten Sinn für Ästhetik, Harmonie und Ausgeglichenheit. Sie schätzen Schönheit und nehmen sie in allen Formen wahr. Deshalb fühlen Sie sich zu solchen Hobbys oder beruflichen Aufgaben hingezogen, in denen Sie diese Begabung ausdrücken können.

Es kann sein, daß Sie zwar voll kreativer Ideen sind, es Ihnen aber entweder an der notwendigen Disziplin mangelt, die es zur Verwirklichung braucht oder aber an der notwendigen Aggressivität, sie richtig zu vermarkten. Ihre Macht entspringt der Liebe, und Sie herrschen, indem Sie die Bedürfnisse der anderen verstehen.

Ein weiteres wichtiges Thema dreht sich für Sie um das Bemuttern. Vielleicht spüren Sie immer noch eine starke Verbindung zu Ihrer Mutter, die wohl der wichtigere Elternteil bei der Prägung Ihres Grundcharakters war.

Gleichgültig, ob Sie ein Mann oder eine Frau sind, Sie wollen bemuttern und sich um andere kümmern. Wenn sich das nicht durch

Schwangerschaft oder Kinderaufziehen tatsächlich ausdrückt, werden Sie diese Instinkte auf andere Menschen und andere Vorhaben in Ihrem Leben projizieren.

Sie haben einen tiefen Einblick in die Verbundenheit von allem mit allem. Sie fühlen sich deshalb zutiefst der Erde, dem Geist, Ihrem Land, Ihrer Gruppe, Ihrer Arbeit und anderen Menschen verbunden. Auch wenn Sie sehr hoheitsvoll und bestimmend auftreten können, wissen Sie, daß Sie andere am besten durch Liebe leiten. Ihre Hauptaufgabe ist es, Verbindungen zu knüpfen. Dank Ihrer reichen Phantasie finden Sie immer neue Möglichkeiten, Menschen und Projekte zusammenzubringen.

Sie haben einen starken Sinn für die Wirklichkeit, die Sie vor allem über Ihre körperlichen Sinne wahrnehmen. Sie fassen die Dinge an, nehmen Sie selbst in die Hand. Und Sie möchten wissen, woher beispielsweise Ihr Essen und Ihre Kleidung stammt, damit Sie sicher sein können, daß es gesund und gut gemacht ist.

Auf der negativen Seite haben Sie Angst, die loszulassen, denen Sie sich verbunden fühlen. Mit all Ihrer Fürsorge können Sie erstickend und verschlingend sein. Zu Ihren weniger angenehmen Seiten gehören Eifersucht und auch Rachsucht, die beide Ihrem Wunsch entstammen, Ihr Heim und Ihre Lieben zu beschützen oder sie nicht der Obhut eines anderen anzuvertrauen. Sie fühlen sich zurückgesetzt, wenn Sie nicht »gebraucht« werden.

Wenn Sie ein einfacher 3-Typ sind (d. h. die Herrscherin ist sowohl Ihre Persönlichkeitskarte wie auch Ihre Wesenskarte), dann sind der Gehängte und die Welt die Karten Ihrer verborgenen Seiten. Lesen Sie als nächstes die Beschreibung dieser Karten, die Sie weiter hinten in diesem Kapitel finden.

Berühmte einfache 3-Typen

Nach vielen hundert Jahren gibt es erst wieder seit dem 31. 1. 1958 den einfachen 3-Typen, deshalb habe ich nur eine berühmte Person auf meiner Liste:

Brooke Shields (Schauspielerin) 31. 5. 1965

Der Gehängte (12) als Persönlichkeitskarte

(Das trifft zu, wenn Sie der Typ 12-3 sind.)

Unbedingte Liebe. Die Geburt der Seele.

Der GEHÄNGTE

Seit Ende des 19. Jahrhunderts ist *der Gehängte* vor allem als die Karte der verborgenen Seite erschienen. Erst von jetzt an werden in den zwei nächsten Generationen wieder mehr und mehr Menschen geboren, die den Gehängten als Persönlichkeitskarte haben.

Als der Typ 12-3 können Sie sich Ihrer Arbeit, der Kunst oder einem Anliegen mit solcher Hingabe widmen, daß Sie sich dabei selbst vergessen. Dieser Persönlichkeitstyp kann in seiner Berufung vollkommen aufgehen. Wenn Sie sich in vertrauensvoller Hingabe den Anforderungen Ihres Weges opfern, werden Sie eins mit seinem Geist. Sie geben, ohne an das Nehmen zu denken. Vielleicht glauben andere, daß Sie den Verstand verloren haben. Sie machen den Eindruck, als hätten Sie Ihr gesundes menschliches Empfinden aufgegeben. Dabei sehen Sie nur etwas, was anderen entgeht, und mit dieser Vision können Sie Wunder vollbringen.

Es kann sein, daß Sie Dinge tun, die anderen Menschen diametral entgegengesetzt sind, und daß Sie dadurch mit der Welt in Konflikte geraten (was auch dadurch ausgedrückt wird, daß die Karte »Die Welt« für Ihre verborgene Seite steht). Vielleicht werden Ihre Handlungen falsch verstanden und falsch gedeutet. Der Gehängte entspricht dem Planeten Neptun, der Sie für das Falsche in der Welt und das von der Menschheit begangene Unrecht sensibilisiert. Dabei bringen Sie Ihre Vorstellungen in einer Art zum Ausdruck, die extrem oder unorganisiert erscheinen mag.

Sie müssen lernen, alle Ihre Erwartungen aufzugeben, und den Regeln auszuweichen. Gerade in Zeiten einer Zwangspause, wenn nichts vorwärtszugehen scheint, sollten Sie versuchen, den lebenswichtigen Wachstumsvorgang zu erkennen, der darin liegt. Nehmen Sie diese Umstände mit Demut an, und Sie werden neue Möglichkeiten entdecken. Durch die Phasen der Einsamkeit und der Hilflosigkeit können Sie Liebe und Beziehung besser wertschätzen.

Interessanterweise findet der 12-3-Typ seine Inspiration gerade in der Tiefe der Hilflosigkeit. Die Erkenntnis Ihrer eigenen Machtlosigkeit bringt Sie auf Trab. Wenn Sie allem beraubt sind, können Sie sich nur noch einer höheren Kraft öffnen, sich von ihr durchströmen lassen und ihr Ausdruck verleihen. Sie nehmen Zeit sehr subjektiv wahr, je nachdem, ob Sie voll bei der Sache sind oder einfach nur herumhängen und darauf warten, daß etwas passiert. Die Zahl 12 des Gehängten symbolisiert sowohl die Stunden der Uhr wie die Monate des Jahres. Ihnen ist klar, daß es nicht Ihr Schicksal ist, Ihrem eigenen Willen zu gehorchen, sondern vielmehr dem unpersönlichen Diktat der Zeit.

Dies ist die Karte des Mystikers, des Schamanen und des Träumers. Der 12-3-Typ sieht Dinge, die nicht von dieser Welt sind. Sie sammeln die Bilder Ihrer Phantasie und überlassen sich Ihren Visionen. Sie können für andere Menschen handeln, indem Sie durch Ihr Leben einzigartig die wahren Bedürfnisse und das Dilemma der Massen ausdrücken. Wenn Sie das, was Sie erleben, durch Schreiben, Malen, im Film oder einem anderen lebendigen Medium ausdrücken, vermitteln Sie anderen damit eine neue Perspektive ihrer Erfahrung.

Im Extremfall kann sich der Typ 12-3 für seine Liebe oder seine Lieblingsaufgabe völlig aufopfern. Er kann die Augen vor den Mängeln der anderen verschließen oder unfähig sein, sich aus einer schwierigen Situation zurückzuziehen. In manchen Fällen führt das zu einer Gefangenschaft oder er ist an einen Menschen, einen Lebensstil oder ein Ideal gefesselt. Deshalb muß dieser Typ immer besonders vorsichtig sein, wenn ihn etwas fasziniert.

Die Welt (21) als Karte der verborgenen Seite

(Das trifft zu, wenn Sie ein einfacher 3-Typ sind oder der Typ 12-3.)

Wenn *die Welt* die Karte Ihrer verborgenen Seite ist, zeigt sie, daß Sie immer befürchten, eingeengt zu werden. Ein fester Rahmen oder eine Struktur bedeuten für Sie Eingrenzungen, aus denen Sie wohlüberlegt auszubrechen versuchen. Einer dieser festen Rahmen ist die Zeit, die Sie wie einen Gegner erleben, der Sie zurückhält. Wenn in Ihrem späteren Leben die Welt zur Karte Ihrer Unterweisung wird, werden Sie lernen, mit der Zeit souverän und zuverlässig umzugehen.

Sie haben Angst davor, Ihr Leben könnte außer Kontrolle geraten. Eigentlich wollen Sie frei und unbeschwert »tanzen«, fühlen sich aber irgendwie gehemmt oder eingeschränkt, wodurch Freiheit zu einem wichtigen Thema für Sie wird. Sie fühlen sich mit sich selbst unvollständig und die Idee der Ganzheit in der physischen Welt will Ihnen nicht einleuchten. Nur im Wege einer transzendenten mystischen Erfahrung oder indem Sie ganz und gar in Ihrem Tun aufgehen, können Sie diese Erfahrung der Ganzheit machen.

Der Kranz, der den Tänzer auf der Karte *Die Welt* umgibt, steht für das Zusammenhalten der Energien, um deren Verflüchtigung zu vermeiden. Wenn die Welt die Karte Ihrer verborgenen Seite ist, kann ein Mangel an Grenzen gefährlich werden und zu einer Verwirrung führen, wie sie Medien oder Mystiker erleben, die nicht ausgebildet wurden und nun nicht unterscheiden können, ob ihre Wahrnehmungen und Gefühle ihre eigenen oder die anderer Menschen sind. Der Typ 12-3 kann leicht Schwierigkeiten mit seiner Identität haben, wobei schon die Auseinandersetzung mit diesem »Problem« dazu verhilft, einen starken und ungewöhnlichen Sinn für das eigene Selbst zu entwickeln.

Berühmte 12-3-Typen

Jede Person auf meiner kurzen Liste von 12-3-Typen zeigt eine eigene Variante der obigen Beschreibung. Dalis surrealistische Bilder veranschaulichen seine Träume in bizarren Bildern und wilden Techniken. Eines seiner berühmtesten Werke, »Die zerrinnende Zeit«, befaßt sich mit der Zeit in Form von dahinschmelzenden Uhren. Des weiteren haben ihn immer religiöse Themen fasziniert, insbesondere das Kruzifix. Nat Turner war ein geborener Prediger, tief religiös und zutiefst überzeugt, von Gott auserwählt zu sein, seine Mitsklaven in die Freiheit zu führen. Alfred Hitchcock ist für seine Filme berühmt, bei denen jeder vor Spannung festsitzt. Alice Bailey war eine Mystikerin und ein Medium. Colette schrieb oft ganz nostalgisch von ihrer Mutter und widmete sich mit besonderer Vorliebe den kleinen Dingen, die andere normalerweise übersehen. Charles Dickens spürte sehr stark die Sorgen und das Eingesperrtsein seiner Mitmenschen und ließ durch seine Bilder andere daran teilhaben. Die kinderlose Emma Goldman widmete sich selbstlos dem Umsturz alter Machtstrukturen und war unter ihren engeren Freunden als »die Mama« bekannt. Eva Braun ist

ein geradezu klassisches Beispiel für einen tragischen Typ 12–3: Ein
hilfloser Träumer und ein Gefangener trivialer Romane und kitschiger
Filme. Hitlers Chauffeur sagte: »Die meiste Zeit ihres Lebens hat sie
damit verbracht, auf Hitler zu warten.«

Friedrich von Schelling (Philosoph) 27.1. 1775
Arthur Schopenhauer (Philosoph) 22.2. 1788
Victor Hugo (französischer Schriftsteller) 26.2. 1802
Charles Dickens (englischer Schriftsteller) 7.2. 1812
Alice Bailey (Medium) 16.6. 1880
Colette (französische Schriftstellerin) 28.1. 1873
Thomas E. Lawrence (Lawrence von Arabien) 15.8. 1888
Eva Braun (Hitlers Geliebte) 6.2. 1912)
Salvador Dali (Spanischer Künstler) 11.5. 1904
Alfred Hitchcock (Filmregisseur) 13.8. 1899
Louis Armstrong, Satchmo (amerikanischer Musiker) 4.7. 1900

Die Welt (21) als Persönlichkeitskarte

(Das trifft zu, wenn Sie der Typ 21-3 sind.)

Allumfassende Liebe. Die Geburt des Geistes

Die Karte *Die Welt* zeigt vor allem Ihre starke
Verbundenheit mit der Erde. Die Natur gibt Ihnen
eine natürliche Schönheitsliebe und läßt Sie für alles
Ästhetische empfänglich und dankbar sein.

Als Karte Ihrer Persönlichkeit zeigt die Welt, daß
Sie lernen müssen, innerhalb eines festen Rahmens
zu arbeiten. Das Bild zeigt eine Frau, die in der Luft
schwebt, wobei ein Lorbeerkranz einen Ring um sie
bildet. Ich nenne das: Lernen Sie auf Ihren eigenen
Grenzen zu tanzen. Da diese Karte mit Saturn in
Verbindung steht (dem Großen Befreier), kann der Kranz als die
Begrenzung unserer Persönlichkeit gesehen werden, die sich in den
Strukturen niederschlägt, in denen wir leben. Viele dieser Strukturen
sind unveränderbar: unser genetisches Erbgut, unsere Sprache und
unsere Kultur. Aber davon wird unsere Erfahrung der Freiheit nicht
beschränkt, sondern nur geleitet. In ähnlicher Weise können Sie
erleben, daß die Art der notwendigen Entfaltung des in Ihnen angeleg-

ten Selbstausdrucks zwar von der Gesellschaft als Rahmen umschrieben ist, aber dennoch keine Beeinträchtigung für Sie bedeutet. Das Medium, über das Sie sich ausdrücken, lernen sie mit der Zeit so gut kennen, daß es Ihre Kreativität nicht hemmt. Wenn Sie beispielsweise ein Musiker sind, lernen Sie die Noten, die Tonleitern und die Fingerfertigkeit für Ihr Instrument so gut, daß Sie frei spielen und improvisieren können. Das gleiche gilt für das Malen: Sie müssen Möglichkeiten und Grenzen Ihrer Pinsel, Farben und Oberflächen kennen, bevor Sie frei schöpferisch damit arbeiten können.

Der Typ 21-3 muß zunächst Selbstdisziplin entwickeln, wenn er wirklich etwas erreichen will. Nur so können Sie Ihre Neigung meistern, sich in zu viele Interessensrichtungen ziehen zu lassen, und ein »ganzes« Individuum werden. Denken Sie immer daran, daß Disziplin in Verbindung mit dem, was John Wayne (Typ 21-3) seine beliebtesten Worte aus vier Buchstaben nannte, nämlich *Hard work (Harte Arbeit)*, für Sie das Rüstzeug darstellt, mit dem Sie Ihrer schöpferischen Phantasie Ausdruck und Form verleihen können.

Die Figuren in den Ecken der Karte zeigen die vier fixen Zeichen des Zodiaks: Skorpion (Adler), Wassermann (Engel), Stier und Löwe. Sie stehen auch für die vier Himmelsrichtungen, die vier Winde, vier Jahreszeiten usw. Sie verkörpern Ihre Fähigkeit, sich in Raum und Zeit zu orientieren. Es ist Ihr Bestreben, das ganzheitliche intuitive Denken mit der »viereckigen« Vernunft des wissenschaftlichen Denkens zusammenzubringen. Diese Synthese kann auch in einer beruflichen Laufbahn deutlich werden, die zwei unterschiedliche Bereiche zu einem neuen Ausdruck vereint.

So wie Ihre Wesenskraft »Die Herrscherin« für die Geburt des Körpers steht, so zeigt »Die Welt« die Geburt Ihres Selbst und Ihrer Ideen in dieser Welt. Das Tuch, das den Tänzer umgibt, kann sowohl das Grabtuch sein als auch das Tuch, in das das Neugeborene eingewickelt wird und steht für die hermaphroditische Natur des Tänzers. Das wird auch durch die beiden Stäbe mit den beidseitigen Spitzen ausgedrückt und durch die Unendlichkeitsschleife im Lorbeerkranz, die dem Zeichen auf der Karte des Magiers und der Karte der Kraft entspricht. Damit drückt diese letzte Trumpfkarte aus, daß Ihr höchstes erreichbare Gut in Ihrer Fähigkeit liegt, männliche und weibliche Wesensseiten miteinander in Einklang zu bringen und dadurch die Ganzheit des Menschseins entstehen zu lassen.

Der Typ 21-3 neigt zum ganzheitlichen Denken, das es ihm ermöglicht, die großen Zusammenhänge zu spüren. Aus diesem Grunde werden Sie vermutlich Ihren »Bemutterungs-Drang« auf unseren Planeten Erde oder sogar auf kosmische Bereiche lenken. Weil es diesem Typ immer darum geht, innerhalb seines Rahmens zu »funktionieren«, erweitert er unsere Vorstellungen von dem, was in den verschiedensten Bereichen menschenmöglich ist. Darüber hinaus durchbrechen viele die überlieferten Ideen von dem, was für ihr Geschlecht schicklich ist.

Da die 21 die letzte Zahl innerhalb der Großen Arkana ist (Der Narr ist ein nummernloses »Nichts«), gilt sie auch als die Karte der Vollendung. Damit ist in diesem Fall gemeint, daß Sie sich von Hemmungen befreien und eine ganzheitliche Sicht der Dinge erlangen. Haben Sie erst einmal erfahren, was möglich ist und das in allen Auswirkungen gesehen, kommt der Schritt zur Verwirklichung ganz von selber.

Der Gehängte (12) als Karte der verborgenen Seite

(Das trifft zu, wenn Sie ein einfacher 3-Typ sind oder der Typ 21-3.)

Der GEHÄNGTE

Der Gehängte steht für die Selbstaufopferung und für die Selbsthingabe an höhere Ideale. Für viele Menschen, mit dem der Herrscherin eigenen Bedürfnis zu bemuttern, drückt sich diese Haltung darin aus, daß sie an jemandem festhalten; beispielsweise an einem Menschen, der über ihre Aufopferung spricht, damit er eine Liebeszuwendung bekommt. Fragen Sie sich selbst, wie und wo Sie ein Märtyrer sind. Eine der Lektionen, die Sie lernen müssen, heißt Demut.

Falls Sie sich nicht schon Familie und Kindern gewidmet haben, sollten Sie sich einer solchen oder einer größeren Aufgabe zur Verfügung stellen. Dabei kann es sein, daß eine solche Aufgabe überwältigend sein kann, indem sie das normale Leben auf den Kopf stellt und größer wird als jede persönliche Beziehung.

Der Gehängte zeigt, wo Sie im wahren Sinne des Wortes »hängen«: Dinge, denen Sie nachhängen oder solche, an denen Sie festhängen. Sie haben Angst, allein und kraftlos zu sein. Aber häufig bedarf es erst einiger Täuschung und Verwirrungen, bevor das geistige Wachstum beginnt. In der Mythologie stellt diese Figur den Sohngeliebten der großen Göttin dar, der jedes Jahr geopfert wird, nachdem er sie geschwängert hat. Der Gehängte steht auch für den Sündenbock, der in früheren Zeiten ein echter Ziegenbock war, auf den alle Schuld aus alten Fehden geladen wurde, aller Ärger und alles was im Laufe des Jahres schiefgelaufen war. Mit seinem Tod erlosch auch alle Schuld, so daß die Gemeinde geläutert und aufs neue geheiligt war. Einige der 21-3-Typen scheinen alles Ach und Weh der Welt auf sich zu nehmen oder sie leben die Mythen und Träume der Menschheit aus. Wenn eine solche Aufgabe zu anstrengend wird, kann es sein, daß sie versuchen in Drogen, Alkohol oder unmäßige Arbeitswut zu fliehen, wodurch aber letztlich das Problem nur schlimmer wird. Die mit dem Gehängten verbundenen neptunischen Qualitäten können sich auch durch Reisen in die Welt der Phantasie und der Vorstellungskraft Ausdruck verschaffen oder aber in Täuschungen verlorengehen.

Als Karte der Unterweisung lehrt uns der Gehängte, was ein aufrechtes und bedingungsloses Opfer ist. Vor allem, wenn der Gehängte Ihre Jahreskarte ist, werden Sie sich wohl von vorgefaßten Meinungen lösen müssen. Er zerbricht auch alte Muster und stellt vor allem die Gewohnheiten auf den Kopf, durch die Sie bislang von der Verwirklichung Ihres höheren Selbst abgehalten wurden.

Berühmte 21-3-Typen

Unter den 21-3-Typen sind verschiedene Menschen, durch deren Leben die Phantasien und Träume bestimmter Gruppen ausgedrückt wurden: Arthur Rimbaud ist für Dichter von gestern und heute Sinnbild größter Leidenschaft. Seinen Fußstapfen folgte Jack Kerouac, und beide versuchten der Realität durch Mißbrauch von Drogen, Alkohol oder ähnlichem zu entkommen. Die Arbeit dieser 21-3-Typen zeigt, daß sie sehr diszipliniert und in den verschiedensten Richtungen kreativ tätig sein können.

Albrecht Dürer (Künstler) 21. 5. 1471
Johann Wolfgang von Goethe (Dichter) 28. 8. 1749
Victoria (Königin von England) 24. 5. 1819
Arthur Rimbaud (französischer Dichter) 20. 10. 1854
William B. Yeats (irischer Dichter und Okkultist) 13. 6. 1865
Harry Houdini (Magier) 6. 4. 1874
Franz Kafka (Schriftsteller) 3. 7. 1883
F. Scott Fitzgerald (Schriftsteller) 24. 9. 1898
Henry Miller (Schriftsteller) 26. 12. 1891

Margaret Mead (Anthropologin) 16.12.1901
John Wayne (Schauspieler) 26.5.1907
Wernher von Braun (Physiker) 23.3.1912
Indira Gandhi (indische Premierministerin) 19.11.1917
Julius Hackethal (Arzt) 6.11.1921
Judy Garland (Sängerin und Schauspielerin) 10.6.1922
Jack Kerouac (Schriftsteller) 12.3.1923
Robert Kennedy (Politiker) 20.11.1925
Miles Davis (Musiker) 25.5.1926
Neil Simon (Dramatiker) 4.7.1927
Fats Domino (Musiker) 26.2.1928
Anne Frank (»Das Tagebuch der Anne Frank«) 12.6.1929
Germaine Greer (Feministin) 29.1.1935
David Bowie (Sänger und Schauspieler) 8.1.1947

Die Dreier der Kleinen Arkana

Diese Karten zeigen die Gelegenheiten, Herausforderungen und die Geschenke, die uns das Prinzip der Liebe und der schöpferischen Vorstellungskraft bietet. Sie stellen die vier Seiten dieser schöpferischen Vorstellungskraft und die Prüfungen der Liebe dar.

Die *Drei der Stäbe* zeigt, daß Sie die Fähigkeit haben, neue Gelegenheiten zu erkennen, schon lange bevor diese aktuell werden. Ihr Geist ist rege und stets offen für neue Dinge und fremde Ideen. In Ihrer Vorstellung reisen Sie weiter als es andere Menschen jemals in Wirklichkeit tun. Dadurch machen Sie viele ungewohnte Erfahrungen – manchmal sogar Astralreisen. Bevor Sie etwas beginnen, brauchen Sie einen möglichst weiten Gesichtskreis und ein Gefühl für das gesamte Gebiet. Ihre Phantasie regt Sie an, und Sie können Ihre Begeisterung anderen mitteilen. Es fällt Ihnen aber dennoch schwer, die notwendigen Schritte festzulegen, die es bedarf, um Ihre schöpferischen Ideen zu verwirklichen. Gelegentlich bleiben Sie vom eigentlichen Ort des Geschehens zu weit entfernt, und haben auch kein Konzept, wie Sie anfangen sollen oder wie aus Ihren Ideen Handlungen werden können.

In Liebesbeziehungen ist dies die Prüfung von Zeit und Distanz. Vielleicht haben Sie schon einen Partner, möchten aber dennoch die

Freiheit behalten, sich »umzuschauen«. Die Karte zeigt die Fähigkeit, gleichzeitig mehr als eine Person zu lieben. Eine Gefahr, die mit der Drei der Stäbe verbunden ist, liegt in der Neigung, sich nach Dingen in der Ferne zu sehnen, aber das, was greifbar nahe ist, nicht richtig wertzuschätzen. Aber auch wenn es Sie nach freiem Ausdruck Ihrer Gefühle drängt, sind Sie doch standfest und verläßlich. Wie eine Mutter, die wach bleibt, bis ihre Kinder nach Haus kommen, ist Ihre Liebe und Sorge für andere Menschen in Ihrem Leben sehr stark.

Die *Drei der Kelche* beinhaltet das Geschenk der Freundschaft und der Gastfreundschaft. Sie sind gesellig und mögen es, andere Menschen auf einer Party zu treffen, um mit ihnen zusammen die gemeinsamen Erfolge zu feiern. Sie können gut mit anderen zusammenarbeiten und ihnen dabei helfen, das Beste aus sich herauszuholen, so daß diese Menschen plötzlich Seiten von sich entdecken, die ihnen sonst verborgen geblieben wären. Ihr natürlicher Charme, Ihr Rhythmus und die Harmonie, die Sie ausstrahlen, machen Sie zu einem angenehmen Mitmenschen. Wie eine Muse inspirieren Sie andere dadurch, daß Sie an sie und deren Fähigkeiten glauben.

Als Herausforderung zeigt diese Karte Zerstreuung und Kräftevergeudung. Wie in dem Märchen vom Heuschreck, der nur an lustigen Späßen interessiert war, kann es sein, daß Sie unvorbereitet frostige und schwierige Zeiten erleben, wenn der Winter einsetzt. Diese Lektionen der Disziplin sind hart aber notwendig. Die Herrscherin muß lernen, ihren Garten zu pflegen, weil sonst viele ihrer Möglichkeiten dem wildwachsenden Unkraut zum Opfer fallen.

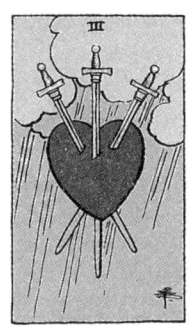

Die *Drei der Schwerter* stehen für die Gabe der Trauer. Darin liegt die Fähigkeit, in vollem Umfang die Gefühle zu erleben, und auch Leid und Liebeskummer auszudrücken, damit uns diese Gefühle nicht blockieren. Es ist die reinigende Kraft des Schmerzes, durch die wir uns von unseren Gefühlen überströmen und waschen lassen, auf daß unser aufgestauter Kummer sich löst und abgetragen wird. Die Karte sagt, daß es selbst in der liebevollsten Beziehung auch Zeiten mit Streit, Zerwürfnis und Trennung geben kann.

Sie steht auch für schmerzhafte Erinnerungen an alte Verletzungen, die nun durch Ängste in gegenwärtigen Beziehungen wieder wach werden. Eifersucht, das letzte Hindernis auf dem Weg zur Liebe und zur Kreativität, ist in der Tat etwas, das sich auf der mentalen Ebene (der Schwerter) ereignet; denn wir benutzen dabei unsere schöpferische Vorstellungskraft, um uns auszumalen, wie uns unser Partner betrügt. Entweder tragen Sie Ihren Schmerz still wie ein Märtyrer oder Sie verrennen sich in Ihrer Eifersucht. Darüber hinaus zeigt die Karte, wie sich überschneidende Ideen scheinbar gegenseitig auslöschen, so daß Sie glauben, die ganze Kraft Ihres Herzens seit wertlos und Ihre Mitte wäre durchbohrt. Nicht selten ist diese Verzweiflung die Vorstufe zu einem großen, schöpferischen Durchbruch.

Mit der Drei der Schwerter haben Sie die Gelegenheit, Ihre melancholischen Gefühle kreativ auszudrücken. Dadurch drücken Sie alte Muster in einer neuen Weise aus, wodurch verhaltene Energien befreit werden und Heilung möglich wird.

Die *Drei der Münzen* steht für Liebe zur Arbeit. Sie ist die Karte des Handwerkers, das Geschenk, mit anderen zusammenzuarbeiten. Sie zeigt die Harmonie, die dadurch entstehen kann, daß Sie Ihr ganzes Geschick einbringen und mit anderen, fähigen Partnern zusammenarbeiten. Sie zeigt, daß Sie das Talent haben, machbare Wege für die verschiedensten Projekte zu erschließen und auszuarbeiten. Sie kommen Schritt für Schritt voran, vorausgesetzt Sie erkennen den Wert, den jede einzelne Person bei Ihrem Vorhaben hat, und Sie verankern Ihre Zielvorstellung in der wirklichen Welt durch körperliche Arbeit. Nur wenn Sie den großen Rahmen verstanden haben, können Sie diszipliniert und ausdauernd arbeiten; andernfalls kommen Sie nicht über sinnlose Routine hinaus, oder Sie bleiben in irgendwelchen Details stecken. Treten Sie von Zeit zu Zeit einen Schritt zurück, um ein Bild vom Ganzen zu gewinnen und malen Sie sich dabei das fertige Projekt in Ihrem Geist bildhaft aus. Die größte Herausforderung dieser Karte ist der Gedanke, alles machen zu können. Das kann zu einer Arbeitsmanie führen, die für Liebe und Kreativität ebenso schädlich ist, wie jeder andere Exzeß. Die Gelegenheit, die sich Ihnen mit der Drei der Münzen bietet, liegt darin, Ihre Arbeit mit anderen zu teilen. Was immer Ihre Berufung sein mag, die aktive Unterstützung und die Ermutigung Ihnen nahestehender Menschen bringt Sie erheblich weiter.

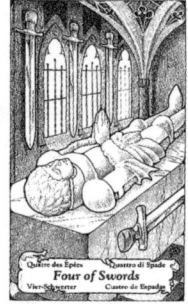

Die Konstellation des Herrschers: 22-13-4
Lebenskraft und die Verwirklichung von Macht
Aus dem Hanson-Roberts Tarot

Kapitel 7

Die Konstellation des Herrschers: 22-13-4

Der Narr (22=0)   Der Tod (13)   Der Herrscher (4)
4 der Stäbe   4 der Kelche   4 der Schwerter   4 der Münzen

Das Prinzip der Lebenskraft und der Verwirklichung von Macht

Der Herrscher	**Der Tod**	**Der Narr**
Widder	*Skorpion*	*Uranus*
Väterliche und weltliche Macht	Lebensmacht	Ewige Macht
Körperliche Kraft	Vitalkraft	Geistige Kraft
Generieren	Befreiung	Regenerieren

Schlüsselworte: Vollendung und Übergang. Gründen und Aufbauen.
Befreiung. Sterblichkeit und Unsterblichkeit. Wandlungsriten.

Wenn Sie ein einfacher 4-Typ (4-4) sind, lesen Sie:

Der Herrscher (4) als Persönlichkeits- und Wesenskarte
Der Tod (13) als Karte der verborgenen Seite
Der Narr (22) als Karte der verborgenen Seite
Berühmte einfache 4-Typen
Die Vierer der Kleinen Arkana

Wenn Sie der Typ 13-4 sind, lesen Sie:

Der Herrscher (4) als Persönlichkeits- und Wesenskarte
Der Tod (13) als Persönlichkeitskarte
Der Narr (22) als Karte der verborgenen Seite
Berühmte 13-4-Typen
Die Vierer der Kleinen Arkana

Wenn Sie der Typ 22-4 sind, lesen Sie:

Der Herrscher (4) als Persönlichkeits- und Wesenskarte
Der Narr (22) als Persönlichkeitskarte
Der Tod (13) als Karte der verborgenen Seite
Berühmte einfach 4-Typen
Die Vierer der Kleinen Arkana

Der Herrscher (4) als Persönlichkeits- oder Wesenskarte

(Dies trifft zu, wenn Sie ein einfacher 4-Typ sind, der Typ 13-4 oder 22-4.)

Verwirklichung von väterlicher oder weltlicher Macht.
Körperliche Kraft. Erzeugung.

Die durch den *Herrscher* verkörperte Macht entsteht durch Gründen, Aufbauen und Tun. Da diese Karte dem Widder zugeordnet ist, stehen Sie bei neuen Projekten und Aktivitäten immer in der ersten Reihe, als ein 4-Typ verlangen Sie aber gleichzeitig, daß es dabei strukturiert und geordnet zugeht. Sie orientieren sich an Fakten. Sie verlassen sich auf den Verstand und auf Ihren Kopf. Sie sind auch stolz darauf, die Vaterrolle zu übernehmen, indem Sie Dinge erfinden, in Gang setzen und vorantreiben. Mit dem was Sie erschaffen, möchten Sie sich unsterblich machen. Sie sind zuversichtlich, stark in Ihren Überzeugungen und dynamisch, wenn es darum geht, daß Dinge erledigt werden.

Als ein Herrscher wissen Sie die Sicherheit zu schätzen, die Ordnungsregeln und gewachsene Strukturen gewähren. Doch sobald Ordnung herrscht, fühlen Sie sich gelangweilt und eingeengt. Sie interessieren sich mehr dafür, Grundregeln zu entdecken, Gesetze zu definieren und Einflußsphären festzulegen. Sie versuchen, die natürlichen Gesetze zu erfassen und zu verstehen. Wenn Sie die Dinge beim Namen nennen, spüren Sie auch die Kraft in sich aufsteigen, konstruktiv mit ihnen umzugehen.

Weil Sie danach streben, Ihre Angelegenheiten selbst zu meistern, ist es für Sie immer schwierig, unter anderen zu arbeiten. In der Regel gehen Herrscher-Typen selbständig ihren eigenen Geschäften nach. Sollten sie aber doch für andere arbeiten, müssen sie in einer leitenden Position sein. Sie verstehen den Sinn der Spielregeln und den Kampfgeist im wirtschaftlichen Leben und können deshalb auf der Erfolgsleiter sehr schnell nach oben steigen, wenn Sie sich das zum Ziel setzen.

Wenn Sie ein einfacher 4-Typ sind, fühlen Sie sich innerhalb Ihrer Grenzen recht wohl. Sie brauchen in Ihrem Leben Sicherheit und

Stabilität und möchten Macht und Autorität besitzen. Falls Sie aber auf Grund Ihres gesellschaftlichen Hintergrundes relativ wenig Einfluß haben, werden Sie dazu neigen, Ihre Vorstellungen von Macht auf andere Autoritätspersonen in Ihrem Leben zu projizieren und dadurch die Eltern, die Politiker, den Arbeitgeber oder kulturelle Idole mehr aufwerten als sie es verdienen. Sie sind sehr davon erfüllt, wenn Sie selbst die Führung innehaben, sei es auch nur über einen kleinen Zuständigkeitsbereich. Sie müssen das Zepter in der Hand halten; dann haben Sie das Gefühl, etwas erreicht zu haben.

Ihr größtes Problem kann darin liegen, daß Sie immer erst eine vernünftige Erklärung brauchen, bevor eine Angelegenheit für Sie einen Wert bekommt, geschweige denn Wirklichkeit wird. Sie möchten dadurch Herrschaft ausüben, indem Sie die Ordnungsstrukturen erkennen. Im Extremfall können Sie zum Diktator werden.

Da der Tod und der Narr die Karten Ihrer verborgenen Seite sind, versuchen Sie sich unsterblich zu machen, indem Sie für Ihre Schöpfungen und die Strukturen, die Sie erzeugt haben, die »Vaterschaft« übernehmen. Veränderung, Abbruch, Gesetzlosigkeit oder ein Humor, der sich über die Dinge, für die Sie einstehen, lustig macht, und auch das »Unerklärliche« verwirren oder verunsichern Sie. Aber gleichzeitig liegen gerade auch darin Ihre besten Gelegenheiten für inneres Wachstum und Selbsterfahrung. In all der »Verrücktheit« um sie herum suchen Sie immer nach einer Methode, und vielleicht entdecken Sie in der Tat eine wahre Lösung für einige Probleme der Menschheit. Sie lehnen jegliche Form von Verstandesgrenzen ab und schieben deshalb den vorhandenen Rahmen immer weiter hinaus, so daß Sie immer wieder Neuland betreten. Sie können ein Architekt des Geistes werden, der Erbauer einer neuen Welt.

Wenn Sie ein einfacher 4-Typ sind (und damit den Herrscher sowohl als Persönlichkeits- wie auch als Wesenskarte haben), dann ist sowohl der Tod wie auch der Narr eine Karte Ihrer verborgenen Seite. Lesen Sie als nächstes die Beschreibungen dieser beiden Karten, die weiter hinten in diesem Abschnitt folgen.

Berühmte einfache 4-Typen

Vor 1959 hat es mehr als 600 Jahre (seit 1298) keine einfachen 4-Typen gegeben. Das derzeitige Wiedererscheinen wird bis 2018 dauern. Bis jetzt ist mir noch kein berühmter einfacher 4-Typ untergekommen.

Tod (13) als Persönlichkeitskarte

(Das trifft zu, wenn Sie der Typ 13-4 sind.)

Verwirklichung von Lebensmacht. Vitalkraft. Befreiung

Der Tod steht sowohl für das Ende wie auch für den Neubeginn. Er zeigt den Rückschnitt, der zu neuem Wachstum führt. Er zeigt Zerstörung und Erneuerung, Unsterblichkeit und Regeneration ebenso wie Zerstückelung und Eiseskälte. Wie das entsprechende Sternbild Skorpion löscht er alles aus, was hinderlich ist oder nicht länger gebraucht wird. Ich betrachte ihn gerne als die »Kompost-Karte«: Aus der verwesenden, toten Materie entsteht der reiche, fruchtbare Boden, der die Möglichkeiten zu neuem Wachstum enthält.

Als Persönlichkeitskarte steht der Tod für das Loslassen, den Abschied von alten Wegen und Gedanken, damit wir gewandelt und erneuert werden können. »Es ist genug« waren die letzten Worte des Philosophen Immanuel Kant (ein 13-4-Typ). Indem sie der eigenen Sterblichkeit begegnen oder sie gar verspotten, beginnen diese Typen zu lernen, aus ihrem Leben ein großes Orchester werden zu lassen, das sie bis an die Schwelle des Todes und der Körperlosigkeit bringt. Krishnamurti (ein 13-4-Typ) begrüßte das Sterben als einen Lebensweg. Er sagte: »Jeden Tag sterbe ich ein wenig.«

Sie tauchen so tief und rückhaltlos in Ihre Erfahrungen hinab und bringen für Ihre Überzeugungen so viele leidenschaftliche Gefühle auf, daß Sie nicht immer die Folgen Ihrer Handlungen absehen. Benjamin Franklin, ein weiterer 13-4-Typ, sagte dazu: »Erfahrung ist eine teure Schule, aber Narren lernen eben in keiner anderen.«

Auf Grund Ihrer natürlichen Führungsrolle folgen andere Ihnen nach. Deshalb müssen Sie sich eventuell mit Ihrem Streben nach Macht an sich auseinandersetzen. Sie haben Leidenschaft und Tiefgang bei allem, was Sie tun, und nehmen nichts auf die leichte Schulter.

Sie sind ein Veränderer. Sie arbeiten stets daran, veraltete Grundsätze neu zu analysieren, damit sich neue Möglichkeiten für die Menschen ergeben und Potentiale freigesetzt werden. Sie haben keine Gewissensbisse, sich von den Dingen loszusagen, die nicht weiter bestehen können. Ihre Sexualität ist entweder sehr lebendig und leidenschaftlich oder absichtlich in Ihrer Arbeit sublimiert. »Intellektuelle Leiden-schaft vertreibt die Sinnlichkeit«, sagte dazu Leonardo da Vinci (ein 13-4-Typ).

Der Narr (22) als Karte der verborgenen Seite

(Dies trifft zu, wenn Sie ein einfacher 4-Typ oder der 13-4-Typ sind.)

Der Narr als Karte der verborgenen Seite zeigt die Angst, für närrisch oder unreif gehalten zu werden. Es wird häufig vorkommen, daß andere der Ansicht sind, Sie würden Ihr Leben närrisch verbringen, Ihre Möglichkeiten verschleudern oder an etwas arbeiten, das andere als reine Zeitverschwendung betrachten. Vielleicht fällt es Ihnen schwer, sich selbst als ein grenzenloses Wesen zu sehen. Doch Sie werden es lernen, auf Ihre natürlichen Fähigkeiten zu vertrauen, wenn Sie erst einmal mit dem darin ruhenden Geist in Verbindung gekommen sind. Sie kämpfen um Ihre Unabhängigkeit, werden aber immer wieder in die Rolle des Führers gedrängt. Die Freiheit der Gedanken gilt für Sie als höchstes Gut. Weil Unwissenheit für Sie Beschränkung bedeutet, suchen Sie hinter allen Dingen den tieferen Sinn. Vielleicht glauben andere, daß Sie den Verstand verloren haben und verrückt geworden sind, dabei entdecken Sie nur gerade Ihre unbegrenzten Möglich-keiten.

Weil Sie von den verschiedensten Themen angetan sind, machen Sie manchmal einen etwas zerstreuten Eindruck. Sie dürfen sich aber darauf verlassen, daß Ihre natürlichen Instinkte Sie in die richtige Richtung steuern werden. Es reicht, wenn Sie Ihre anarchischen Triebe verstehen, Sie müssen sie nicht unbedingt unter Kontrolle haben.

Ähnlich wie der Narr keine eigentliche Zahl hat, befürchten Sie, nichts zu zählen, aber ebenso wie die Null aus der 1 eine 10 macht, vermehren Sie alles, zu dem Sie sich gesellen. Deshalb arbeiten Sie sehr gut mit anderen, denen Sie Mut machen, ihre Ziele zu verwirklichen, während Sie selbst vielleicht die Angst haben, sich selbst zu verlieren.

Als Karte der Unterweisung hilft Ihnen der Narr, die Meinungen anderer hinter sich zu lassen, und mehr und mehr auf Ihre eigene Entwicklung zu vertrauen. Der Narr zeigt Ihnen Ausblicke, die anderen nur selten zuteil werden. Er ermutigt Sie, Risiken einzugehen, in das Unbekannte zu springen und jede Minute vollends auszukosten.

Berühmte 13-4-Typen

Berühmte 13-4-Typen waren verantwortlich, wenn es um schockierende Enthüllungen tief verborgener Dinge ging, wie das Aufdecken unterschwelliger Ströme der Leidenschaften, der Macht und der guten und schlechten Seiten in uns allen. Einige davon, wie Harriet Beecher Stone mit *Onkel Tom's Hütte* (dem der Ausbruch des Bürgerkriegs zugeschrieben wird), J. R. Oppenheimer mit der Atombombe oder Immanuel Kant mit seiner Philosophie, haben die Mythen ihrer Zeit gesprengt und führten weltweit zu neuen Grundeinstellungen zum Leben. Viele haben den Tod als das Thema ihres größten Werkes gewählt, wie J. D. Sallinger mit *Der Fänger im Roggen*, der englische Dichter Shelley und der Komponist Richard Wagner. Einige haben den Tod sogar hofiert und sich mit ihm gebrüstet, wie William Burroughs mit seinen Drogengeschichten, Kaiser Haile Selassie von Äthiopien oder Thor Heyerdahl, der in einem Riedfloß über die Meere fuhr. Immanuel Kant war derart besorgt, auf keinen Fall auf Grund eines sündhaften Fehlverhaltens zu sterben, daß er sein Leben strengen Regeln unterwarf und auch niemals heiratete. Er ist berühmt für sein Werk *Kritik der reinen Vernunft* (ein echtes Herrscher-Thema) und für seine Theorie, daß die persönliche Freiheit im Befolgen des in uns liegenden moralischen Gesetzes besteht – ein hervorragendes Beispiel für das Zusammenspiel für Herrscher und Narr.

Leonardo da Vinci (Künstler und Erfinder) 24. 4. 1452
Benjamin Franklin (Politiker) 17. 1. 1705
Immanuel Kant (Philosoph) 22. 4. 1724
Percy B. Shelley (englischer Poet) 4. 8. 1792
Harriet B. Stowe (Schriftsteller) 14. 6. 1811
Richard Wagner (Komponist) 22. 5. 1813
Jiddu Krishnamurti (Spiritueller Lehrer) 12. 5. 1895
Carl Orff (Komponist der Carmina Burana) 10. 7. 1895
William Burroughs (Schriftsteller) 5. 2. 1914
Haile Selassie (Kaiser von Äthiopien) 23. 7. 1891
Karlfried Graf Dürckheim (Zen-Meister) 24. 10. 1896
J. Robert Oppenheimer (Erfinder der Atombombe) 22. 4. 1904
Thor Heyerdahl (norwegischer Anthropologe und Forscher) 6. 10. 1914
J. D. Sallinger (Schriftsteller) 1. 1. 1919

Der Narr (22) als Persönlichkeitskarte

(Dies trifft zu, wenn Sie der Typ 22-4 sind.)

Verwirklichung der ewigen Macht. Geistige Stärke. Erneuerung.

Der Narr steht für Ihre kindhafte und spontane Seite. Als Ihre Persönlichkeitskarte zeigt er, daß Sie größeres Vertrauen, Unschuld und Leichtherzigkeit entfalten müssen. Weisheit werden Sie nur erlangen, wenn Sie begreifen, wieviel Sie nicht wissen.

Als der Typ 22-4 leben Sie stets mit dem paradoxen Widerspruch von Weisheit und Narrheit. Zwar ist es Ihre Aufgabe, Selbstkontrolle zu entfalten und ein Beispiel zu geben, gleichzeitig aber müssen Sie bereit sein, Ihr Unwissen einzuräumen, Ihre Geschicke dem Wind zu überlassen und dank göttlicher Eingebung wilde Sprünge machen. Es ist die Aufgabe des Narren, uns unserer Torheiten zu erinnern, und uns vor der Selbstüberheblichkeit zu bewahren. Leider haben nur wenige unter den 22-4-Typen die Weisheit, den Narren mit Charme und Demut zu spielen.

Ein Problem der 22-4-Typen liegt darin, daß sie glauben, sich von ihren eigenen Regeln ausnehmen zu können. Sie werden sich keiner äußeren Disziplin unterwerfen, können verantwortungslos und manchmal sogar amoralisch sein. Ein 22-4-Typ hat oft die Haltung, wenn nicht sogar das Erscheinungsbild von Jugend und Kraft. Selbst im hohen Alter überraschen sie andere immer noch mit ihrer Fähigkeit, Neues, Unerwartetes und Fremdes in ihr Leben aufnehmen zu können.

Herrscher-Narren können in den unterschiedlichen Lebensphasen sehr unterschiedlich sein. Vor allem in der Jugend gibt es eine Phase, wo sie voll und ganz der Narr sind und wie ein Vagabund nach Lust und Laune leben. Danach lassen sie sich nieder und werden zum Herrscher. Sie sind gut organisiert und praktisch, gründen ihre Geschäfte und bauen sich ein Zuhause. Sie müssen aber gelegentlich ausbrechen und wieder ungebunden sein, damit Sie sich selbst verjüngen können. Sie gehen Risiken ein, aber es lohnt sich. Sie sind ein Pionier, ein Erfinder. Wenn allerdings dieser innere Widerspruch nicht integriert wird, möchten Sie zwar der Herrscher sein, haben aber Angst, nur einen Narren abzugeben. In diesem Fall können Sie sich weder von Ihren Hemmungen befreien noch können Sie sich selbst oder Ihren Entwicklungsprozeß mit ehrlichen Augen betrachten. Sie müssen lernen, über sich selbst zu lachen, weil Sie immer alles zu ernst nehmen.

Als der 22-4-Typ können Sie einen sehr feinen Sinn für Humor haben, der auf der Ironie des Lebens und Ihrem wachen Instinkt für menschliche Schwächen beruht. Sie kennen die Situationen, in die wir durch unsere unbeherrschten Leidenschaften geraten, nur zu gut, aber Sie haben auch Sinn für deren komische Seite.

Der Narr zeigt den Geist vor seiner neuen Manifestation, d. h. zwischen den Inkarnationen. Der Abgrund auf der Karte zeigt, daß Sie mitten in das Leben springen, hinein in die greifbare Wirklichkeit des Herrschers. Der Tod zeigt, daß Sie davon auch wieder befreit werden, so daß Sie Ihr grenzenloses Selbst erleben können. Wenn Sie den Tod als Karte der Unterweisung angenommen haben, wird Ihnen die Polarität von Weisheit und Narrheit klar, und ebenso, daß der Tod nur ein Bestandteil des ewigen Lebens ist.

Herrscher-Narren entziehen sich jeder eindeutigen Zuordnung. In der Philosophie des Tarot gibt es den Narren überall und nirgends.

Tod (13) als Karte der verborgenen Seite

(Dies gilt, wenn Sie ein einfacher 4-Typ sind oder der Typ 22-4.)

Wenn *der Tod* die Karte Ihrer verborgenen Seite ist heißt das, daß Sie den Tod ablehnen, weil er für Sie eine Begrenzung und ein Festlegen bedeutet. Das kann zur Folge haben, daß Sie angestrengt (womöglich fanatisch) arbeiten – oder Kinder zeugen – um etwas zu erschaffen, daß Sie überdauert und nach Ihrem Tod Ihren Namen trägt. Als Vater oder Mutter können Sie autoritär sein und verlangen, daß Ihre Kinder in Ihre Fußstapfen treten. Oder Sie haben das Gefühl, das Leben sei angesichts des Todes ohne Bedeutung und leiden dann unter Existenzängsten.

Der Tod wird zu etwas, das man bekämpfen muß, woran Sie sich beweisen müssen. Wir Menschen sind die einzigen Lebewesen, die sich der Tatsache bewußt sind, daß wir sterben müssen. Dadurch kann der

Tod zu einem Maßstab werden, an dem alles Handeln und Wirken beurteilt wird. Aber je mehr Sie den Tod hassen, um so mehr werden Sie auch das Leben um sich herum hassen. Tod bedeutet den völligen Verlust Ihres Ich-Gefühls. Gerade deshalb sind viele Menschen, die den Tod als verborgene Seite haben, damit beschäftigt, ihr Ego stark und weit bekannt zu machen – zu einem unauslöschlichen Markennamen. Wie Mark Twain (ein 22-4-Typ) in einem berühmten Telegramm feststellte: »Die Berichte über meinen Tod sind kolossal übertrieben.«

In der symbolischen Sprache gilt Tod schon seit langer Zeit als eine Metapher für den Orgasmus – den »kleinen Tod«. Deshalb mag der 4-Typ oder der Typ 22-4 seine Angst vor dem Verlust seines Selbst durch die Sexualität erfahren. Früher hieß es, jeder Orgasmus verkürze das Leben um einen Tag. Sie werden daher entweder diesen Tod »närrisch« und beglückt umarmen oder vor ihm davonlaufen. Welche Faszination dieses Thema ausübt, beweist der berühmte 22-4-Typ Sigmund Freud. Der Tod wird zu Ihrer Unterweisungskarte, wenn Sie erkennen, daß in der Aussöhnung mit dem Tod die wahre Freiheit liegt. Sie können dann auch die Eigenarten in sich sterben lassen, die bislang die Freiheit Ihres Geistes einengten.

Berühmte 22-4-Typen

Die Betrachtung berühmter Herrscher-Narren führt in verschiedene Richtungen. Viele von ihnen waren Revolutionäre oder Radikale, wie Annie Besant mit ihrer Kampagne für die Geburtenkontrolle oder Marie Curie, die wegen ihrer studentischen Aktivitäten aus Polen fliehen mußte. Freud war ein 22-4-Typ, der seinen Schatten zu seinem Lehrer gemacht hat, indem er unterdrückte sexuelle Wünsche und Todessehnsüchte aus dem Unbewußten heraufholte. Anderen wurde unkonventionelles Verhalten nachgesagt, und daß sie für Kritik völlig unempfänglich waren, wie Marie Antoinette (eine Königin, die dafür bekannt war, daß sie fremde Meinungen mißachtete). Eine andere Hauptausprägung scheint in dem Drang nach Unsterblichkeit zu liegen, als einer treibenden Kraft sich körperlich zu beweisen und den Höhepunkt im jeweiligen Tätigkeitsbereich zu erreichen. Darunter gibt es viele Humoristen und manche echte Narren: Marcel Marceau, Woody Allen, Mark Twain und Ingmar Bergman, der seinen Humor stets mit Bildern einer Todessehnsucht mischte. Woody Allen ist ein 22-4-Prototyp. Er bezeichnete einst *The Denial of Death* (»Die Überwindung der Todesfurcht«) von Ernest Becker als das allerwichtigste Buch, das er je gelesen hat. Außerdem gibt es noch seine bekannte Bemerkung, er wünsche sich, unsterblich zu werden, aber nicht durch Arbeit, sondern indem er einfach nicht stürbe. Mark Twain war für seinen Humor bekannt und für seine Geschichten über die amerikanischen Vagabunden und Narren Tom Sawyer und Huckleberry Finn (Seiten von ihm selbst in dichterischer Verkleidung). Ferner scheint hier Gewalt eine weitere Strömung zu sein (der Tod als verborgene Seite).

Marie Antoinette (letzte Königin Frankreichs) 2.11. 1755
Annie Besant (soziale Reformerin, Theosophin) 1.10. 1847
Sigmund Freud (Vater der Psychoanalyse) 6.5. 1856
Butch Cassidy (Gangster) 6.4. 1866
Mark Twain (Schriftsteller, Humorist) 30.11. 1835
Marie Curie (Chemikerin, entdeckte das Radium) 7.11. 1867
Ingmar Bergman (schwedischer Filmregisseur) 14.7. 1918
Hugh Hefner (Herausgeber des *Playboy*) 9.4. 1926
Ed Sullivan (TV Showmacher) 28.9. 1902
Marcel Marceau (französischer Pantomime) 22.3. 1923
Sam Peckinpah (Filmregisseur) 21.2. 1925
Fidel Castro (Revolutionär, kubanischer Staatschef) 13.8. 1927
Charles Manson (Kultist, Mörder) 21.11. 1934
Kate Millet (Feministin) 14.9. 1934
Luciano Pavarotti (Opernsänger) 12.10. 1935
Woody Allen (Filmregisseur, Schriftsteller, Humorist) 1.12.1935
Paul McCartney (Beatle) 18.6. 1942
Joe Frazier (Box-Champion) 21.1. 1944
Arnold Schwarzenegger (Bodybuilder, Schauspieler) 30.7. 1947
Nadia Comaneci (rumänische Olympia-Turnerin) 21.11. 1961

Die Vierer der Kleinen Arkana

Die *Vierer* zeigen die Stabilisierung nach der schöpferischen Tätigkeit der Dreier. Sie stehen für eine Zeit der Konsolidierung dessen, was zuvor geworden ist. In der Philosophie der Metaphysik stehen die Vierer, ähnlich wie die Zehner, für Vollendung (weil $1 + 2 + 3 + 4 = 10$).

Wie der Herrscher zeigen sie, wie Sie sich in Raum und Zeit zurechtfinden. Die Vierer sind die Herausforderungen und Geschenke in

Verbindung mit Ihrer persönlichen Macht. Sie zeigen Gelegenheiten, in denen wir uns von veralteten Verhaltensweisen frei machen können und sie lassen Veränderungen nachhaltig werden. Sie stellen die Situationen dar, in die Sie kommen, wenn Sie sich eine sichere Basis für Ihre Aktivitäten bauen, und wenn Sie Ihre Führungsqualitäten entwikkeln.

Die *Vier der Stäbe* zeigt die Vollendung und die Freude über die Erneuerung, die darin liegt, wenn sich entgegengesetzte Energien harmonisch verbinden. So zum Beispiel beim Wechsel der Jahreszeiten oder bei den Tagundnachtgleichen. Solche Zeiten nehmen Sie als rituelle Durchgangsstufen: Reinigung, Zelebration und Großmut mit den Früchten Ihrer Arbeit. Sie zeigen denen Anerkennung, von denen Sie Unterstützung bekamen, Sie danken für die Großzügigkeit und freuen sich über Ihre Ernte.

Das erste Geschenk der Vierer ist somit Ihre Fähigkeit, das Leben zu zelebrieren. Diese Karte zeigt die Belohnung, die darin liegt, wenn wir die verschiedenen Entwicklungsstufen des Lebens durchlaufen und die Verantwortung auf der jeweils höheren Ebene übernehmen.

Die *Vier der Kelche* ist sowohl Geschenk als auch Herausforderung. Sie sind in der Lage, den Dingen ihren Lauf zu lassen und auf den Zyklus der Veränderung zu vertrauen. Sie sehen die Notwendigkeit, daß man Dinge brachliegen lassen muß, damit sie sich erneuern können. Sie bekommen neue Einsichten und Nachrichten aus Ihrem Unbewußten, wenn Sie einfach Pause machen oder meditieren.

Als Karte der Herausforderung zeigt die Vier der Kelche Ihre Trägheit, wenn Sie keinen Sinn erkennen, auf den Sie sich ausrichten können. Wenn wir unseren Gefühlen frönen, so wie das die Drei der Kelche zeigt, führt das oft zu Unbefriedigtsein, zu Lethargie oder Erschöpfung. Lassen Sie es in emotionalen Dingen langsam gehen. Langeweile kommt nur dann auf, wenn Ihre Neugierde nicht geweckt wurde oder Ihre Selbsthingabe sinnlos wird. Nehmen Sie sich die Zeit und gehen Sie hinaus in die Natur, beobachten Sie ihren natürlichen Rhythmus, und Sie werden wieder jung.

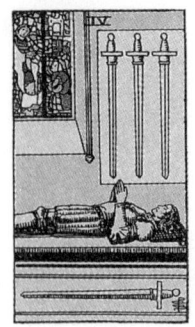

Die *Vier der Schwerter* zeigt, daß Ihre Gesundheit sehr unter Streß zu leiden hat. Weil so viel Verantwortung auf Ihnen ruht, gibt es immer wieder Zeiten, in denen Sie um Rat nachsuchen müssen, sei es bei Ihrem höheren Selbst oder bei einem beruflichen Berater. Wenn Sie glauben, alles alleine machen zu müssen, wird es nur schlimmer.

Wenn Sie sich bedrückt oder überspannt fühlen, ziehen Sie sich zurück, suchen Sie die Einsamkeit, damit Sie Ihre Situation in Ruhe betrachten können. Ordnen Sie Ihre Gedanken, und legen Sie Prioritäten fest. Schieben Sie alles beiseite und richten Sie Ihre Aufmerksamkeit auf ein einziges Thema. Lassen Sie Ihr Unbewußtes daran arbeiten und überschlafen Sie es. Innere Ausgeglichenheit und Meditation kann Ihnen helfen, die notwendige Objektivität zu finden, um alle Seiten dieses Themas betrachten zu können. Aus einer solchen Erfahrung kann etwas sehr Nützliches und Kraftvolles hervorgehen.

Die *Vier der Münzen* zeigt, daß Sie die Begabung besitzen, die Quellen zu finden, die Sie brauchen. Sie verstehen es, Ihre Macht und Stärke auszubauen, so daß Sie mit einem Gefühl der Sicherheit handeln können. Nur wenn Sie sich Ihrer Selbst und Ihres Wertes sicher sind, haben Sie genügend Humor, auch über sich zu lachen.

Diese Karte zeigt auch die Gefahr, etwas zu eifrig materielle Werte zu sammeln. Darin liegt sozusagen die hemmende Seite des Todes. Geizige Besorgtheit hinsichtlich Ihres Besitzes schließt Sie von persönlicher Entwicklung aus. Die Durchgangsstufen, die die Vier der Stäbe zeigte, sind dann nicht länger zugänglich, ebenso wie die neuen Erfahrungen der Vier der Kelche nicht stattfinden oder die Entlastungen von Streß und übergroßer Verantwortung der Vier der Schwerter. Denken Sie über die Anordnung der vier Münzen auf dem Bild der Waite-Smith-Karte nach, in der sowohl die Haltung persönlicher Macht wie auch des Geizes ausgedrückt wird. Um die darinliegende Kraft zu spüren, müssen Sie eine Münze auf dem Kopf balancieren, sich mit Ihren Füßen fest erden, sich dabei auf zwei Münzen stellen und zuletzt eine Münze in Ihren Händen zentrieren. Wenn Sie ganz in Ihrer Mitte sind und sich fest und sicher fühlen, dann lassen Sie diese letzte Münze im Geist nach innen wandern. Dort wo sie ankommt, liegt der Punkt Ihrer persönlichen Macht. Sobald Sie dort Sicherheit gefunden haben, brauchen Sie sich nie wieder an etwas in der äußeren Welt festhalten.

Die Konstellation des Hierophanten: 14-5
Lehren und Lernen

Aus dem Aquarian Tarot

Kapitel 8

Die Konstellation des Hierophanten: 14-5

Mäßigkeit (14)	Der Hierophant (5)		
5 der Stäbe	5 der Kelche	5 der Schwerter	5 der Münzen

Das Prinzip von Lehren und Lernen

Der Hierophant	**Mäßigkeit**
Stier	*Schütze*
Gesellschaftliche/Kulturelle Erziehung	Geistige Erziehung
Die Freiheit der Wahl	Die Freiheit der Handlung
Von Autoritäten lernen	Aus der Erfahrung lernen

Schlüsselworte: Versuchen. Beraten. Üben. Assimilieren und Integrieren. Heilen. Führung. Verbinden. Übersetzen, Deuten und mediales Verhalten. Schiedsrichten.

Wenn Sie ein einfacher 5-Typ sind, dann lesen Sie:

Der Hierophant (5) als Persönlichkeits- oder Wesenskarte
Mäßigkeit (14) als Karte der verborgenen Seite
Berühmte einfache 5-Typen
Die Fünfer der Kleinen Arkana

Wenn Sie der Typ 14-5 sind, dann lesen Sie:

Der Hierophant (5) als Persönlichkeits- oder Wesenskarte
Mäßigkeit (14) als Persönlichkeitskarte
Berühmte einfache 5-Typen
Die Fünfer der Kleinen Arkana

(Wenn eine Karte zwischen 14 und 18 Ihre Persönlichkeitskarte ist, haben Sie keine zusätzliche Karte der verborgenen Seite. Bei diesen »Nachtkarten« ist die Schattenseite Teil der Persönlichkeitskarte selbst.)

Der Hierophant (5) als Persönlichkeits- oder Wesenskarte

(Dies gilt, wenn Sie ein einfacher 5-Typ sind oder der Typ 14-5.)

Von Autoritäten lernen, Freiheit der Wahl, Gesellschaftliche/ Kulturelle Erziehung

Der Hierophant steht für das Lehren und Lernen der Gesetze, die vom Herrscher aufgestellt wurden. Hierophant bedeutet »Verkünder der Mysterien«. Mit dieser Fähigkeit können Sie ein Sprachrohr für Kräfte des Seins werden und diese so übersetzen, daß sie für die Allgememeinheit zugänglich werden. Wenn Sie beispielsweise ein Wissenschaftler sind und über ein bestimmtes Wissen verfügen, können Sie es anderen mitteilen, die sonst nichts davon erfahren würden. Künstler wie beispielsweise van Gogh oder Cézanne (beides einfache 5-Typen) haben die Welt in einer sehr eigenen Weise gesehen und waren doch in der Lage, uns von ihrer Auffassung einen Eindruck zu vermitteln. Sie sind ein Brückenbauer. Als ein Hierophant sprechen Sie über Geheimnisvolles und Fremdes, so daß andere dadurch die Möglichkeit erhalten, derartige Erfahrungen zu machen. Viele der 5-Typen sind als Geschichtenerzähler bekannt. In Ihren Augen kann aus jedem Zufall ein Abenteuer werden.

Wie die zwei Meßdiener auf der Karte sind Sie entweder jemand, der aktiv lernt, indem er den Wert des Erlernten stets untersucht und in Frage stellt, oder Sie sind der ergebene Schüler, der alles bereitwillig von den Autoritäten übernimmt. Recht häufig sind Hierophanten vom einfachen 5-Typ in ihrer Jugend recht rebellisch gegenüber allen Autoritäten, werden aber selbst zu einer Autorität, je älter sie werden. Sie haben dann ihren Platz gefunden, für den sie geradestehen und eintreten.

Gleichgültig ob Sie beruflich schulen oder unterrichten, in jedem Fall lieben Sie es, Ratschläge zu geben und anderen Menschen zu helfen, deren Probleme zu lösen. In der Tat kommen viele Menschen zu Ihnen und bitten um Ihre Unterstützung, weil sie Ihre Fachkenntnisse und Ihr Wissen schätzen, und sich Ihrer Bereitschaft zu helfen sicher sind. Sie sind in der Lage, komplexe Themenkreise übersichtlich in ihre

Bestandteile zu zerlegen. Sie reden nicht über das Nebensächliche und geben keine unverständlichen Ratschläge. Wenn es für Sie darum geht, Probleme zu lösen, lassen Sie sich entweder von kompetenter Seite einen Ratschlag geben, dem Sie dann auch Folge leisten, oder Sie versuchen es auf eigene Faust, wobei Sie sich von Ihrer Intuition leiten lassen.

Sie sind ein guter Zuhörer, der weiß, daß das Äußere nicht alles ist. Die Hauptfigur auf der Karte hält zwei Finger der rechten Hand aufrecht als Zeichen für das gesprochene Wort. Dagegen zeigen die drei verschlossenen Finger Verständnis für das nicht Ausgesprochene. Das Kreuz des Bischofs steht für die vier Ebenen (einschließlich des oberen Kreises für den Geist), auf denen jede Aussage beruht. Es gibt auch vier Arten zu lehren oder zu lernen (hören, tun, Worte lesen oder Bilder und Diagramme betrachten). Sie sind das fünfte Element: Das, welches versteht. Sie können die Art Ihres Lehrens den Erfordernissen derer anpassen, die Sie unterweisen.

Ihr größtes Problem liegt darin, daß Ihr Wissen in Dogmen erstarren kann, die der Gegenwart einfach nicht entsprechen. Sofern Sie sich weigern, Ihre Überzeugungen immer wieder zu hinterfragen, werden sie zu Dogmen, die die Möglichkeiten Ihrer Erfahrungen beeinträchtigen.

Ebenso wie Ihre Anhänger auf Ihre Unterweisungen schwören, so neigen Sie Ihrerseits dazu, Ihre Lehrer und die Denkmodelle, auf die Sie vertrauen, zu bewundern und zu idealisieren. Das birgt die Gefahr, deren Aussage als »Gottes letzte Wahrheit« anzusehen. Als Lehrer wird von Hierophanten erwartet, daß sie selbst rückhaltlos hinter dem stehen, was sie lehren, und sich selbst den eigenen Regeln unterwerfen.

Einfache 5-Typen haben Angst, Fehler zu machen. Deshalb möchten Sie immer ganz sicher sein, bevor Sie etwas tun. Um sich nicht lächerlich zu machen, werden Sie im Zweifelsfalle lieber etwas gar nicht anfangen, statt das Risiko einzugehen, eventuell zu versagen. Sie glauben, daß es einen richtigen und einen falschen Weg gibt, Dinge zu tun, und machen sich deshalb selbst große Vorwürfe, wenn etwas falsch läuft. Dabei lernt der Hierophant am besten aus seinen Fehlern. Eine der Herausforderungen für den einfachen 5-Typ liegt in der Lektion, sich selbst eine Autorität zu sein, die fest auf dem Wissen steht, das aus Fehlern, Experimenten und Erfahrungen gemacht wurde. Sie werden dieser Lektion immer wieder begegnen, bis Sie eines Tages soweit sind, Ihre Probleme und Ihre Fehler als Ihre Lehrer anzuerkennen. Das »Falsche« gemacht zu haben kann sehr gut sein, wenn es ein Hinweis dafür ist, die eigene Vorgehensweise zu verbessern oder vollends zu verändern.

Fünfertypen haben ein empfindsames Gewissen und damit ein starkes Gespür für die Moral und die Werte hinter ihren Handlungen. Seien Sie vorsichtig, nicht selbstgerecht zu werden. Folgen Sie Ihrem Gewissen, aber seien Sie darauf bedacht, rechtschaffend zu leben.

Sie suchen nach einem Sinn, der größer ist als unsere vergängliche Ordnung. Sie streben nach übergeordneter Wahrheit, die alles zu einer Bedeutung zusammenfügt. Oswald Wirth sagt in seinem *The Tarot of the Magicians*: »Sagen Sie Ihre Wahrheit in Ihrer eigenen Art und nehmen Sie in Ihrem Herzen die Religion auf, die Sie überzeugt.« Mit dem Hierophanten als Wesenskarte ist es Ihre Aufgabe, Ihr inneres Selbst zu einer Autorität werden zu lassen, die mit der Unschuld eines Kindes und der Weisheit der Hohenpriesterin in Ihnen spricht. Wenn Sie im Einklang mit Ihren höheren Fähigkeiten handeln, tragen Sie das Wissen des höheren Selbst in die Welt.

Mäßigkeit (14) als Karte der verborgenen Seite

(Das gilt, wenn Sie ein einfacher 5-Typ sind.)

Wenn *Mäßigkeit* die Karte Ihrer verborgenen Seite ist, können Sie rigide und temperamentvoll sein. Vor allem solange Sie jung sind, glauben Sie, daß Fehler falsch sind und gehen mit sich selbst hart ins Gericht, wenn Sie Fehler machen. Dadurch kann Ihre Bereitschaft, Risiken einzugehen und Dinge auszuprobieren, beeinträchtigt werden. Einfache 5-Typen wollen immer alles »richtig« machen und es so tun, wie sie es gelernt haben. In dem Maße wie Sie Ihren Schatten annehmen, lernen Sie das Geben und Nehmen und wie wichtig es ist, Dinge auszuprobieren und aus Fehlern zu lernen. Die Herausforderungen Ihres Lebens mögen Ihnen als »Probleme« erscheinen, bis Sie durch Geduld und richtiges Timing gelernt haben, Ihr Temperament zu mäßigen.

Es mag Ihnen schwerfallen, Ihre spirituellen Möglichkeiten wertzuschätzen oder sich auf Ihr natürliches Einfühlungsvermögen zu verlassen. Vielleicht halten Sie sogar Sensibilität und das Zeigen von Gefühlen für einen Ausdruck von Schwäche. Wenn Sie sich selbst als einen Pragmatiker einstufen, verstecken Sie Ihre Sentimentalität nur hinter zynischem Humor und witzigen Bemerkungen. Mit zunehmender Reife und in dem Maße, indem Sie die Mäßigkeit als Ihre Unterweisungskarte annehmen, werden Sie flexibler und mildern das Urteil, das Sie von sich und anderen haben.

Berühmte einfache 5-Typen

Es ist etwas schwierig, die einfachen 5-Typen zu klassifizieren, weil sie sehr individualistisch sind. Sie haben einen beachtlichen Idealismus und verlangen, daß sie selbst und ihre Denkmodelle perfekt sind. Ein Beispiel davon ist Bertrand Russell, der die Schönheit der Mathematik in *The Study of Mathematics* als etwas beschreibt, das keinerlei Ähnlichkeit mit unserer unvollkommenen Natur hat, sondern von höchster Reinheit ist und die Fähigkeit zu absoluter Vollkommenheit besitzt. Hierophanten nehmen sich selbst und ihre Ideen ernst. Viele sind in ihrer Jugend Revolutionäre und Bilderstürmer, finden jedoch bald ein Ideal, an das sie glauben können, und übernehmen dann für den Rest ihres Lebens die Rolle einer »Autorität«, die dieses verehrte Ideal fördert, verkündet und ihm selbst folgt. Die Haltung, die der 5-Typ gegenüber der Wahrheit hat, kommt in Blakes *Proverbs from Hell* zum Ausdruck: »Eine Wahrheit, die in schlechter Absicht ausgesprochen wird, wiegt schwerer als alle Lügen, die einer erfinden kann.«

William Blake (englischer Künstler, Dichter, Symbolist) 28. 11. 1757
Maximilien Robespierre (französischer Revolutionär) 6. 5. 1758
Friedrich Engels (Kommunist) 28. 11. 1820
Clara Barton (Gründerin des amerikanischen Roten Kreuzes) 25. 12. 1821
Paul Cézanne (französischer Künstler) 19. 1. 1839
Pierre Auguste Renoir (französischer Künstler) 25. 2. 1841
Vincent van Gogh (holländischer Künstler) 30. 3. 1853
Bertrand Russell (englischer Philosoph) 18. 5. 1872
James Joyce (irischer Dichter) 2. 2. 1882
Malcolm X (religiöser Führer, Revolutionär) 19. 5. 1925
Johnny Carson (bekannter TV-Mann) 23. 10. 1925
Coretta King (Freiheitskämpferin) 27. 4. 1927
Werner Erhard (Gründer von est) 5. 9. 1935
Dick Cavett (bekannter TV-Mann) 19. 11. 1937
Rudolf Nurejew (sowjetischer Balletttänzer) 17. 3. 1938
Lee Harvey Oswald (Präsidentenmörder) 18. 10. 1939

Julie Christie (englische Schauspielerin) 14. 4. 1940
Mick Jagger (Rockmusiker) 26. 7. 1943
Bette Midler (Sängerin, Schauspielerin) 1. 12. 1945
Kareem Abdul Jabbar (Basketball-Spieler) 16. 4. 1947
Michail Barischnikow (sowjetischer Ballettänzer) 27. 1. 1948

Mäßigkeit (14) als Persönlichkeitskarte

(Dies gilt, wenn Sie der Typ 14-5 sind.)

Aus Erfahrung lernen. Freiheit der Handlung. Geistige Erziehung

Die Mäßigkeit steht für heilen, mäßigen, ausgleichen und neu verteilen. Als der Typ 14-5 versuchen Sie, gegensätzliche Kräfte kreativ miteinander zu einem neuen Ganzen zu verbinden, das seinerseits mehr ist als nur die Summe seiner Bestandteile. Aus diesem Grund wird die auf der Karte dargestellte Figur häufig auch der Alchimist genannt. Nach der Zerstückelung und der schwarzen Melancholie des Todes (dem »nigredo« der Alchimie) geschieht hier das schöpferische Wiedererstehen des gereinigten Selbst. Die Mäßigkeit versichert uns, daß es für jedes Problem eine Lösung gibt.

Der Typus 14-5 richtet seine Aufmerksamkeit nach innen, um zu den persönlichen Quellen und der schöpferischen Kraft zu gelangen, mit denen er nicht nur sein eigenes Wachstum, sondern auch das anderer Menschen fördern kann. Sie sind ein Menschenfreund, mit viel Anteilnahme für die Gefühle anderer, aber auch für deren Schwächen, die Sie deshalb gut verstehen, weil Sie sie zuallererst in sich selbst erkennen. Viele Menschen dieses Types sind aktiv darum bemüht, die Bedingungen, unter denen wir Menschen leben, in einer neuen Weise zu beschreiben. Dabei suchen und graben sie insbesondere in den dunklen Gegenden, die die Gesellschaft sonst kaum wahrnimmt, um gerade diese vergessenen Seiten in uns selbst wieder hervorzuholen. Sie arbeiten engagiert, um die Verbreitung von Ideen zu fördern.

Für den 14-5-Typ ist lehren gleich heilen. Krankheit ist ein Zerrbild des vollkommenen Ganzen, das dringend auf einer völlig neuen Ebene zusammengesetzt und verstanden werden muß. Ihre Probleme stehen nicht isoliert im leeren Raum, sondern sind mit allem anderen in Ihrem Leben verbunden. Sie sind darum bemüht, anderen zu helfen, einen Blick für die Ganzheit eines Bildes zu gewinnen und für die Verbindungen zwischen seinen Bestandteilen. Sie heilen andere (den einzelnen und die Gesellschaft) nicht nur, indem Sie ihnen Ihre Kraft geben, sondern auch durch Ihre liebevolle Art, mit der Sie andere so annehmen wie sie sind, voller Sympathie für ihre jeweilige Lage. Sie versuchen sowohl die körperlichen wie auch die seelischen Wunden zu heilen.

Wenn Sie sich auf die Grundströmungen des Lebens verlassen und den Wert Ihrer inneren Erfahrungen erkennen, erwachsen Ihnen daraus neue Einsichten und Sie entdecken neue Bereiche der Erfahrung. Sie müssen aber dabei stets darauf bedacht sein, die Welt Ihrer Träume mit der Ihrer täglichen Erfahrung in Einklang zu bringen, um Ihrem inneren Wissen einen angemessenen körperlichen Ausdruck zu verschaffen.

Im Extremfall neigen Sie zu einem Großreinemachen, indem Sie alles Unerwünschte schlicht ausradieren wollen oder die Dinge bis auf ihren Kerngehalt vereinfachen (wie Mao Tse-tung, Georgia O'Keeffe, Yukio Mishima). Sie sind ein Saubermann. 14-5-Typen sind häufig nicht besonders maßvoll. Hitler zum Beispiel ist bekannt für seinen maßlosen Drang, die arische Rasse zu reinigen. Vielleicht müssen Sie lernen, sich zu mäßigen oder Ihren Idealismus etwas zu zügeln, um sich in einem angemessenen Rahmen zu bewegen. Aber das werden Sie lernen.

Als hätten 14-5-Menschen in einem Jungborn gebadet, behalten sie eine gewisse Ungestümheit, die oft von der Neigung geleitet wird, jünger als andere Menschen gleichen Alters auszusehen.

Die Wahl des richtigen Augenblicks ist eine wesentliche Voraussetzung bei der Lösung von Problemen. Gerade Menschen dieses Types erlangen ihren größten Erfolg oft dadurch, daß sie zur rechten Zeit am rechten Orte sind. Sie wissen um die Wichtigkeit, die im Wechsel der Jahreszeiten und in der Erneuerung liegt, aber sie wissen auch, wenn man etwas wachsen und gedeihen lassen muß. Auch wenn die Zeichen der Zeit nicht günstig stehen, werden Sie dennoch versuchen, daß stetes Probieren Sie vielleicht doch zu einer brauchbaren Lösung führt.

Nachdem aber der 14-5-Typ seine eigene Schattenseite in sich trägt (Mäßigkeit ist eine der »Nachtkarten«), ist es genauso wahrscheinlich, daß Sie zum falschen Zeitpunkt am falschen Ort sind. Sie müssen erkennen, daß die Wahl des richtigen Augenblicks der wahre Schlüssel zu greifbaren Ergebnissen auf der physischen Ebene ist. Andernfalls werden Sie unsicher sein, wofür Sie einstehen und sich vielleicht sogar in dieser Welt fehl am Platz fühlen, so als wären Sie zu früh oder zu spät geboren. Vielleicht haben Sie keine realistischen Vorstellungen davon, worauf Sie Ihre Energien und Ihre Talente richten sollen und verplempern sie statt dessen mit fruchtlosen und zeitverschlingenden Aufgaben. Oder Sie geben Ihre Selbständigkeit und Ihre eigenen Ideen auf, um sich dem Diktat derjenigen zu unterwerfen, die Sie als über sich stehend betrachten (wie ein Chef oder religiöse und weltliche Führer usw.), so daß Sie letzten Endes nach deren Maßstäben statt nach Ihren eigenen leben.

Falls das der Fall ist, müssen Sie sich darüber klarwerden, daß die Basis Ihrer Erfahrungen in Ihren Überzeugungen liegt, unabhängig davon, ob diese richtig oder falsch sind. Wie bei den zwei Münzen müssen Sie damit jonglieren. Sie erschaffen sich Ihre Welt aus den Bildern Ihrer Gedanken. Der Bewußtseinsforscher John Lilly hat diese Erkenntnis wissenschaftlich dargelegt: »Was jemand als Wahrheit ansieht, ist entweder wahr, oder es wird wahr innerhalb von Bandbreiten, die experimentell nachzuweisen sind.« Deshalb ergibt sich für Sie eine gute Gelegenheit, wenn Sie zwischen zwei widersprüchlichen Überzeugungen stehen. Statt das wie sonst als Streß zu erleben, sollten Sie diesmal die kreative Herausforderung darin sehen: Machen Sie einfach mehr daraus als das, was jede einzelne Überzeugung für sich ergäbe. Sie können erreichen, was immer Sie sich zu tun vornehmen, und Sie sind in der Lage, verzwickte Probleme zu lösen. Glauben Sie an sich selbst. Achten Sie darauf, sich nicht zu verzetteln. Richten Sie Ihre Konzentration statt dessen auf Ihre unmittelbaren Aufgaben und behalten Sie dabei Ihre Bilder des Erfolgs vor Augen.

Berühmte 14-5-Typen

Diese Menschen neigen dazu, aus der sichtbaren Welt in die Welt der Mythen und der Mystik überzuwechseln, allerdings immer mit der Absicht, die Lebensbedingungen der Menschen zu erkunden und zu beschreiben. Oftmals tauchen sie dabei so tief hinab in die Quellen des Numinosen, daß sie zu Verkündern oder gar zu Repräsentanten der Archetypen ihrer Zeit werden. In dieser Gruppe gibt es bekannte Freiheitskämpfer wie Che Guevara, Simon Bolivar, Mao Tse-tung und Abraham Lincoln. Andere zeigen sich fasziniert vom Makabren und

Mysteriösen, wie es in Werk und Taten von Dina Arbus, Aubrey
Beardsley, Cagliostro, Manly Hall, Jorge Louis Borges, Yukio Mishima, Adolf Hitler und auch Charles Darwin zum Ausdruck kommt.
Viele von Ihnen haben erlebt, wie aus alten, schon verfaulten Knochen
Wahrheit und Schönheit in reinster Form aufsteigen kann, ohne von
anderen bemerkt zu werden. Achten Sie auch darauf, daß es in der
folgenden Liste dreimal »Zwillinge« gibt: Lincoln und Darwin, die am
gleichen Tag des Jahres 1809 geboren wurden; Alan Watts und John
Lilly aus dem Jahr 1915 und Marlon Brando und Doris Day im Jahre
1924.

Theresa von Avila (spanische Heilige und Mystikerin) 7. 4. 1515
Cagliostro (italienischer Okkultist) 2. 6. 1743
Simon Bolivar (südamerikanischer »Befreier«) 24. 7. 1783
Charles Darwin (Evolutionstheoretiker) 12. 2. 1809
Abraham Lincoln (US-Präsident) 12. 2. 1809
Aubrey Beardsley (englischer Illustrator) 24. 8. 1872
Helen Keller (Freiheitskämpferin für die Blinden und Taubstummen)
27. 6. 1880
Georgia O'Keeffe (Künstlerin) 15. 11. 1887
Adolf Hitler (Diktator) 20. 4. 1889
Eileen Garrett (Gründer der Parapsychology Foundation) 17. 3. 1893
Mao Tse-tung (chinesischer Staatsführer) 26. 12. 1893
William Faulkner (Schriftsteller) 25. 9. 1897
Jorge Louis Borges (argentinischer Schriftsteller) 24. 8. 1899
Clark Gable (Schauspieler) 1. 2. 1901
Manly Palmer Hall (Metaphysiker, Schriftsteller) 18. 3. 1901
Gary Cooper (Schauspieler) 7. 5. 1901
Marlene Dietrich (Schauspielerin) 27. 12. 1901
John Steinbeck (Schriftsteller) 27. 2. 1902
Ellen Yoakum (spirituelle Heilerin) 2. 8. 1903
Albert Camus (französischer Philosoph) 7. 11. 1913
Alan Watts (Mystiker und Schriftsteller) 6. 1. 1915
John Lilly (Kommunikationsforscher) 6. 1. 1915
Walter Cronkite (TV-Nachrichtenkommentator) 4. 11. 1916
Al Hirt (Trompetenspieler) 7. 11. 1922
Diane Arbus (Fotografin) 14. 3. 1923
Marlon Brando (Schauspieler) 3. 4. 1924
Doris Day (Schauspielerin) 3. 4. 1924
Yukio Mishima (japanischer Autor) 14. 1. 1925
Che Guevara (kubanischer Revolutionär) 6. 6. 1928

Die Fünfer der Kleinen Arkana

Die Fünfer bringen die Stabilität und die Stagnation in Aufruhr. Jeder dieser Fünfer holt uns aus der Reserve der Vierer, indem er in die Beschaulichkeit hineinplatzt und große Herausforderungen an uns stellt, denen wir kreativ begegnen müssen. Wenn in dieser Art an unseren Ängsten gerührt wird, lernen wir Fähigkeiten voll zu entfalten.

Die Stäbe stellen Sie vor die Prüfung Ihrer Ideen, in der Sie Ihrer Angst vor Streit und Hader begegnen und Streß erleben. Die Kelche stellen Sie vor die Prüfung in der Liebe, in der Sie Ihrer Angst vor Enttäuschungen begegnen und Schmerzen erleben. Schwerter stellen Sie vor die Prüfung Ihres Willens, in der Sie Ihrer Angst vor Vernichtung begegnen und in die Defensive geraten. Und die Münzen stellen Sie vor die Prüfung Ihrer Überzeugungen, in der Sie Ihrer Angst vor Unsicherheit begegnen und in Probleme geraten.

Die Fünfer lehren Sie das rechte Maß, das darin liegt, Ihre Fähigkeiten im richtigen Augenblick einzusetzen.

Die *Fünf der Stäbe* zeigen, daß Ihre Ideen einer Probe von Konflikten und Streitigkeiten ausgesetzt sind. Stellen Sie Autoritäten in Frage. Solche Debatten und Diskussionen können sehr belebend sein und geben Ihnen gleichzeitig die Gelegenheit, Ihre Ideen zu verbreiten und anderen Ihr Wissen mitzuteilen. Die Mäßigkeit betont die Notwendigkeit, die eigenen Ideen zu mäßigen und ins Gleichgewicht zu bringen, bis sich die Gelegenheit ergibt, daß aus einer Vielzahl unterschiedlicher Erfahrungen etwas Neues entsteht – ein viel größeres Bild, als es ein Mensch alleine (oder ein einziger Gesichtspunkt) ermöglichen kann. Diese Art eines synergetischen Effektes ist eine der Hauptrichtungen, die es zu lernen gilt.

Falls die Konfrontation der verschiedenen Ideen in Ihnen selbst stattfindet, so als gäbe es ein fünfstimmiges Komitee in Ihrem Kopf, das lautstark debattiert und dabei zuviel Dinge hervorbringt, um sie gleichzeitig zu bedenken, dann kann das natürlich Verwirrung und Unsicherheit über die weiteren Schritte mit sich bringen. Vielleicht erkennen Sie, daß die Ursache dieses Problems in sich widersprechenden Überzeugungen liegt. Die Karte Mäßigkeit rät Ihnen durch ein Konzept oder einen Überblick den Ausgleich zu finden, die unterschiedlichen Überzeugungen miteinander zu verbinden, so daß Sie alle friedlich nebeneinander bestehen können.

Die *Fünf der Kelche* weckt Sie aus der Selbstgefälligkeit der Vier der Kelche auf. Sie erkennen den Wert einer Sache immer erst dann, wenn Sie sie verloren haben. Die Kelche zeigen uns, wie wir mit Kummer umgehen können und wie wir Verluste überwinden. Müssen Sie feststellen, daß etwas, an das Sie Ihr Herz gehängt haben, nicht funktioniert, führt das zu Enttäuschungen. Die drei umgeworfenen Kelche können für den Verlust von Harmonie stehen oder von Überzeugungen, auf die Sie sich bislang verlassen konnten. Vielleicht handelt es sich um eine Freundschaft, die erkaltet ist, einen konkreten Verlust oder um Pläne, die zunichte gemacht wurden. Sie hüllen sich in einen schwarzen Mantel des Kummers und wenden sich voller Schmerzen nach innen. Für eine gewisse Zeit ist das gut so. Die zwei verbleibenden Kelche sind in der Hand des Engels Mäßigkeit. Dadurch kann die Heilung eintreten, sobald Sie Ihre Sorgen abwerfen und diese zwei verbleibenden Kelche ergreifen. Nehmen Sie wieder Kontakt zu lieben Freunden auf, konzentrieren Sie sich auf ein neues Vorhaben und überqueren Sie die Brücken, die auf Ihrem Weg liegen. All das kann Sie aus Ihrem Herzenskummer führen.

Der Engel Mäßigkeit erinnert Sie daran, daß nichts wirklich für immer verloren ist. Alle Energien setzen sich fort und nehmen dabei neue Formen an. Das ewig fließende Wasser steht für die Beständigkeit der Lebenskraft. Wann immer Sie eine Enttäuschung erleben, sollten Sie sich bewußt machen, daß alles seine Zeiten hat. Lassen Sie Ihre Tränen fließen. Vertrauen Sie darauf, daß die Zeit die Wunden heilt und daß die Schöpfung niemals endet. Fragen Sie sich immer, was Sie aus dieser Erfahrung lernen können.

Die *Fünf der Schwerter* zeigt Schwierigkeiten, anderen Ihre Ideen zu vermitteln. Ihre Gedanken sind bruchstückhaft und Entscheidungen sind schwer zu treffen. Verwirrung und Zweifel sind die Folgen. Andere versuchen Ihnen ihre Gedanken aufzudrängen, aber Sie dürfen sich nur auf Ihre eigene innere Stimme verlassen. Oder aber Ihr Denken ist derartig eingeschränkt, daß Sie für andere Meinungen kein Ohr haben. Vermeiden Sie absichtliche Konfrontation. Nehmen Sie Einwürfe von anderen an, aber lassen Sie sich nicht Ihre eigenen Perspektiven nehmen. Hier handelt es sich nicht um eine Entscheidung zwischen richtig und falsch, es geht vielmehr darum, daß Sie sich alle Möglichkeiten anschauen und keine zurückweisen. Die vorhergehende Vier der Schwerter zieht sich bei solchen Angelegenheiten zurück und versucht sie in der Abgeschiedenheit zu klären. Hier, bei der Fünf der Schwerter, sind sie bereit mit anderen zusammenzuprallen.

Unter solchen Umständen gibt es keine Sieger. Es sei denn, Sie gewinnen die Schlacht, verlieren dabei aber den Krieg, d. h. Sie sagen klar Ihre Meinung, verlieren dafür aber Ihren besten Freund. Auch wenn Sie sich um den Beweis bemühen, daß Sie recht haben, werden Sie niemanden überzeugen. Aus den festgefahrenen Fronten werden sich nur weitere Debatten und dramatische Szenen ergeben.

Wenn Sie von einer solchen Auseinandersetzung betroffen oder verletzt sind, müssen Sie heilen. Wenn Sie ähnlich den umherliegenden Schwertern zerbrochen sind, müssen Sie unbedingt wieder ganz werden. Lassen Sie sich von einer solchen Erfahrung nicht zu einem Ruf nach Rache verführen. Wenden Sie sich statt dessen an den Engel, die geistige Kraft in Ihnen, die Sie führen wird. Die meisten der großen Heiler erhielten Ihre Gabe durch eine persönliche Verwundung, die sie durchschritten. Danach konnten Sie auch anderen in solchen Situationen beistehen.

Die *Fünf der Münzen* zeigt die Herausforderungen der Verlassenheit, der Unsicherheit und des Ausgeschlossenseins. Das sind all die Dinge, die die Vier der Münzen angestrengt festhält. Diese Karte zeigt das Scheitern jeder Bemühung um Stabilität. Als ein 5- oder ein 14-5-Typ lernen Sie dadurch, daß Ihnen die Dinge, an denen Sie sich festhalten wollen, verweigert werden. In einigen spirituellen Schulen wird diese Technik teilweise bewußt eingesetzt, um Ihnen die vergängliche Natur unserer körperlichen und materiellen Wünsche klarzumachen. Diese Strenge oder gar Armut wird als Mittel gesehen, alle Ihre Gedanken auf Ihre spirituelle Entwicklung zu richten.

Sie können sich allerding auch durch Ihr geradezu bilderstürmerisches Infragestellen der herrschenden Kräfte in diese Situation gebracht haben. Wenn Sie gegen die Regeln der Gesellschaft rebellieren, mögen

Sie vielleicht ein Leben als »Außenseiter« vorziehen, und dabei die Überzeugungen hochhalten, die Sie mit einigen wenigen gleichgesonnenen Freunden teilen.

Falls Ihr Zuhause, Ihre Arbeit oder andere Bereiche Ihrer Sicherheit bedroht sind, müssen Sie entscheiden, was zu tun ist. Wenn Sie sich kraftlos fühlen, können Sie vielleicht einen heiligen Ort der Kraft aufsuchen oder soziale Unterstützung annehmen, worin vielleicht ein erster angemessener Schritt liegt. Aber wie sowohl die Fünf der Münzen im Motherpeace Deck (eine Frau, die Lehm oder Brotteig knetet) als auch die Karte Mäßigkeit selbst ausdrücken, können Sie an Ihrer Situation langsam aber stetig arbeiten, und so lange verschiedene Richtungen ausprobieren, bis Sie eine Kombination gefunden haben, die sie weiterbringt. Trotz ihrer Härten ist dies eine Karte, die uns dem Ziel näher bringt. Die Belohnung wird ebenso groß sein wie Ihr Glaube in das, was Sie erreichen können.

Die Konstellation der Liebenden: 15-6
Zugehörigkeit und Entscheidung
Aus dem Xultun-Tarot

Kapitel 9

Die Konstellation der Liebenden: 15-6

Der Teufel (15)   Die Liebenden (6)
6 der Stäbe   6 der Kelche   6 der Schwerter   6 der Münzen

Das Prinzip der Zugehörigkeit und der Entscheidung

Die Liebenden	Der Teufel
Zwillinge	*Steinbock*
Drang zur Einheit	Drang zur Trennung
Entscheidung für die Liebe	Entscheidung für die Angst
Wir selbst in Verbindung zu anderen	Wir selbst in Verbindung zur Welt

Schlüsselworte: Anziehungskraft und Teilung. Zusammenführung und Trennung. Wechsel. Teilen und verbinden. Wechselseitigkeit. Vitalität. Sinnlichkeit. Verbundenheit. Fähigkeit zur Unterscheidung zwischen Gut und Böse. Versuchung. Besessenheit.

Wenn Sie ein einfacher 6-Typ (6-6) sind, lesen Sie:

Die Liebenden (6) als Persönlichkeits- oder Wesenskarte
Der Teufel (15) als Karte der verborgenen Seite
Berühmte einfache 6-Typen
Die Sechser der Kleinen Arkana

Wenn Sie ein 15-6-Typ sind, lesen Sie:

Die Liebenden (6) als Persönlichkeits- oder Wesenskarte
Der Teufel (15) als Persönlichkeitskarte
Berühmte 15-6-Typen
Die Sechser der Kleinen Arkana

Die Liebenden (6) als Persönlichkeits- oder Wesenskarte

(Dies trifft zu, wenn Sie ein einfacher 6-Typ sind oder der Typ 15-6.)

Drang zur Vereinigung. Entscheidung für die Liebe. Wir selbst in Verbindung zu anderen.

Die Liebenden stehen für das »Zusammengehen«, für Wechselseitigkeit und für das Lernen von anderen. Die Bilder dieser Karte weichen zwischen der englischen und der französischen Schule erheblich voneinander ab. In der französischen Schule sehen wir einen Mann, der zwischen einer älteren und einer jüngeren Frau steht, die als Laster und Tugend oder als seine Mutter und seine Frau gesehen werden; oder aber als das Bild einer respektierten älteren Frau, die einen Mann und eine Frau verheiratet. Von oben schießt Eros seinen Pfeil. In der englischen Schule, die mit den Illustrationen von Pamela Coleman Smith beginnt, sehen wir Adam und Eva im Garten Eden mit der Schlange der Weisheit und über ihnen den feurigen Erzengel Michael.

Beide Darstellungen sind Hinweis auf eine Initiation, der die Entscheidung zugrunde liegt, sich einem Wissen zu öffnen, das zuvor verleugnet wurde. Dieses Wissen schlummert in der Sprache der Welt. Hier sehen wir den Abschied aus der beschützenden Beschränkung, die zuvor ohne Murren erlebt wurde, und die Annahme der sich nun ergebenden Kraft des Miterschaffens, die es uns allen ermöglicht, ein Gott zu werden, ein Schöpfer nach eigenem Ermessen. Der Mensch verläßt seine Mutter oder seinen Vater, um sich mit dem geliebten anderen Menschen zu vereinen. Die ursprüngliche Einheit ist zerrissen und aus dieser Erfahrung des Getrenntseins entsteht der Wunsch, wieder eins zu werden, um damit etwas Neues zu erschaffen, das sich vom Ursprünglichen unterscheidet.

Da diese Karte zum Zeichen Zwillinge gehört und zu deren mythologischen Reisen, haben Sie zwei Seiten Ihrer Selbst, um deren Aussöhnung Sie ringen. Dabei kann es sich um die Spaltung handeln, die Sie zwischen Ihrer »guten« und Ihrer »bösen« Seite sehen, oder zwischen Ihrer besinnlichen und Ihrer dynamischen, Ihrer passiven und Ihrer aktiven, Ihrer männlichen und Ihrer weiblichen Seite oder vielleicht zwischen Ihrer persönlichen Unabhängigkeit und Ihrem Wunsch, in einer Beziehung zu leben.

Letzten Endes ist es Ihre Aufgabe, diese beiden Aspekte Ihres Wesens miteinander zu vereinen. Sobald diese beiden Seiten harmonisch miteinander arbeiten, werden Sie eine ungewöhnliche Kraft verspüren, und Sie werden stolz auf Ihr Wissen und Ihre Fertigkeiten sein. Dann werden Sie Ihren rationalen Verstand (Logos) einsetzen können, um sowohl in die innere Welt vorzudringen, wo Sie mit dem Geist eins werden, wie auch in die äußere Welt. Indem Sie dabei intuitives Gewahrsein mit zielgerichtetem Bewußtsein in Einklang bringen, werden Sie zu einer Bedeutungsebene vordringen, die über beides hinausgeht.

Wenn Sie »Die Liebenden« als Persönlichkeits- oder als Wesenskarte haben, ist der Bereich der persönlichen Beziehungen von größter Wichtigkeit für Sie. Am meisten lernen Sie über sich durch die Menschen, mit denen Sie eine Beziehung haben: Ihre Familie, Ihre Freunde, Ihre Kollegen und Menschen, die Sie lieben. Offene und ehrliche Gespräche sind lebenswichtig für Sie. Sie suchen nach einem Lebensgefährten, mit dem Sie über Ihre tiefsten Gefühle und geheimen Hoffnungen sprechen können, und Sie bevorzugen Menschen, die ähnliche Interessen wie Sie selbst haben. Die alleroberste Frage für Sie lautet: »Was brauche ich, und was will ich in meinen Beziehungen haben?« Weil Sie aber jede Art von Beziehung fasziniert, sind Sie auch ungewöhnlich neugierig, wie etwas »funktioniert« – sei es im tierischen, pflanzlichen oder anorganischem Bereich. Es kann gut sein, daß Sie mechanische Geräte auseinandernehmen, und daß Sie sich stets ausmalen und darüber tüfteln, wie Dinge und Menschen zueinanderpassen, sowohl im Kleinen wie auch im Großen.

Viele der 6-Typen arbeiten mit dem Menschen zusammen, den sie vermutlich als ihren besten Freund betrachten, oder sie haben mit ihm ein gemeinsames Hobby. Wenn Sie »frei herumlaufen« fühlen Sie sich vermutlich zu Gesprächen und zur Freundschaft mehr hingezogen als zu irgend etwas anderem.

Diese Karte zeigt, daß Sie von den Menschen gespiegelt werden, mit denen Sie in Beziehung stehen. Um sich selbst zu sehen, ist es am besten, die Menschen anzuschauen, die Sie in Ihr Leben gezogen haben. Die Seiten, die Sie an sich selbst nicht wahrnehmen, und die deshalb oft Ihr Schatten genannt werden, projizieren Sie in der Regel auf die anderen. Wenn andere diese Züge zeigen, reagieren Sie ungewöhnlich empfindlich, verärgert oder neidisch. Zwar gilt diese Aussage für jeden Menschen, für »Die Liebenden« liegt aber hier der bedeutendste Weg, etwas über sich zu lernen. Ihre Beziehungen werden so lange all diese Selbstbilder spiegeln, bis Sie gelernt haben, diese projizierten Züge zurückzunehmen und als zu Ihnen gehörig zu erkennen.

Die Liebenden ist die Karte der Entscheidung. Als solche ist sie Symbol unserer Trennung vom Garten Eden, von unseren Eltern, von den Plätzen, die uns Sicherheit gewährten. Sie zeigt, daß wir unsere eigene Wahl treffen, unsere eigenen Erfahrungen machen und damit Wissen erlangen. Für die Liebenden beruht diese Wahl auf den zwei grundlegenden Gefühlen von Liebe und Angst, aus denen alles andere entsteht. An jeder Wegkreuzung müssen Sie sich fragen, was Ihre Entscheidung bestimmt und Sie in eine Richtung drängt. Wird Ihr Handeln von Liebe geleitet oder wollen Sie damit nur vermeiden, was Ihnen Angst macht? Mit dieser Frage berühren Sie zugleich ein weiteres für Sie typisches Dilemma: die Entscheidung zwischen Ihrem Glauben an Freiheit und Ihrem Bedürfnis nach Zugehörigkeit. Durch Ihre Neigung eher in Begriffen von »wir« als von »ich« zu denken, ist der Einfluß der anderen in allen Ihren Entscheidungen zu spüren, wodurch Sie noch stärker in Ihre Beziehungen gezogen werden.

Der Teufel (15) als Karte der verborgenen Seite

(Dies gilt, wenn Sie ein einfacher 6-Typ sind.)

Als Karte Ihrer verborgenen Seite zeigt *der Teufel*, daß Sie dazu neigen, Ihre ungezähmten Instinkte sogar vor sich selbst zu verbergen. Vor allem Ihre Sexualität, aber auch Ihr feuriges Temperament kann dadurch zeitweise für Sie überwältigend sein. Entweder sehen Sie sich als ein im Grunde sexuelles Wesen, und erleben sich von Ihren Wünschen gesteuert und von Ihren Bedürfnissen besessen, oder aber Sie unterdrücken diese Gefühle in sich mit Verboten und Tabus.

Wenn Sie in einer sehr restriktiven Umgebung groß geworden sind, die Ihnen nur sehr wenig Freiheit ließ, mögen Sie Zweifel über Ihren

154

Selbstwert hegen. Falls Sie diese Situation als erdrückend erlebten, sind Sie sicherlich für Ihre Überschreitungen in einer Art bestraft worden, die Sie nicht verstehen konnten. Wahrscheinlich haben Sie durch diesen äußeren Druck viele persönliche Qualitäten innerlich als »schlecht« eingestuft. So kann Ihnen beispielsweise beigebracht worden sein, daß Sex verboten oder widerwärtig sei. Wenn Sie ein »gutes« Kind waren, haben Sie stets versucht, nichts zu tun, dessen Sie sich hätten schämen müssen. Dabei haben sie unstatthafte Gefühle und Gedanken sogar vor sich selbst verborgen.

Als Kind öffnet sich der einfache 6-Typ anderen gegenüber voller Vertrauen. Daher haben Sie einen lebhaften Wunsch nach Beziehung und gehen offen auf andere zu. Wenn dieses Vertrauen mißbraucht wird, übernehmen Sie letztlich dafür die Verantwortung und geben sich selbst die Schuld. Es kann sein, daß Sie von jemandem körperlich oder seelisch mißbraucht wurden, der Macht und Kontrolle über Sie hatte. Kleine Mädchen, denen man zum Beispiel Flirts oder Zärtlichkeiten vorgeworfen hat, sind für diese Selbstvorwürfe besonders empfänglich.

In diesem Fall wachsen Sie entweder mit sexuellen Schuldgefühlen auf, unterdrücken deshalb Ihre natürlichen Instinkte und sublimieren sie zu Machtgelüsten, oder Sie betrachten die Sexualität selbst als einen Ausdruck Ihrer persönlichen Macht. Sexuell begehrenswert zu sein, kann uns dazu verleiten, hieraus einen Prüfstein unserer Wichtigkeit und unseres Eigenwertes zu machen. Vielleicht haben Sie das Gefühl, etwas zu verbergen zu haben – ein »schmutziges« Geheimnis. Falls irgend jemand darauf käme, könnten die anderen Sie nicht mehr liebhaben. Andererseits können Sie natürlich diese Gefühle umdrehen und andere Menschen und deren Motive verdächtigen. Wenn Sie gar nicht in der Lage sind, Ihre eigene Schuld und Ihre Scham anzusehen, werden Sie im Extremfall alles auf andere projizieren. Sie finden bestimmt einen Sündenbock für die Ihnen eigene Machtlosigkeit, oder Sie versuchen, in Ihren Beziehungen zu manipulieren, damit Sie bekommen, was Sie brauchen.

Der Schlüssel zu dieser Karte ist Heiterkeit. Nehmen Sie weder die Manipulationen anderer noch deren Machtbeweise ernst. Erkennen Sie den Humor in der jeweiligen Situation. Darin liegt der Weg aus Besessenheit, Manipulation und übergroßem Stolz auszubrechen. Nietzsche, der ein einfacher 6-Typ war, hat gesagt, daß allein der Mensch in dieser Welt so unsäglich qualvoll litt, daß ihm nichts anderes blieb, als das Lachen zu erfinden. Das Verteufelte einer Sache zwingt

Sie, Ihre starren Sichtweisen aufzugeben und zu neuen Perspektiven zu gelangen. Wie der Gaukler oder der Coyote in alten Mythen, bringen Sie Dinge in Aufruhr. Sie lieben es, neue Zusammenhänge zu betonen, statt bei alten Einteilungen oder Unterscheidungen zu verharren. Sie müssen eines lernen: Es gibt keine Sünden, sondern lediglich Irrtümer – und die sind korrigierbar. Zur inneren Einheit gelangen Sie in dem Maße, wie Sie lernen, sich selbst zu vergeben.

Mit dem Zeitpunkt Ihrer ersten Saturnrückkehr (mit etwa 30 Jahren) wird die Karte des Teufels Ihr Lehrer. Dann lernen Sie besser mit Ihrer natürlichen Macht und Ihrem Magnetismus umzugehen, der andere so anzieht. Sie werden auch entdecken, daß Sie eine ungewöhnliche Kreativität entwickeln können, wenn Sie Ihren Instinkten vertrauen und den Dingen in die Augen sehen, die Sie zuvor gefürchtet haben. Daraus kann der Wunsch entstehen, verborgene Traditionen und geheime Plätze zu entdecken, Tabus zu entschleiern oder sich von dunklen und mysteriösen Mächten faszinieren zu lassen.

Vielleicht stellen Sie fest, daß die höchste Macht darin liegt, daß Sie Ihre eigenen Werte festlegen können. Sie werden erkennen, daß alle diese Geheimnisse und Manipulationen Macht über Sie hatten, weil Sie davon besessen waren. Durch die Annahme Ihrer Angst und indem Sie sich von Ihrem Schatten lösen, erlangen Sie die persönliche Macht, Ihre bisherige Enge wegzulachen und Ihr volles kreatives Potential zu befreien.

Berühmte einfache 6-Typen

Unter den wohlbekannten einfachen 6-Typen haben John Lennon, Charles Schulz, Stephen King, H. G. Wells und Jonathan Swift ihre Satire und ihren Humor benutzt, um die verborgenen Ängste der Menschen zu zeigen. Einsteins Forschungen führten zu der Macht und – nach seinen eigenen Worten – zur Bedrohung, die in der Atombombe liegt. Aber er sagte auch (zu Recht oder zu Unrecht), daß dadurch die menschliche Rasse so eingeschüchtert werden könnte, daß Sie nun Ordnung in die internationalen Angelegenheiten brächte, was sie ohne diesen Angstdruck bestimmt nicht täte. Nietzsche glaubte an den vollen Ausdruck unserer Unbarmherzigkeit, unseres Mutes und unseres Stolzes, um zu unserer wahren Kraft zu gelangen. Swedenborg lehnte die Grenzen einer strukturierten Religion ab, um mit dem Geist direkt in Verbindung zu treten. Er sagte, daß Liebe ihrem Wesen nach geistiges Feuer sei. Es war John Lennon, der gesagt hat: »Am Ende ist die Liebe, die du nimmst, gleich der Liebe, die du gibst.«

Jonathan Swift (englischer Autor und Satiriker) 10. 12. 1667
Emanuel Swedenborg (schwedischer Wissenschaftler und Mystiker) 8. 2. 1688
Sarah Bernhardt (französische Bühnenschauspielerin) 25. 9. 1844
Friedrich Nietzsche (Philosoph) 15. 10. 1844
H. G. Wells (englischer Autor, sozialer Denker) 21. 9. 1866
Nikolai I. Lenin (kommunistischer Führer) 22. 4. 1870
Sergej Rachmaninow (russischer Komponist) 1. 4. 1873
Albert Einstein (Physiker) 14. 3. 1879
William Randolph Hearst (amerikanischer Verleger) 29. 4. 1863
Charles Schulz (amerikanischer Cartoonist) 26. 11. 1922
Joanne Woodward (amerikanische Schauspielerin) 27. 2. 1930
John Lennon (Beatle) 9. 10. 1940
Jesse Jackson (amerikanischer Menschenrechtler) 8. 10. 1941
Goldie Hawn (amerikanische Schauspielerin) 21. 11. 1945
Stephen King (amerikanischer Schriftsteller) 21. 9. 1947
Michael Jackson (amerikanischer Popmusiker) 29. 8. 1958

Der Teufel (15) als Persönlichkeitskarte

(Dies gilt, wenn Sie ein 15-6-Typ sind.)

Drang zur Trennung, Entscheidung für die Angst. Wir selbst in Verbindung zur Welt.

Der Teufel steht für die rohe, ungezähmte Kraft und Kreativität. Als Herrscher der materiellen Welt ist er gefürchtet als eine Gefahr für das Selbst und die Gesellschaft. Wir sehen einen Teufel, wie er dem Bild des Mittelalters entspricht: Zusammengesetzt aus den Gottesvorstellungen der unterdrückten Religionen. Es soll uns zeigen, daß es einfacher ist, diese Kraft zu verzerren, ihr andere Gesichter zu geben, statt sich ganz von ihr zu befreien. So ist sein Bildnis zusammengebraut aus den Fledermäusen, die im Dunkel der Nacht fliegen, wollüstigen Ziegen, den Krallen des Raubvogels und unseren Alpträumen und Ängsten davon, daß andere erkennen könnten, was wir lieber verbergen möchten.

Der Teufel zeigt Ihnen, was Sie als ein 15-6-Typ zu verbergen oder zu unterdrücken suchen. Als Karte, die mit dem Erdzeichen des Steinbocks verbunden wird, bedeutet sie, daß Sie sich nach einer Struktur sehnen, in der Sie Ihre Ängste verschließen können. Auf diese Art bewahren sie Ihr Selbst vor diesen Ängsten. Diese Karte steht auch für die »weltliche« Seite Ihres Selbst, für alles Grundlegende oder Materielle, für die Seite also, die die westliche Kultur so gern von allem Geistigen trennt. Sie dagegen versuchen immer, diese beiden Seiten in sich zu vereinigen, da Ihre Wesenskarte die der Liebenden ist.

Sie sind ehrgeizig und willen durch alle Höhen und Tiefen zu gehen, die auf dem Weg zu Ihrem Ziel liegen. Für Ihre Ideale opfern Sie Ihre eigenen Bedürfnisse, aber auch die derer, die Sie lieben. Dies macht es schwer, mit Ihnen zu leben. Sie arbeiten hart und spielen riskant. Auf Menschen, die Ihre Leidenschaftlichkeit nicht erkennen, wirken Sie distanziert und kühl, indem Sie sich immer mit einem Hauch von Formalität umgeben. Ihr Stolz hilft Ihnen, Ihren eigenen Wert zu erkennen. Andererseits schadet er Ihnen, da sie dazu neigen, künstlich Unterschiede zwischen sich und anderen zu statuieren.

Da Sie sich mit der Freiheit, einen Sinn im eigenen Leben zu finden, völlig allein gelassen fühlen, werden Sie zum kühnen Romantiker, der eine streng moralische Ethik hochhält, um die Gesellschaft zusammenzuhalten. Oder aber Sie sind verzweifelt und verstört angesichts eines sinnlosen Universums, das Sie weder belohnt noch bestraft und so alles, was Sie tun, bedeutungslos erscheinen läßt.

Wahrscheinlich sind Sie mit einem rigiden, aber für Sie befriedigend strukturierten Weltbild aufgewachsen, indem bestimmte Verhaltensmuster als richtig anerkannt waren, ohne Rücksicht darauf, was sich unter der Oberfläche abspielte. Später wurde Ihnen allerdings der Kontrast zwischen »sozialer Etikette« und der wirklichen Welt mit all ihrem Verrat und ihrem Mangel an tiefen persönlichen Beziehungen schmerzhaft bewußt. »Der Mensch kann nicht viel Wirklichkeit ertragen«, sagte T. S. Eliot, ein 15-6-Typ.

Vielleicht sehen Sie sich auch als eine Art Clown, der sich einzubilden versucht, frei zu sein, obwohl Sie die Grenzen um sich sehen: Die Grenzen Ihres Selbst, der Gesellschaft und die Ihrer natürlichen Umgebung, der Dinge außerhalb Ihrer Kontrolle. Indem Sie das soziale Umfeld vom menschlichen Charakter trennen, versuchen Sie zu erkennen, wer Sie wirklich sind. Nur wenn Sie eine Situation wirklich alleine beherrschen, fühlen Sie sich frei.

15-6-Typen arbeiten oft daran, verborgene Aspekte unserer Kultur aufzudecken. Elisabeth Kübler-Ross enthüllte unsere Ängste, die wir vor Tod und Sterben haben. Mike Wallace, Vance Packard und Eleanor Roosevelt kämpften darum, Betrug am Konsumenten aufzudecken und unsere Menschenrechte zu garantieren.

Viele 15-6-Typen wie auch Ibsen oder T. S. Eliot zeichnen ein Bild von Menschen, die auf eine sie einschränkende Welt mit dem Gefühl des Alleinsein reagieren und mangelnde Verantwortungsbereitschaft Freiheit nennen. Am Ende werden sie sündig, weil sie es verfehlt haben zu lieben.

Die zentrale Frage für 15-6-Typen ist ihre Beziehung zum Universum. Wo ist der Platz des Menschen? Wie passen wir in die Struktur? Immer wieder erfahren wir uns anders: Mal halten wir uns für Götter, dann sehen wir uns selbst als Teufel oder Ungeheuer und ab und zu bemerken wir, wie dumm es ist, uns so wichtig zu nehmen und zu glauben, überhaupt nach einem Bild erschaffen, statt aus purem Zufall entstanden zu sein. Was ist die Natur des Menschen. Gott oder Bestie? 15-6-Typ Ram Dass kommt in einem Buch zu dem Schluß: »Wir sind es gewohnt, nichts Besonderes zu sein. Und nur durch dieses ›Nichts-Besonderes-sein‹ können wir überhaupt Jemand sein.«

Sie nehmen sich entweder zu ernst oder betrachten sich mit Selbstironie. Dabei lachen Sie über Ihre nur allzu menschlichen Schwächen und verborgenen Gemeinheiten, die Sie davon abhalten, Jemand zu sein.

Die Herausforderung für 15-6-Typen liegt darin, göttliche Aufrichtigkeit und innere Freiheit in Beziehungen zu erlangen, während sie sich mit teuflischer Sicherheit durch die Welt bewegen.

Berühmte 15-6-Typen

Achten Sie darauf, wieviele 15-6-Typen (Sartre, Beckett, Genet, Antonioni, Fellini, Pinter) für Film oder Theater geschrieben haben, besonders für das »absurde Theater«. Es zeigt das Dilemma unserer menschlichen Existenz, während unseres kurzen Auftritts auf der Bühne der Erde, in einem bedeutungslosen Universum die Freiheit der Wahl zu haben.

Andere dagegen, wie D. H. Lawrence, Isaac Asimov, Franz Mesmer und Buckminster Fuller, haben alle auf ihre Weise gehofft, Erfüllung in der Einheit mit der Natur zu finden, indem wir uns als natürliche Wesen begreifen.

Christopher Columbus (italienischer Entdecker) 30.10. 1451
Elizabeth B. Browning (englische Dichterin) 6.3. 1806
Robert Browning (englischer Dichter, Dramaturg) 7.5. 1812
Henrik Ibsen (norwegischer Dramaturg) 20.3. 1828
Lewis Caroll (englischer Kinderschriftsteller, Mathematiker) 27.1. 1832
Eleanor Roosevelt (Humanistin) 11.10. 1884
D. H. Lawrence (englischer Schriftsteller) 11.9. 1885
T. S. Eliot (Dichter, Dramaturg) 26.9. 1888
Buckminster Fuller (Designer) 12.7. 1895
Jean-Paul Sartre (französischer Philosoph, Dramaturg) 21.6. 1905
Howard Hughes (Finanzier, Playboy) 24.12. 1905
Samuel Beckett (englisch-französischer Dramaturg) 13.4. 1906
Jean Genet (französischer Dramaturg) 19.12. 1910
Michelangelo Antonioni (italienischer Regisseur) 29.9. 1912
Richard Nixon (Präsident der USA) 9.1. 1913
Joe Louis (Boxweltmeister) 13.5. 1914
Mike Wallace (Fernsehkommentator) 9.5. 1918
Alexander Solschenizyn (russischer Schriftsteller) 11.12. 1918
Iris Murdoch (englische Schriftstellerin) 15.7. 1919
Isaac Asimov (Biochemiker, Science-fiction-Schriftsteller) 2.1. 1920
Federico Fellini (italienischer Regisseur, Schriftsteller) 20.1. 1920
Ray Bradbury (Science-fiction-Schriftsteller) 22.8. 1920
Elisabeth Kübler-Ross (Autorin zum Thema Sterben) 8.7. 1926
Harold Pinter (englischer Dramaturg) 10.10. 1930
James Dean (Schauspieler) 8.2. 1931
Ram Dass (spiritueller Lehrer) 6.4. 1931
Francis Ford Coppola (Regisseur) 7.4. 1939

Die Sechser der Kleinen Arkana

Die *Sechserkarten* zeigen uns, wie wir Beziehungen aufrechterhalten können. Sie sind die Geschenke und Herausforderungen für diejenigen in der Konstellation der Liebenden, wenn sie mit anderen und ihrer Umwelt in Beziehung treten. Alle Karten der kleinen Arkana streben nach einem wechselseitigen Ausgleich der Energien.

Die *Sechs der Stäbe* stehen für den Erfolg, der daraus entspringen kann, daß man gemeinsam mit anderen an einem Ziel arbeitet. Sowohl der Anführer als auch seine Gefolgsmänner sind erfolgreich. Aus dem Kampf der Ideen mit der Fünf der Stäbe erhebt sich nun ein dominantes Thema und ein Führer. Aber der Anführer kann nichts ohne die Unterstützung und den Rückhalt seines Gefolges tun. So erklärt sich die notwendige wechselseitige Beziehung, die zwischen jedem Führer und seinen Anhängern, zwischen dem Vorsitzenden und seinem Komitee besteht, wenn sie erfolgreich sein wollen.

Es ist die Karte des Selbstbewußtseins und des Stolzes, der auf der kreativen Lösung eines Problems beruht. Wenn Ihre Arbeit anerkannt wird, fühlen Sie sich über den Dingen stehend. Ihr Stolz kann Sie vergessen lassen, woher Sie kamen und wer Ihnen verhalf, dorthin zu gelangen, wo Sie jetzt sind.

Wenn Sie Begabungen oder Einflußmöglichkeiten haben, die anderen helfen könnten, so haben Sie die Verantwortung, diese Fähigkeiten auch in den Dienst anderer zu stellen, um so alle am Sieg teilhaben zu lassen. Bei Entscheidungen gibt es zwei Möglichkeiten, die Sie bedenken sollten: Handeln Sie aus Liebe, dann wird Ihr Verständnis Ihnen Freiheit schenken; handeln Sie jedoch aus Angst, dann wird es Schuld und Knechtschaft für Sie bringen.

Die *Sechs der Kelche* steht für die Liebe und die Freude, die zwei Menschen sich schenken können. Nutzen Sie die Möglichkeiten, Ihnen liebgewordenen Menschen zu sagen, was Sie fühlen. Halten Sie es nicht zurück, Sie würden es später bereuen.

Sie sind ein Romantiker, der immer wieder bei »Herzen« und »Blumen« schwach wird. Sie genießen es, mit Liebe überschüttet zu werden und sehnen sich nach zärtlichen Worten und kosender Berührung.

Nach den Enttäuschungen und Schmerzen der Fünf der Kelche, stellt die Sechs der Kelche eine echte Probe dar. Sind Sie bereit, eine Entschuldigung anzunehmen, zu vergessen und sich von Ihrem Schmerz zu lösen? Können Sie als erster um Verzeihung bitten? Sind die Erinnerungen an Ihr gemeinsames Glück stark genug, auch in Phasen der Trennung lebendig zu bleiben? Wenn Sie die Liebenden als Persönlichkeits- oder Wesenskarte haben, müssen Sie lernen, mit dem Vertrauen und der Offenheit eines Kindes zu lieben.

Die *Sechs der Schwerter* steht für das Geschenk einer Unterstützung in der Not. Es ist die Fähigkeit, bei jemanden zu bleiben, den das Glück verlassen hat und ihm durch schwere Zeiten und Umbrüche zu helfen. Die Karte steht aber auch für die Herausforderung, selbst den klaren Blick und innere Gelassenheit in unruhigen Zeiten zu bewahren.

Sie zeigt, daß Sie willens sein müssen, das »Wasser zu überqueren«, den Standpunkt Ihres Gegenüber zu erkennen. Bei einem klärenden Gespräch müssen Sie »alle Schwerter auf den Tisch legen«, um zu Klarheit und zu offener Kommunikation zu gelangen. Wenn Sie von der Besessenheit, den Ängsten und der Panik des Teufels gefangen sind, dann müssen Sie sich an einen Ort begeben, der in Ihnen oder woanders liegt, an dem Sie Klarheit finden und Ihre Gedanken ordnen können.

Wenn Sie geistig oder körperlich mißbraucht wurden, brauchen Sie Abstand und Unterstützung, um wieder eine Perspektive zu finden. Mit etwas Abstand ist es möglich, aus einer bestimmten Situation herauszutreten und das größere Raster und die dahinterliegende Bedeutung zu erkennen. So kann Ihnen klarwerden, welche Schritte Sie unternehmen müssen. Es gibt Zeiten, in denen man andere zurücklassen muß. Vielleicht müssen Sie sich aus Beziehungsstrukturen lösen, von denen Sie beherrscht oder gebunden wurden.

Die *Sechs der Münzen* bietet Ihnen Erfolg in Beziehungen, den Sie durch geistige Großzügigkeit und das Teilen Ihrer Mittel erlangen können. Die Bedürfnisse und Wünsche aller Beteiligten müssen dabei gleich berücksichtigt werden. In ihrer reinsten Form schenkt Ihnen die Liebe das Gefühl des Überflusses, ohne Furcht vor dem Versiegen, und das Gefühl großmütig verteilen zu können. Ihre Gutmütigkeit ist eine sich unendlich erneuernde Quelle.

Viele unserer persönlichen, aber auch andere Beziehungen basieren auf einer Dynamik zwischen denen, die »haben« und denen, die »nichthaben«. Die Art, wie Sie Ihre Aufmerksamkeiten, Ihre Versprechungen, Ihre »sexuelle Gunst« oder Ihre Finanzen verteilen, kann ein Mittel sein, Menschen an Sie zu binden. Die Forderung dieser Karte an Sie lautet, bedingungslos zu geben, so wie es Ihren Möglichkeiten entspricht und andererseits anzunehmen, was Ihnen freiwillig gegeben wird. Nur so werden Sie wahre Stabilität und Sicherheit in Ihren Beziehungen finden.

Würde Erfolg daran gemessen, wieviel man gibt, hätte jeder Anteil daran. Wird er daran gemessen, was man bekommt, werden wir gefesselt von der Gier nach mehr.

SIEBEN-MÜNZEN
SEVEN OF PENTACLES
SEPT DES DENIERS

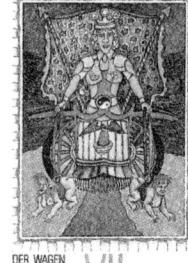

DER WAGEN
THE CHARIOT
VII
LE CHARIOT

SIEBEN-KELCHE
SEVEN OF CUPS
SEPT DES COUPES

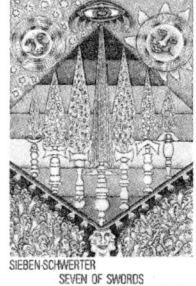

SIEBEN-SCHWERTER
SEVEN OF SWORDS
SEPT DES EPEES

SIEBEN-STÄBE
SEVEN OF WANDS
SEPT DES BATONS

DIE ZERSTÖRUNG
THE TOWER
XVI
LA MAISON DIEU

Die Konstellation des Wagens: 16-7
Meisterschaft durch Veränderung
Aus dem Neuzeit-Tarot

Kapitel 10

Die Konstellation des Wagens: 16-7

Der Turm (16)   Der Wagen (7)
7 der Stäbe   7 der Kelche   7 der Schwerter   7 der Münzen

Das Prinzip der Meisterschaft durch Veränderung

Der Wagen	**Der Turm**
Krebs	*Mars*
Meisterschaft	Durchbruch
Kontrollierte und	Befreite, erleuchtende
gesteuerte Energie	Energie

Schlüsselworte: Beginn. Grund. Stimulation. Kontrolle. Durchbruch. Entwicklung des Selbst. Einsicht. Aufbau und loslassen. Konflikt und Prüfung.

Wenn Sie ein einfacher 7-Typ (7-7) sind, lesen Sie:

Der Wagen (7) als Persönlichkeits- oder Wesenskarte
Der Turm (16) als verborgene Seite
Berühmte einfache 7-Typen
Die Siebener der Kleinen Arkana

Wenn Sie ein 16-7-Typ sind, lesen Sie:

Der Wagen (7) als Persönlichkeits- oder Wesenskarte
Der Turm (16) als Persönlichkeitskarte
Berühmte 16-7-Typen
Die Siebener der Kleinen Arkana

Der Wagen (7) als Persönlichkeits- oder Wesenskarte

(Das trifft für Sie zu, wenn Sie ein einfacher 7-Typ oder ein 16-7-Typ sind.)

Meisterschaft. Kontrollierte und gesteuerte Energie.

Der Wagen steht für Meisterschaft und Kontrolle des Selbst und somit für Sieg. Diese Karte wird dem Sternzeichen Krebs zugeordnet. Aleister Crowley verbindet sie jedoch mit Mars im Krebs, was den gegenläufigen Energien, die wir hier finden, besser entspricht. Der Wagen ist wie der Krebs in seinem Gehäuse. Der Schild schützt ihn davor, daß die empfindlichen inneren Emotionen und Intuitionen der Umwelt ausgesetzt sind. Nach außen gibt er sich dagegen als der dynamische Beschützer anderer. Er ist der Krieger, der angstlos auf seinen Gegner trifft. Mit der Karte »Der Wagen« verbinden Sie beides in sich, den Krebs und den Krieger.

Sie nehmen Ihren Beruf und andere persönliche Rollen sehr ernst. Sind Sie beispielsweise ein Geschäftsmann oder eine Geschäftsfrau, dann ziehen Sie Ihre Kleidung etwa so an, als wäre es eine Rüstung. Nach der Arbeit wechseln Sie dann Ihre Kleider für Sport oder Tanzen. Sie haben keine Angst vor der Gefahr, wohl aber davor, daß Ihnen wirklich etwas unter die Haut gehen könnte. Ihre äußere Erscheinung deutet an, daß Sie sehr wohl auf sich selbst aufpassen können, jedoch neigen Sie dazu, sich verärgert und gestört zu fühlen. Deshalb können Sie sich mit einer kämpferischen Atmosphäre umgeben, wie es auch die Mondsicheln auf den Schultern des Wagenführers vermuten lassen.

Sie lieben es, selbst am Steuer zu sitzen und die Situation unter Kontrolle zu haben. Dabei streben Sie entschlossen mit schnellen und sicheren Schritten auf Ihr Ziel zu. Ohne ein bestimmtes Ziel werden Sie leicht unflexibel. Unerwartete und emotionale Begebenheiten bringen Sie aus der Fassung. Schließlich tragen Sie Ihre Rüstung, um sich vor einem Sturz und vor Kritik zu schützen. Niemand darf Ihre wahren Gefühle kennen.

Sie haben hohe Ideale und können sich über das Weltliche erhaben fühlen. Die motivierende Kraft, die Sie ausstrahlen, entspringt Ihrem sphinxhaften immer fragenden Verstand. Auch die Sphinx war dafür bekannt, die Reisenden zu befragen. Ständig sind Sie auf der Suche nach Antworten, wobei Ihre Emotionen und Instinkte Sie oft in entgegengesetzte Richtungen leiten wollen. Nur durch Ihren festen Willen, der streng auf Ihr Ziel gerichtet ist, gelingt es Ihnen, Ihre inneren Widersprüche zu bändigen und voranzukommen. Dabei scheint es Ihnen manchmal so, als würden Ihre Konflikte und Gefühle Sie zerreißen.

Mit dem Krebs als Ihrem astrologischen Signifikator sind Sie stark in Ihrer Familie, Ihrem Volk und Ihrer Heimat verwurzelt. Dabei sehen Sie sich als deren Verteidiger und obwohl Sie gern reisen, bleiben Sie ständig mit Ihrem Ursprung verbunden. Ihre Wurzeln geben Ihnen Nahrung, Sicherheit und gefühlsmäßige Geborgenheit. Dennoch drängt es Sie, sich zu öffnen, damit Sie sich selbst beweisen und entwickeln können. So leben Sie im ständigen Kampf der Kräfte, die Sie zum einen an den ursprünglichen Idealen und Werten festhalten lassen, Sie aber gleichzeitig in Richtung Selbstverwirklichung und Individuation drängen.

Oft werden Sie gezwungen, alte Fundamente einzureißen, die nicht zu neuen Ideen passen. Immer wieder müssen Sie sich dem stellen und das einreißen, was sich dem »Fortschritt« in den Weg stellt.

Der 7-Typ hat dieses Bewußtsein des »Durchbruchs«, die Fähigkeit, in alten Dingen aufregend neue Formen zu sehen und sie damit sinnvoll wiederzubeleben. Was aber nicht in neue Konzepte eingepaßt werden kann, wird von Ihnen eingerissen. Die zwei Sphingen (oder in manchen Kartendecks auch Pferde) ziehen in entgegengesetzte Richtungen und zeigen damit das Streben nach Fortschritt gegenüber dem Streben, die Dinge so zu belassen, wie sie sind. Wenn Sie herausgefordert werden, bleiben Sie nicht passiv. Sie verteidigen sich aktiv.

Vielleicht müssen Sie ein Gleichgewicht aufbauen, in dem alle Teile Ihres Selbst gezügelt sind und Sie selbst diese Zügel halten. Es ist Ihre Aufgabe, eine Identität zu entwickeln, die auf einem Sie leitenden inneren Prinzip beruht. Meditation oder Übungen zur Findung Ihrer »wahren Mitte«, vielleicht auch eine Kampfsportart, können Ihnen dabei hilfreich sein.

Der Turm (16) als Karte der verborgenen Seite

(Dies trifft zu, wenn Sie ein einfacher 7-Typ sind.)

Die Karte *Der Turm* als Ihre verborgene Seite bedeutet für Sie, daß Sie Angst haben, aus der Bahn geworfen zu werden, die Kontrolle zu verlieren oder auf andere Art und Weise verletzbar und ungeschützt zu sein. Unerwartete Veränderungen oder das gänzliche Fallenlassen von Plänen kann Sie bis in Ihre Wurzeln erschüttern. Dann wühlen Sie so lange, bis Sie den Schaden abschätzen können. Auf der Gefühlsebene bedeutet diese Karte, daß Sie entweder häufig »platzen«, um Luft abzulassen, oder aber Sie haben Ihre Gefühle so fest im Griff, daß Sie scheinbar nie ärgerlich werden.

Vielleicht haben Sie Angst vor Ihrer eigenen Wut und vor dem, was Sie täten, wenn sie ausbräche. Andererseits haben Sie vielleicht unbewußt entdeckt, daß Ihr Ärger eine wirksame Waffe ist, den Widerstand anderer zu brechen. Allerdings würden Sie nie zugeben, daß Sie ihn als taktisches Mittel einsetzen. Manche 7-Typen zeigen ein wirklich jähzorniges Gemüt. Freigesetzt wird dies vor allem, wenn die normalen Kontrollmechanismen durch Alkohol, Drogen oder emotionalen Streß geschwächt sind.

Wenn vertraute Ansichten oder eine Arbeit über den Haufen geworfen werden, sieht man Ihren Ärger. Sie erkennen aber gleichzeitig, daß damit der Weg für einen Neubeginn geebnet wurde. Sie haben Angst, jemand könnte Ihr Schutzschild durchschauen und Sie als Weichling entlarven. Mit dem Turm als Karte der Unterweisung nutzen Sie die Möglichkeit, sich eine passendere »Fassade« zu geben.

Sie haben Ihre Sexualität streng unter Kontrolle. Tantra gibt Ihnen die Möglichkeit, diese Energien zu sammeln und auszurichten. Oder Sie beweisen im Gegensatz dazu Ihre Männlichkeit durch gezielte sexuelle Tapferkeit. Krieg und Sex, Wut und Leidenschaft stimulieren Sie, wobei Ihre Aufgabe aber immer die bleibt, alles einem höheren Sinn zuzuführen. Sie müssen lernen, Geduld mit Ihrer eigenen Ungestümheit zu haben.

Am Ende lernen sie die Urkräfte zu respektieren und erkennen dann, daß es nötig ist, sie freizusetzen. Das kann über Wutausbrüche oder erhellende Ideen geschehen. Ein Versuch, diese Kräfte zu bremsen, wird für Sie in einem persönlichen Chaos enden oder zu innerer Erstarrung führen. Da Sie so zielgerichtet sind, erkennen Sie vielleicht nicht einmal, welch ein Ausmaß Ihre innere Inflexibilität bereits angenommen hat. In diesem Fall brauchen Sie entweder eine Erleuchtung oder einen Schock, der Sie aus Ihrem inneren Gefängnis befreit.

Wird der Turm Ihr Lehrer, können Sie lernen, sein Licht als heilende Kraft einzusetzen. Auch lernen Sie mit Ihren Niederlagen umzugehen, das zu säubern und zu entrümpeln, was Sie nicht länger benötigen. Ob Sie das durch die innere Reinigung des Fastens tun, durch einen Frühjahrsputz oder durch das Wegwerfen der alten Kleidung, die zugleich für alte Rollen Ihrer Persönlichkeit steht, ist gleichgültig. Wichtig ist nur Ihr weiteres Streben nach Selbstentdeckung. Trennen Sie sich dabei auch von Menschen und Orten, die Ihrer Entwicklung im Wege stehen.

Berühmte einfache 7-Typen

Man könnte behaupten, ein Schlüsselsatz dieser kleinen Beispielgruppe (seit 1950 sind weit mehr 7-Typen geboren) heißt: »Niemand sagt mir, was ich tun soll.«

Auf meiner Liste sind drei Mitglieder des Ordens der Goldenen Morgendämmerung (OGD*), dessen Tarot-Tradition ich folge so wie Jim Wanless, der ein Buch geschrieben hat über das Tarotdeck von Aleister Crowley, das stark vom OGD-Denken beeinflußt ist. Die meisten der hier aufgeführten Personen waren für ihre krassen Einstellungen bekannt, die immer wieder soziale Konventionen erschütterten. Ein jeder von ihnen führte das Leben eines Individualisten.

Ich wollte gerade diesen Abschnitt abschließen, als ich einen Brief von einem Freund erhielt, der auch den Wagen als Persönlichkeits- und Wesenskarte hat. Er ist ein Vietnam-Veteran, bekannt für sein aufbrausendes Temperament und dafür, daß er Unfälle förmlich anzieht. Wo immer er sich aufhält, gibt es gewöhnlich auch Tumult. Außerdem ist er sehr medial, ein geborener Heiler. Stets kämpft er für die, die in Not sind. Er schrieb mir von Bord eines medizinischen Hilfsschiffs in Zentralamerika: »Ich habe keine Angst mehr vor meiner Wut. Das ist vorbei. Was bleibt ist pure Energie, die so intensiv ist, daß ich meine Heilfähigkeiten wiedererlangt habe. Was viele als kosmische Kraft

---

* Order of the Golden Dawn.

erfahren, sehe ich als das Licht Gottes. Es gibt keinen Sex, keine Form oder Essenz, es ist nur ein blendendes spirituelles Licht, das ich Gott nenne... Absolute Konzentration ist der Schlüssel, der die Tür der Erkenntnis öffnet – diese Konzentration zu stören, heißt den Fluß der Energie zu unterbrechen. Diese Energie ist heilig, so heilig, daß wir es bewachen und wertschätzen müssen, als wäre es unsere Lebenskraft.« Dieser Mensch ist ein Wagen, dessen Turm ihm zum Lehrer wurde.

Nichiren Daishonin (buddhistischer Lehrer) 16.2. 1222
Ben Jonson (englischer Dramaturg und Dichter) 21.6. 1573
Pierre Curie (französischer Wissenschaftler) 15.5. 1859
Maud Gonne (irische Freiheitskämpferin, OGD) 20.12. 1865
Erik Satie (französischer Komponist) 17.5. 1866
Gustav Meyrink (Schriftsteller) 19.1. 1868
Alfred Adler (Psychologe) 7.2. 1870
Marcel Proust (französischer Schriftsteller) 10.7. 1871
Richard Wilhelm (Sinologe, erster Übersetzer des I Ging) 10.5. 1873
Gertrude Stein (Autorin und Kunstmäzenin) 3.2. 1874
Aleister Crowley (Okkultist, Tarotautor, OGD) 12.10. 1875
Paul Foster Case (Gründer BOTA, Tarotautor, OGD) 3.10. 1884
Max Ernst (deutscher Künstler) 2.4. 1891
Richard Chamberlain (Schauspieler) 31.3. 1935
Bruce Lee (Schauspieler, Experte für östliche Kampfsportarten) 27.11. 1940
James Wanless (Schöpfer des Voyager Tarot) 22.4. 1943
Demetra George (Astrologe, Autor) 15.7. 1946
Uri Geller (israelischer Telekinet) 20.12. 1946

Der Turm (16) als Persönlichkeitskarte

(Dies trifft für Sie zu, wenn Sie der Typ 16-7 sind.)

Durchbruch, freigesetzte erleuchtende Energie

Der Turm steht für Einsichten, die Sie treffen wie der Blitz, und die alles zerstören, was rigide und wertlos ist. Dank der natürlichen Desaster Ihres Lebens erschaffen Sie immer wieder neue und passendere Strukturen oder Sie suchen einen schützenden Hafen. Als 16-7-Typ meistern Sie diese Stürme, weil Sie es müssen. Nur allzuoft scheint sich alles gegen Sie verschworen zu haben. Aber jedesmal machen Sie mit Entschlossenheit weiter, auch wenn das bedeutet, sich gegen die öffentliche Meinung zu stellen.

16-7-Typ Dostojewski sagte einmal verächtlich: »Einen neuen Schritt zu tun oder ein neues Wort zu benutzen, ist eben das, was die Leute am allermeisten fürchten.« Ihr starker Charakter und Ihr Individualismus hilft Ihnen, auch Kränkungen hinzunehmen, ohne daß Sie sich von Ihrer Aufgabe abbringen lassen. Rückschläge überwinden Sie mit großen Schritten. Sie warten auf den großen Durchbruch, wohlwissend, daß er nie eintreffen wird, wenn Sie sich Ihrer Aufgabe zu entziehen suchen.

Oft genug katapultieren plötzliche Ereignisse Sie in ganz neue Richtungen oder verändern Ihre Lebensumstände voll und ganz. Emotionale Höhen und Tiefen bestimmen Ihren Weg.

Nichts kann sich Ihnen nachhaltig entgegenstellen, Sie brennen sich förmlich durch Ihre Aufgaben. Wie schon Thomas Huxley, ein 16-7-Typ, fühlen Sie, daß das große Ziel des Lebens nicht Erkenntnis, sondern Handeln ist (»*Technical Education*«). Sie geben sich keine Mühe, Ihre Gemütsverfassungen zu verbergen und haben auch keine Angst Ihren Ärger zu zeigen, da Ihnen klar ist, daß dies nicht nur gesünder ist, sondern außerdem die Atmosphäre viel eher klärt, als wenn Sie zurückhielten, was da in Ihnen rumort.

Mit dem Turm haben Sie eine Persönlichkeitskarte, die ein nächtliches Motiv zeigt. Das bedeutet für Sie als 16-7-Typ, daß Sie in den Qualitäten des Turms Ihre eigene Schattenseite finden. Aspekte davon sind Stolz, Arroganz und das Selbstwertgefühl, nicht den Regeln zu unterliegen, die Ihre Mitmenschen anerkennen. Ihr in die Höhe strebender Intellekt und der nach den Sternen greifende Ehrgeiz sind unheilvoll und bergen das Risiko tief zu fallen. Dann fühlen Sie sich als Opfer – unschuldig und doch bestraft. Ihre Leidenschaft, Ihre persönliche Intensität und Ihr Drang, immer »die Kerze von beiden Seiten gleichzeitig abzubrennen«, kann Sie vollständig erschöpfen und depressiv mit einem Gefühl der Entfremdung zurücklassen.

Bei alldem haben Sie das Potential in sich, die Kraft des Lichtes heilend einzusetzen. Dann können Sie ein Geistesblitz sein, ein Leuchtfeuer für andere.

Berühmte 16-7-Typen

Zu den Beispielen berühmter 16-7-Typen gehört Wilhelm Reich, der herausfand, wie unsere Seele den Körper zu einem Panzer werden lassen kann, und wie sehr es nötig ist, diesen zu überwinden. Galilei führte viele seiner Experimente auf Türmen durch, auch sein berühmtes in Pisa. Beide wurden von der Öffentlichkeit verachtet und Teile ihrer »aufrührerischen« Werke verbrannt. Viele 16-7-Typen, wie Dostojewski, Eliot, Baraka und Le Guin haben sich mit der Beziehung zwischen individuellen Neurosen und denen einer ganzen Kultur beschäftigt. Ein anderes Thema ihrer Untersuchungen war, wie aufgestaute Energien freigesetzt werden können, ohne pathologische oder destruktive Auswirkungen zu haben.

Sir Francis Bacon (englischer Schriftsteller, Staatsmann) 1.2. 1561
Galileo Galilei (italienischer Erfinder, Astronom) 25.2. 1564
Oliver Cromwell (Beschützer Englands) 5.5. 1599
George Sand (französischer Schriftsteller) 5.7. 1804
Fréderic Chopin (Komponist) 22.2. 1810
F. Dostojewski (russischer Schriftsteller) 11.11. 1821
Louis Pasteur (französischer Chemiker) 27.12. 1822
Thomas Huxley (englischer Biologe, Erzieher) 4.5. 1825
William Morris (englischer Dichter, Maler, Designer) 24.3. 1834
Peter Tschaikowsky (Komponist) 7.5. 1840
Hermann Göring (Hitlers rechte Hand) 1.12. 1893
Nikita Chruschtschow (russischer Staatschef) 17.4. 1894
Wilhelm Reich (Psychiater, Biophysiker) 24.3. 1897
George Gershwin (Komponist) 26.9. 1898
Gustav Gründgens (Schauspieler) 22.12. 1899
Luis Buñuel (Regisseur) 22.2. 1900
Jean Gebser (Philosoph) 20.8. 1905
Arthur Miller (Dramaturg) 17.10. 1917
John F. Kennedy (Präsident der USA) 29.5. 1917
George Bush (Präsident der USA) 12.6. 1924
Peter Sellers (Schauspieler) 8.9. 1925
Marilyn Monroe (Schauspielerin) 1.6. 1926
Sergio Leone (Western-Regisseur) 3.1. 1929
Claude Chabrol (Regisseur) 24.6. 1930
Imamu Baraka (Dramaturg, Dichter) 7.10. 1934
Fritjof Capra (Tao-Physiker) 1.2. 1939
Joan Baez (Folksängerin) 9.1. 1941
Muhammed Ali (Boxweltmeister) 17.1. 1942

Die Siebener der Kleinen Arkana

Die *Siebener* der Kleinen Arkana sind Geschenke und Herausforderungen auf dem Weg zur Selbstbemeisterung. Sie helfen uns, Schwierigkeiten zu überwinden und auf Ärger angemessen zu reagieren. Da die Zahl 7 mit der Initiation in Verbindung steht, zeigen die Siebener der Kleinen Arkana Prüfungen, die bestanden werden müssen, damit wir uns selbst beweisen. Sie zeigen, wie wir Herrschaft über unsere Umwelt suchen. Wenn Sie die Möglichkeiten nutzen, die dem Wagen und Turm zugesprochen werden, triumphieren Sie über die Widrigkeiten, die die 7er Karten darstellen.

Die *Sieben der Stäbe* steht für das Bedürfnis, den »Mut zu kühlen«. Sie beweisen sich selbst in Krieg oder Wettkampf. Nur dort erfahren Sie, ob Sie Ihre Lektionen gelernt haben. Das Geschenk dieser Karte besteht darin, die Nerven zu behalten, den Sinn für Bestimmung und die Entschlossenheit zu haben, diese Herausforderungen zu bestehen. Es ist die Bereitschaft der Opposition, zu widerstehen ohne nachzugeben. Wenn es darauf ankommt, erläutern Sie Ihre Ideen, stehen für Ihre Werte ein und haben den Mut, Widrigkeiten entgegenzutreten und zu überwinden. Ihre Gegner reizen Sie bis zu Ihren Grenzen. Das gibt Ihnen Gelegenheit, Ihre Meisterschaft zu beweisen.

Wenn Sie eine Führungsposition erreichen, wie sie die Sechs der Stäbe darstellt, wird es immer Leute geben, die sich zusammenrotten, um gegen Sie zu rebellieren. Die Sieben der Stäbe zeigt uns diese Situation: Die Eifersucht derer, die Ihnen neiden, was Sie innehaben. Als Krieger kommen Sie in Situationen, in denen alles gegen Sie steht. Dann gilt es, realistisch die Widrigkeiten einzuschätzen, statt sich aus Wut in die Ecke drängen zu lassen.

Die *Sieben der Kelche* steht für Ihre Fähigkeit, Visionen, Fantasien und Träume heraufkommen zu lassen. Sie können sich Möglichkeiten vorstellen, und sie dabei ganz deutlich vor Ihren Augen sehen. Nach den Freuden der Sechs der Kelche sehen Sie nur gute Dinge auf sich zukommen. Ihre Fertigkeiten und Fähigkeiten sind so gut ausgebildet, daß Sie jetzt nur noch entscheiden müssen, wie Sie diese am besten einsetzen. Mit Ihrem Verstand wägen Sie die

Möglichkeiten ab, aber sehen Sie sich dabei vor, nicht in unrealistische Träumereien zu verfallen.

Die Herausforderung dieser Karte liegt darin, sich zu erlauben die eigenen Gefühle zu erleben – zu wissen, was wir wirklich wollen, ohne uns zugleich in unseren Fantasien zu verfangen. Im Extremfall schwelgen Sie in Ihrer Unentschlossenheit und geben sich Ihren Emotionen hin. Die Prüfung der Karte heißt, unsere tiefsten Wünsche zu erkunden, dann einen davon auszuwählen und sich nur auf diesen zu konzentrieren, denn wenn wir uns allen Wünschen überlassen, werden sie uns am Ende zerreißen. Es kann passieren, daß Sie gewählt haben, um dann zu sehen, wie Ihr Wunsch sich verflüchtigt. Lernen Sie dabei zu erkennen, welche Ziele bedeutungsvoll genug sind, Ihr Leben zu füllen.

Die *Sieben der Schwerter* deutet Ihren Witz und Ihre Geschicklichkeit an. In dieser Gabe liegt die Fähigkeit, Pläne und Strategien zu entwerfen. Wenn es so aussieht, daß vieles gegen Sie steht, finden Sie einen Weg, Ihren Feind zu entwaffnen. Auch können Sie durch Weitblick und gute Vorbereitung den möglichen Stachel ziehen, der in einer Angelegenheit steckt, wobei Ihnen Ihre Fähigkeit, mit Details umzugehen, von großer Hilfe ist.

Da Sie im Denken den anderen überlegen sind, liegt Ihre Herausforderung darin, diese Fähigkeiten ehrenhaft einzusetzen. Zielgerichtet wie Sie sind, können Sie leicht in Versuchung geraten, den Zweck die Mittel heiligen zu lassen. In diesem Fall könnten Sie sich leicht in Diebstahl und Lügen verstricken, vielleicht sogar mit besten Absichten. Falls die aufrechte Art ins Leere stößt, halten Sie es für gerechtfertigt zu mogeln. Wenn Wut aufkommt, können Sie sogar rachsüchtig werden.

Sie können die Karte auch als Prüfung Ihrer Meisterschaft ansehen. Dann bedeutet sie: etwas Mutiges zu tun, was Ihre Tapferkeit, Fertigkeit, Schnelligkeit und Geschicklichkeit beweist. Indem Sie in jede Aufgabe Ihre geistige Energie einbringen, schaffen Sie die Grundlagen für spätere Handlungen.

Die *Sieben der Münzen* macht Ihnen bewußt, daß es immer einen Punkt gibt, an dem Sie auf Ergebnisse warten müssen, egal was Sie anstellen. Sie müssen den Dingen ihre Zeit lassen. Doch dieses Warten läßt in Ihnen sorgenvolle Gedanken an Stürme und Naturkatastrophen hochkommen, die Sie um den Lohn Ihrer Arbeit bringen könnten. Somit liegt die Herausforderung dieser Karte darin, all diesen Selbstzweifeln zu begegnen, die Angst vor Versagen und fruchtlose Arbeit in Ihnen hervorrufen.

Diese Karte zeigt auch Ihre Rolle als Schnitter und dessen Verantwortung, die Früchte zum persönlichen Nutzen zu ernten. Selbst angesichts eines so großen Ungleichgewichts der Kräfte, wie es der Mensch gegenüber den Gewalten der Natur erlebt, versuchen Sie immer noch, diese elementaren Kräfte Ihrer Arbeit und Ihrem Willen unterzuordnen. In solch einer Situation ist es Ihre Aufgabe, die Widrigkeiten zu kalkulieren und nur die Samen zu säen, die auch Chancen haben aufzugehen. Aber am Ende müssen Sie Ihre Erwartungen loslassen und sich in Geduld üben.

Die Konstellation der Kraft
Mut und Selbstachtung

Aus dem Daughters of the Moon Tarot

Kapitel 11

Die Konstellation der Kraft: 17-8

Der Stern (17)   Kraft (8)
8 der Stäbe   8 der Kelche   8 der Schwerter   8 der Münzen

Das Prinzip des Mutes und der Selbstachtung

Kraft	**Der Stern**
Löwe	*Wassermann*
Mut der Überzeugungen	Mut zum Selbst sein
Erfahrung der inneren Kraft	Erfahrung einer Kraft aus anderer Quelle

Schlüsselworte: Selbstbewußtsein. Schicksal. Beharrlichkeit. Stärke. Drang. Kundalini. Hoffnung. Anmut. Balance.

Wenn Sie ein einfacher 8-Typ sind, lesen Sie:

Kraft (8) als Persönlichkeits- oder Wesenskarte
Der Stern (17) als Persönlichkeitskarte
Berühmte 17-8-Typen
Die Achter der Kleinen Arkana

Wenn Sie ein 17-8-Typ sind, lesen Sie:

Kraft (8) als Persönlichkeits- oder Wesenskarte
Der Stern (17) als Persönlichkeitskarte
Berühmte 17-8-Typen
Die Achter der Kleinen Arkana

Kraft (8) als Persönlichkeits- oder Wesenskarte

(Dies trifft für Sie zu, wenn Sie ein einfacher 8- oder der 17-8-Typ sind.)

Mut der Überzeugungen, Erfahrung der inneren Kraft

Die Karte *Kraft* steht für die Ausgeglichenheit und Integration von Gegensätzen. Wie schon in der Karte »Der Magier«, sehen wir auf dem Bild die Lemniskate (das Unendlichkeitszeichen) über dem Kopf der Frau. Sie ist der weibliche Magier, die Hexe. Manchmal wird sie auch die »Verzauberin« genannt, auf Grund ihrer Fähigkeit, Bestien und Tiere zu betören. Die Kraft dazu schöpft sie aus der Erkenntnis unserer Gemeinsamkeiten statt die Gegensätze zu betonen. Damit ist sie Beispiel dafür, daß wir alles erreichen können, wenn wir unsere Bindungen an die Welt akzeptieren und in *Harmonie mit ihren Prinzipien* leben. Mit der Karte »Kraft« stehen wir in Einklang mit unserer inneren Natur, statt sie zu verleugnen. Sie steht für den Glauben, daß Wille und Begehren keine Gegenspieler sind, sondern miteinander in Einklang gebracht werden können. Wenn wir das wilde Tier in uns »kraulen«, statt es zu würgen, wird sein Wille nicht unterjocht, sondern bleibt frei.

Als Hexe/Verzauberin mit astrologischer Anlehnung an das Zeichen Löwe, sind Sie offenkundig eine sehr emotionale Persönlichkeit. Teil Ihrer Aufgabe ist es, Ihre Gefühle zu verstehen und sie nicht zu unterdrücken. Die Leidenschaftlichkeit Ihrer Gefühle können Sie dazu nutzen, Ihren Hoffnungen genügend Energie zu geben, damit sie wahr werden können. Sie müssen sich in der Ihnen eigenen Art ausdrücken und Ihre innere Vitalität und Ihre Visionen an die Oberfläche kommen lassen. Dazu bedarf es Mut, weil andere immer wieder versuchen werden, Sie in die Konformität zurückzudrängen. Ihnen bleibt der Kampf zwischen Ihren eigenen, inneren Bedürfnissen und den Ansprüchen, die Arbeit und Gesellschaft an Sie stellen.

Sie sind eine Hebamme und helfen auch anderen bei diesem natürlichen und unausweichlichen Vorgang. Zugleich sind Sie diejenige, die in Wehen liegt, wohlwissend, daß es die Kraft des Lebens ist, die mit diesem warmen Strom voll Energie durch Ihren Körper fließt. Durch Ihr Atmen und Drücken arbeiten Sie mit an diesen natürlichen Kräften und werden ein Teil von ihnen. Sie sind ein Heiler, der die körpereigenen Kräfte der Heilung unterstützt. Wenn Sie mit Ihren eigenen Kraftquellen arbeiten, spüren Sie instinktiv Ihre regenerierenden Fähigkeiten. Da Sie an die Kraft der Liebe und die Heilungskraft der Berührung glauben, scheuen Sie nicht vor direkter Berührung zurück, gleichgültig, wer oder was Ihre Zuwendung braucht.

Als Wesenskarte bedeutet die Karte »Kraft«, daß Sie Ihr Herz an alles hängen sollten, was Sie ins Leben rufen. Dafür müssen Sie lernen, sich selbst anzunehmen und Ihre eigenen Natur zu begreifen. Wie in den Geschichten, wo ein wildes Tier der Heldin zur Seite steht, müssen Sie Ihren Instinkten erlauben, Einfluß auf Ihre Handlungen zu haben. Lernen Sie an sich zu lieben, was die Gesellschaft als häßlich und unvorteilhaft verpönt. So können Sie die seelische Stärke erlangen, sich selbst darzustellen und Ihre Fähigkeiten zu nutzen. Stellen Sie sich Ihren Ängsten, indem Sie ihnen Ausdruck verleihen und schauen Sie dabei tapfer auf das Schlimmste, was geschehen könnte. Oftmals erleben wir, daß das »Schlimmste« nicht nur auszuhalten ist, sondern, wenn es erst einmal da ist, sich dahinter sogar Vorteile verbergen.

Sie sind ein Überlebenskünstler. Die Ihnen innewohnende Lebensfreude wird von anderen als Stärke und Beharrlichkeit empfunden. In ihren Augen lassen Sie sich nicht »unterkriegen«. Ihr Einfühlungsvermögen hilft Ihnen bei Streitigkeiten, weil Sie sich in die Gedanken und Gefühle Ihres Widersachers hineinversetzen können. Sie haben erkannt, daß Mörder und lebenslänglich Inhaftierte Ihre eigene Schattenseite darstellen, und daß diese zu hassen bedeuten würde, ihrem Schatten gleich zu werden. Wenn Sie lernen, Ihre Ängste zu lieben, können Sie sich mit ihnen anfreunden und so die Kraft finden, gut mit Ihnen zu leben.

Weigern Sie sich nicht, Ihren Gefühlen Ausdruck zu geben. Andernfalls können sie unerwartet ausbrechen und destruktive Formen annehmen oder in sündiger Leidenschaft enden. Unbearbeitete Gefühle können Sie verschlingen und in einer Lebensangst zurücklassen. Im schlimmsten Fall verfängt sich die »Kraft« im Kampf mit einem Leben, das als überwältigend und beängstigend erfahren wird. Es kann auch sein, daß Sie sich weigern, für Ihre Leidenschaften die Verantwortung zu übernehmen. In dem Glauben, daß nur Ihre Gefühle zählen, finden Sie sich dann isoliert im Elfenbeinturm.

In brenzligen, kritischen Situationen verhalten Sie sich ruhig und gefaßt, da Sie instinktiv wissen, daß es gefährlich ist, Angst zu zeigen. Statt dessen handeln Sie im Notfall mit Strenge und Zärtlichkeit, indem Sie zuallererst die Panik dämpfen und dann feststellen, was zu tun ist.

Während sich »Der Wagen« auf Fortschritt konzentriert, sucht die »Kraft« zu kultivieren und zivilisieren. Das ist wie bei der Pflege eines Rosengartens: Sie kultivieren Ihre Wünsche und dank Ihrer Beharrlichkeit erreichen Sie erfreuliche Ergebnisse. Ähnlich einem Wasserfall, der Strom erzeugt, bedeutet sich zu zivilisieren, rohe Energie in arbeitende Kraft umzuwandeln.

Manche Menschen können sich mit der Kraft der Liebe identifizieren und sich den Lebenskräften hingeben, die diese Karte beschreibt. Andere projizieren diese Kräfte nach außen auf jemand anderen und finden ihn dann faszinierend. Darin liegt der Mythos der weiblichen »Verzauberin«. Männer, die dieses Bild in sich tragen, haben Angst vor der Frau und ihrer lebensspendenden Kraft. Andererseits geht für sie aber von diesem Bild auch eine große Faszination aus. Es stößt sie gleichzeitig ab und zieht sie an. In ihren Augen sind die Frauen entweder verschlingend und überwältigend oder tröstend und menschlich. Diese Faszination verängstigt die Männer so, daß sie am liebsten weglaufen möchten, aber das ist ihnen auch nicht möglich. So kommt es, daß sie die Frauen entweder idealisieren oder sie zu »Hexen« machen. Im letzteren Fall fürchten sie das Weibliche in sich selbst. Aus diesem Wahnsinn entstanden die Schrecken der Hexenverbrennung.

Der Stern (17) als Karte der verborgenen Seite

(Dies gilt, wenn Sie ein einfacher 8-Typ sind.)

Mit dem *Stern* als Karte Ihrer verborgenen Seite, tendieren Sie dazu, Ihren »hellen« Schatten vor sich selbst zu verbergen. Das heißt, daß Sie Ihre eigenen Fähigkeiten und Erfolge nicht anerkennen. Im anderen Extrem kann diese Karte bedeuten, daß Sie darauf beharren, der »Star der Show« zu sein. In diesem Fall stellen Sie sich über die anderen und werden wütend, wenn Ihre Erfolge und Ihr Weitblick nicht genug gewürdigt wird. Sie sind schnell beleidigt, wenn Sie niedere Arbeiten ausführen sollen.

Es kann sein, daß Sie glauben, Ihr wahres Ich verbergen zu müssen und Ihre Macht nicht zeigen zu dürfen (das wird durch die hochgebundenen und versteckten Haare ausgedrückt). Dabei übersehen Sie Ihre eigenen Qualitäten, halten sich selbst für häßlich und ohne Anmut, während Sie die Schönheit der anderen bewundern. Das kann so weit gehen, daß Sie sogar Ihre Kreativität und Ihre Heilkräfte verleugnen. Zutiefst glauben Sie, ein Feigling zu sein und haben Angst davor, entlarvt zu werden.

Vielleicht befürchten Sie, Ihre Emotionen oder Energien zu verschwenden. Auf diese Art kann man zum Hypochonder werden, der von Krankheiten geplagt wird, nur weil er sich nicht zugestehen kann, ein Ganzes und gesund zu sein. Manchmal fehlt es Ihnen an Objektivität und Abstand zu Ihren Gefühlen, so daß Sie alles durch die Brille Ihrer Emotionen sehen. Wenn das dazu führt, daß Sie nur noch glauben, was Ihre Sinne Ihnen sagen, werden Sie isoliert und abgesondert.

Die größte Gefahr in Verbindung mit dem Stern als Karte der verborgenen Seite ist Hoffnungslosigkeit und fehlender Glaube an die Zukunft. Dies findet seinen Ausdruck in Pessimismus und Selbstzweifeln. Dennoch bleibt die positive Kraft des Stern so kraftvoll, daß die meisten 8-Typen ihre Zweifel überwinden.

Der Stern als Ihr Lehrer leuchtet selbst in dunkelsten Zeiten. Er treibt Sie an, wenn Sie es sich zur Aufgabe machen, Hoffnung in die Welt zu tragen und anderen bei der Verwirklichung ihres Selbst zu helfen. Er bringt Sie in Wut über Ungerechtigkeiten und erweckt in Ihnen eine Hingabe an den Schutz der Natur und unserer Umwelt. Er stärkt Ihren Glauben an die Zukunft und damit Ihr Bedürfnis, etwas für künftige Generationen zu schaffen.

Berühmte einfache 8-Typen

Ich habe nur sehr wenige einfache 8-Typen auf meiner Liste, aber schon bald werden sie häufiger sein als die 17-8-Typen. Unter ihnen finden sich Erneuerer wie Beethoven, Montessori und Wright. Ein jeder von ihnen strebte nach größerer Freiheit.

Sowohl Montessori als auch Cayce ermutigten ihre Mitmenschen, ihre Fähigkeiten weiter zu entwickeln. Dabei gingen ihre Ideen und Ziele weit über die Vorstellungskraft der damaligen Zeit hinaus. In dieser Gruppe befinden sich auch zwei Astrologen und Grace Slick von »Starship«, die alle ihr Interesse an den Sternen aus ihrer 17-8-Konstellation ziehen.

Caesare Borgia (Papst und Kaiser) 18. 9. 1475
Johannes Kepler (Astronom und Astrologe) 27. 12. 1571
Ludwig van Beethoven (deutscher Komponist) 16. 12. 1770
George Bernhard Shaw (Schriftsteller) 26. 7. 1856
Selma Lagerlöf (Schriftstellerin »Nils Holgerson«) 20. 11. 1858
Edgar Cayce (Astrologe und Heiler) 18. 3. 1877
Maria Montessori (italienische Pädagogin) 20. 8. 1870
Orville Wright (Erster Flieger) 19. 8.1 871
Joachim Ringelnatz (Dichter) 7. 8. 1883
Juno Jordon (Numerologe) 8. 6. 1884
Noel Tyl (Astrologe) 31. 12. 1936
Joe Namath (Football-Spieler) 31. 5. 1943
Maharai Ji (spiritueller Führer) 10. 12. 1957

Der Stern (17) als Persönlichkeitskarte

(Dies trifft zu, wenn Sie ein 17-8-Typ sind.)

Mut zum Selbstsein, Erfahrung der Kraft aus anderer Quelle

Der *Stern* steht für unsere Hoffnung in die Zukunft. Als Karte, die dem Turm folgt, zeigt sie den Menschen, der befreit von allen Masken und Restriktionen in den Wassern des Unbewußten erfrischt wurde. Es ist das Bild der Erneuerung, das frische Leben nach der großen Flut. Auf dieser Karte sehen wir die unverschleierte Isis, die die Elemente benutzt, um Himmel und Erde zu verbinden: »Wie oben, so unten.«. Völlig entblößt steht die Göttin der Erde und der Sterne vor uns. Durch die steigenden Fluten des Nils wird dem Land Fruchtbarkeit und seinen Menschen Hoffnung geschenkt.

Als Karte, die mit dem Zeichen Wassermann in Verbindung steht, beinhaltet sie erfinderische Aspekte. Damit sind Sie ein Erfinder und Seher, der seiner Zeit jeweils weit voraus ist. Mit einer Vorliebe für Experimente, sind Sie stets bereit, alles wenigstens einmal auszuprobieren. Ihre seherische Kraft verleiht Ihnen Einblick in die ferne Zukunft. Sie haben jedoch manchmal Schwierigkeiten, die Bedeutung für das Hier und Jetzt zu erfassen. So können Sie sich zum Beispiel unsere Erde in einem Zustand von Frieden und Glück vorstellen, sind dabei aber selbst nicht in der Lage, mit Ihrem Nachbarn in Frieden auszukommen.

Eine Ihrer Hauptaufgaben ist es, sich zu öffnen und empfänglich zu werden. Nur wenn Sie all Ihren Hoffnungen und Vorstellungen Ausdruck verleihen, alle Dünkel fallenlassen, werden Sie unangefochten Ihr Schicksal leben können.

Als 17-8-Typ ist Ihr Sinn für das Schicksalshafte stark ausgeprägt. Beim Blick in den Spiegel sehen Sie nicht nur sich selbst, sondern etwas viel Größeres: Das Gefühl, daß Ihr persönliches Schicksal Teil des kosmischen Plans ist. William Wordsworth fühlte dies, als er sagte, daß es keinen Menschen gebe, der lebt und noch nicht seine göttlichen Stunden erlebt hat. Sie streben danach, mit Ihrem Schicksal in Einheit zu leben; Sie wollen die tiefere Bedeutung der Erfahrungen und auch der Desaster Ihres Lebens herausfinden. Wenn Sie das Muster hinter den Dingen erkannt haben, ist es die Quelle Ihrer Kraft und Ihrer Möglichkeiten, mit der Sie auch andere inspirieren können. Dank dieser Einsichten mögen Sie willens werden, auch an einem Ziel zu arbeiten, dessen Früchte noch nicht während Ihres Lebens reifen.

Obwohl Sie sich nach außen kühl und distanziert geben, brennt ein Feuer in Ihnen. Sie werden nicht in dem Maße von Ihren Emotionen mitgerissen wie der einfache 8-Typ. Ihr Verstand arbeitet wissenschaftlich objektiv, sucht nach Kausalitäten und möchte der Gesellschaft einen Spiegel vorhalten. Das Bewußtsein Ihres Selbst ist dann am stärksten ausgeprägt, wenn es sich mit etwas Äußerem und Größeren als Sie selbst identifiziert. Obwohl Sie Berühmtheit und Anerkennung suchen und dabei sehr ehrgeizig sind, wollen Sie dies durch Ihre Arbeit und nicht durch persönliche Schlagzeilen erreichen.

Mit dem Persönlichkeitsaspekt Ihres Hexen-Archetyps lieben Sie Rituale. Durch Wiederholung und persönliche Disziplin bringen Sie Ordnung in Ihre Welt und erfahren so Ernsthaftigkeit und Verbundenheit mit dem Universum. Regelmäßige Meditation oder die Erfahrung, alles hinter sich lassen zu können, sind dabei sehr hilfreich. Die Natur ist eine Quelle des Trostes und der Heilung für Sie, und viele 17-8-Typen revanchieren sich dafür durch ihr Engagement für Ökologie und Weltfrieden.

Ihr eigenes Talent, die verborgenen Talente und Möglichkeiten in Menschen zu erkennen, kann andere ermutigen. Aber oft erwarten Sie zuviel von Ihrer Umgebung. Das kann dazu führen, daß andere das Gefühl haben, das Bild, das Sie von ihnen haben, nicht erfüllen zu können. Der Stern steht auch für Ihre Sehnsucht nach einem vollkommenen Glück.

Sie besitzen persönliche Anmut, die leicht zu einem Charisma werden kann. Sie glauben an sich und an Ihre Fähigkeiten. Wenn Sie die Anerkennung und die Belohnung erhalten haben, die Sie Ihrer Meinung nach verdienen, sind Sie bereit, Ihre Gaben mit der Welt zu teilen, wobei Sie meist uneigennützig handeln. Sie wollen die Reichtümer und Vorräte der Welt neu verteilen. Und das gelingt Ihnen auch, wo es möglich ist.

Da Ihre Persönlichkeitskarte einen nächtlichen Schauplatz hat, tragen Sie Ihre Schattenseite in sich. Das kommt dann zum Ausdruck, wenn Sie so sehr damit beschäftigt sind, allen anderen zu helfen und Ihre Ideale eines Sippenverbandes zu pflegen, daß Sie darüber zu keiner individuellen Beziehung mehr fähig sind. Sie sehen Ihre Suche nach Gründen als ein persönliches Thema, das Sie nicht von Ihrem Selbst trennen können. Es mag sein, daß Sie besonders sensibel dafür sind, was andere von Ihnen halten. Treffend hat dies Oskar Wilde ausgedrückt: »Nur eines ist schlimmer als daß über uns gesprochen wird, nämlich, daß nicht über uns gesprochen wird« (aus *Das Bildnis des Dorian Gray*).

Diese Karte hat noch einen weiteren Schattenaspekt: In der Überzeugung, daß die natürlichen Vorräte im Übermaß vorhanden sind, vergeuden Sie diese in dem Fehlglauben, daß sie unerschöpflich sind. Vielleicht glauben Sie auch, diese Vorräte verbrauchen zu können, da kommende Generationen neue Technologien entwickeln, vielleicht im Weltraum. Schließlich sollten Sie aber doch lernen, auf die leise Stimme Ihrer Intuitionen zu hören, die, wie der Vogel auf der Karte, das Lied Ihres Schicksals singt. Nur dann werden sich Ihre inneren Vorräte stets erneuern und Sie stärken, den Prüfungen der Gesellschaft standzuhalten.

Berühmte 17-8-Typen

Die Anzahl der 17-8-Typen auf meiner Liste wird nur von der 18-9-Typen übertroffen. Hier finden wir Seher und Erfinder wie Katharina die Große, Betsy Ross, Mary Shelley (Autorin von »Frankenstein«), Alexander Graham Bell (der die Luftschwingungen für die Kommunikation nutzte) und Timothy Leary mit seinen futuristischen Ideen. Unter ihnen befinden sich auch viele herausragende Frauen, die mit ihren Erfindungen ihrer Zeit weit voraus waren, wie zum Beispiel Mary Wollstonecraft, Mary Baker Eddy und Eleonora Duse (die den »natürlichen« Stil in die Schauspielkunst einführte). Des weiteren finden wir noch viele Astrologen und Tarotexperten. Zusammen mit den einfachen 8-Typen geben sie dieser Konstellation große Bedeutung (vergleiche einfache 8-Typen).

Michael Nostradamus (Astrologe und Prophet) 14. 12. 1503
Rembrandt van Rijn (holländischer Künstler) 15. 7. 1606
Katharina die Große (russische Zarin) 2. 5. 1729
Mary Wollstonecraft (englische Frauenrechtlerin) 27. 4. 1759
William Wordsworth (englischer Dichter) 7. 4. 1770
Mary Shelley (englische Autorin) 30. 8. 1797
Andrew Carnegie (Industrieller, Philantrop) 25. 11. 1835
Friedrich Carl Benz (Erfinder des Autos) 25. 11. 1844
Alexander Graham Bell (Erfinder) 3. 3. 1847
Paul Gauguin (französischer Künstler) 8. 6. 1848
Oscar Wilde (Englischer Schriftsteller) 16. 10. 1854
Eleonora Duse (italienische Schauspielerin) 3. 10 .1858
Pablo Picasso (spanischer Künstler) 25. 10. 1881
Fernandel (Schauspieler) 8. 5. 1903
George Orwell (englischer Schriftsteller, »1984«) 25. 6. 1903
Isaac Bashevis Singer (Schriftsteller) 14. 7. 1904
Anne Morrow Lindbergh (Schriftstellerin) 22. 6. 1906
Laurence Olivier (englischer Schauspieler) 22. 5. 1907
Willy Brandt (deutscher Politiker) 18. 12. 1913
Timothy Leary (Neuropsychologe, Futurist) 22. 10. 1920
Paul Newman (Schauspieler) 26. 1. 1925
Stanley Kubrick (Filmproduzent, Regisseur) 26. 7. 1928
Grace Kelly (Schauspielerin, Fürstin von Monaco) 12. 11. 1929
Neil Armstrong (Astronaut) 5. 8. 1930
Elizabeth Taylor (Schauspielerin) 27. 2. 1932
Peter Balin (Schöpfer des Xultun Tarot) 5. 6. 1932
Peter O'Toole (englischer Schauspieler) 2. 8. 1933
Bob Dylan (Musiker) 24. 5. 1941
Aretha Franklin (Sängerin) 25. 3. 1943
Barbara Streisand (Sängerin, Schauspielerin) 24. 4. 1942
George Harrison (Ex-Beatle) 25. 2. 1943
Joni Mitchell (Sängerin) 7. 11. 1943
Diane Keaton (Schauspielerin) 5. 1. 1946
Stephen Arroyo (Astrologe) 5. 10. 1946

Die Achter der Kleinen Arkana

Die *Achter* der Kleinen Arkana sind die Geschenke und Herausforderungen, denen wir auf unserem Weg zur Selbstachtung, bei der Freisetzung unserer Potentiale und der Annahme unseres Schicksals begegnen. Die 8 gilt als Zahl des Ausgleichs und der Erneuerung der Energien. Somit stehen die 8er Karten für die Prüfungen, die wir bestehen müssen, wenn unsere Hoffnungen wahr werden sollen. Der Ausgleich der Energien, den die Karte »Kraft« verlangt, muß in unserem Selbst integriert sein.

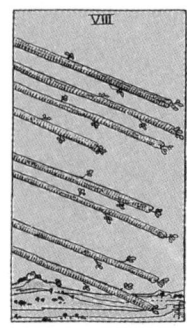

Die *Acht der Stäbe* bedeutet für Sie, daß Sie Ihre Energie kreativ einsetzen können, sobald Sie ein Ziel gefunden haben. Dabei bewegen Sie sich dynamisch darauf zu, voller Sicherheit, es zu erreichen. Ihr Enthusiasmus mag die Leute »umhauen«, aber er reißt sie mit. Rede- und Ausdrucksfreiheit sind für Sie lebenswichtig. Wenn sie erst einmal freigesetzt ist, strömt Ihre Vorstellungskraft unkontrolliert. Vielleicht brauchen Sie einen solchen Energieaustausch, um in Bewegung zu kommen, aber er kann auch zum reinsten Wirrwarr führen. Von Zeit zu Zeit wird es daher nötig, ihre Impulsivität durch Meditation oder eine andere Art der Selbstkontrolle zu besänftigen.

Es gibt keine größere Freude für Sie, als zu reisen und frei zu sein. Liebe kommt und geht. Höchstwahrscheinlich telefonieren Sie lieber als Briefe zu schreiben, weil Sie dabei gleich ins Gespräch kommen. Sie können sich völlig neuen Ideen hingeben. Seien Sie aber vorsichtig dabei, nicht den klaren Blick zu verlieren. Die Herausforderung dieser Karte liegt darin, nicht das Selbstvertrauen zu verlieren, wenn es um plötzliche Verlockungen und neue Ideen geht, sondern sie in großen Schritten zu nehmen.

Die *Acht der Kelche* steht für Ihre Fähigkeit, in sich selbst zu versinken und so Ihre Kräfte zu regenerieren. Ihre Leidenschaftlichkeit und Lebenslust führt dazu, daß Sie sich kopfüber in Sex, Drogen, Alkohol oder Arbeit stürzen, bis Sie völlig ausgebrannt sind. Dann müssen Sie den Mut finden, sich zurückzuziehen, um Ihre Wunden zu lecken, auch dann, wenn liebe Menschen Sie umgeben und für Sie da sind. Es kann sein, daß äußere Erfüllung, Anerkennung, ja sogar entgegengebrachte Liebe Sie unbefriedigt läßt. Es mag Ihnen mehr als genug davon zukommen, aber es gibt Zeiten, in denen trotzdem etwas fehlt, ohne daß wir wissen, was. Wir haben dann das Gefühl, daß es noch mehr geben muß.

Auf geistiger Ebene suchen Sie nach Bedeutung, auf weltlicher nach einem Ziel, das Ihrer völligen Hingabe wert ist. Die Tarotkarte zeigt den Mond voll *und* abnehmend. Es scheint, daß Sie mit dem vollen Mond etwas verwirklicht haben, doch jetzt, da er abnimmt, müssen Sie weiterziehen.

Ihr Mut und Ihre Hoffnung in die Zukunft sind Stärken, auf die auch andere sich verlassen können. Aber einige Menschen nehmen dabei zuviel, ohne Ihnen neue Energie zurückzugeben, und lassen Sie statt dessen mit dem Gefühl zurück, manipuliert und ausgenutzt worden zu sein. Vermeiden Sie solche seelischen Drainagen; nehmen Sie sich Zeit für Ihre eigenen Bedürfnisse.

Die *Acht der Schwerter* steht für die große Herausforderung, Ihre Potentiale zu entwickeln. Sie haben Angst vor Erfolg und Macht, vielleicht deshalb, weil Sie die Bestie, die in Ihnen schlummert, nicht akzeptieren können. Wie auf der Karte, verbinden Sie sich förmlich die Augen, um Ihre eigenen Fähigkeiten nicht sehen zu müssen; und Sie schaffen es sogar, sich so zu fesseln, daß Ihre Leidenschaften nicht freigesetzt werden. Sie halten sich selbst von Aktivitäten zurück, um alles zu vermeiden und reden sich dann noch ein, daß es keine Alternativen gibt.

Diese Karte zeigt eine Vorstellung vom Schicksal, das einer Vorbestimmung gleicht, die Ihnen keine Wahlmöglichkeit läßt. Die Schwerter stehen für das Gefühl, eingeschlossen zu sein, und für all die Gründe, warum nichts mehr klappen will. Sie befürchten, von Emotionen überspült zu werden, falls Sie sich bewegen. In der Hoffnung, ein Ritter in strahlender Rüstung möge Ihnen zur Hilfe eilen, harren Sie aus. Vielleicht fühlen Sie sich aber auch, daß Sie nur deshalb momentan festsitzen und blockiert sind, weil Sie jemand anderem Ihre Kraft geliehen haben. Die Herausforderung dieser Karte bestehen heißt dann, zu erkennen, daß Sie selbst für Ihren Zustand verantwortlich sind. Sie weist damit auf die negative Seite Ihrer Vorstellungskraft. Dennoch können Sie eben diese Kraft dazu benutzen, sich aus Ihrer Situation zu befreien. Lernen Sie jetzt, zu erkennen, wo Sie in Ihrem

Leben wirklich Macht haben. Fangen Sie jetzt damit an, denn jedes Gefühl der Kraft wird helfen, Ihr Selbstbewußtsein zu restaurieren.

Die Karte steht aber auch für ein ungeheures Potential, sich auf innovative Ideen zu konzentrieren, die ungeheure Energien freisetzen. Sie bringen sich leicht in eine scheinbar aussichtslose Situation, um mit aller Kraft eine wirklich kreative Lösung zu erzwingen. Um sich daraus zu befreien, benutzen Sie dann statt brutaler Gewalt Ihre Intuition und Genialität.

 Die *Acht der Münzen* steht für Entwicklung und Verbesserung Ihrer Talente oder Ihrer handwerklichen Fähigkeiten. In der Sieben der Münzen zweifelten Sie an Ihrer Arbeit, jetzt sind Sie sich Ihres Zieles sicher. Wenn Sie es so klar für sich abgesteckt haben, müssen Sie am Ball bleiben, auch wenn die Arbeit lästig scheint. Manche Situationen verlangen unseren ganzen Einsatz, wenn es weitergehen soll. Dabei hilft das Hoffen auf bessere Zeiten. Rituelle, sich wiederholende Arbeiten geben Ihnen ein Gefühl der Sicherheit. Sie wollen, daß Ihre Leistung anerkannt wird und sind auch bereit, dafür eine Lehrzeit durchzumachen und dabei Ihre Kräfte zu entwickeln.

Sie gehen an die Dinge heran mit dem Glauben, daß sie Ihre Zeit und Ihren Einsatz wert sind. Sie freuen sich auf die Zukunft. Sie planen und bereiten Ihre Aktivitäten sorgfältig vor. Darin liegt eine Form, für sich selbst und für seine Bedürfnisse etwas Gutes zu tun.

Eine der größten Fertigkeiten eines Handwerkers ist es, sowohl sein Handwerkszeug als auch seinen Werkstoff so gut zu kennen, daß er in innerem Einklang mit beidem steht, wodurch dann alle drei ihr bestes geben.

Die Konstellation des Eremiten: 18-9
Innenschau und persönliche Integrität
Aus dem Delphischen Tarot

Kapitel 12

Die Konstellation des Eremiten: 18-9

Der Mond (18)   Der Eremit (9)
9 der Stäbe   9 der Kelche   9 der Schwerter   9 der Münzen

Das Prinzip der Innenschau und der persönlichen Integrität

Der Eremit	**Der Mond**
Jungfrau	*Fische*
Schicksalserfüllung durch	Schicksalserfüllung durch
Dienen	Evolution
Nach Innen schauen	Nach Innen reisen
Der Sucher	Die Quelle

Schlüsselworte: Vervollkommnung. Perfektion. Integrität. Authentizität. Illusion (Täuschungen, im Unterschied zu Realität). Karma. Höhepunkt. Reise in das Unbekannte. Klugheit. Verstand im Unterschied zu Instinkt.

Wenn Sie ein einfacher 9-Typ sind, lesen Sie:

Der Eremit (9) als Persönlichkeits- oder Wesenskarte
Der Mond (18) als verborgene Seite
Berühmte einfache 9-Typen
Die Neuen der Kleinen Arkana

Wenn Sie ein 18-9-Typ sind, lesen Sie:

Der Eremit (9) als Persönlichkeits- oder Wesenskarte
Der Mond (18) als Persönlichkeitskarte
Berühmte 18-9-Typen
Die Neuen der Kleinen Arkana

Der Eremit (9) als Persönlichkeits- oder Wesenskarte

(Dies gilt für Sie, wenn Sie ein einfacher 9-Typ oder ein 18-9-Typ sind.)

Karmaerfüllung durch Dienen. Nach innen schauen. Der Sucher.

Der Eremit steht für Innenschau, Einsamkeit, persönliche Integrität und Klugheit. Diese Karte ist dem Sternbild Jungfrau und der Ernte zugeordnet. (Einige Kartenspiele zeigen das Weizensymbol direkt auf dieser Karte. In anderen hält der Eremit eine Ähre.) Bei der Ernte wird der größte Teil des reifen Getreides geopfert, um zu Brot zu werden, das ernährt. Im Frühjahr, nach einer Ruhephase unter der Erde, sprießt aus den restlichen gesäten Getreidesamen neues Leben. So zeigt der Eremit als Wesenskarte, wie wir mit unserem Wissen, das reift und geerntet wird, anderen dienen können. Die Metapher zeigt aber auch, daß alles nach Phasen der Innenschau zu neuem Leben gelangt.

Sie brauchen Zeit für sich und müssen dabei allein sein. Für sich haben Sie erkannt, daß Sie Probleme allein durchstehen und Entscheidungen allein treffen müssen. Dennoch sind Sie bereit, anderen dabei zu helfen. Zu einem gewissen Grade fühlen Sie sich immer isoliert. Aber Sie besitzen eine innere Kraft, die Sie aus Ihren einsamen Begegnungen mit dem Unbekannten schöpfen.

»Den Weg zu weisen« ist charakteristisch für Sie, und vielleicht werden Sie am Ende ein Lehrer oder ein Leitbild für andere sein. Die anderen wissen, daß Sie diskret sind und kommen deshalb gerne mit ihren Problemen zu Ihnen. Sie wissen Geheimnisse für sich zu behalten und werden dies Vertrauen nicht mißbrauchen. Durch Ihre Einsicht lernen auch andere in sich selbst zu schauen. Dabei lehren Sie am besten, indem Sie das leben, was Sie glauben. Sie sind ein Perfektionist und erwarten auch von anderen, daß sie zu gleichen Höhen streben. Das macht es schwer, mit Ihnen zu leben und trägt zu Ihrer Isolation bei.

Sie haben Vorbilder und lernen aus deren Handlungen. Nicht, was diese sagen zählt, sondern nur, was Sie tun. Sie stehen zu dem, was Sie glauben und vertrauen dabei auf Weisheit, die der Erfahrung entspringt und die Probe der Zeit schon bestanden hat. Daraus kann

Ihnen ein Problem erwachsen. Sie weigern sich, Risiken zu tragen oder Neues anzunehmen. Vvor allem sind Sie übervorsichtig. Sie müssen immer genau wissen, wohin Ihr Weg Sie führt. Bei Veränderungen werden Sie spröde. Sie müssen die Dinge auf Ihre eigene Art erledigen.

Ihre Klugheit läßt Sie bei unbewiesenen Lösungen zaudern. Zu ikonoklastisches Verhalten ist Ihnen verdächtig. Sie mögen nicht auffallen. Wahrscheinlich folgen Sie sozialen Regeln und Verhaltensmustern nur, um nirgendwo anzuecken. Das ebnet Ihren Weg. Sie sind sogar eher unkonventionell, da Sie eigenständig denken. Doch sind Sie auch dies eher für sich und ziehen es vor, vorsichtig zu handeln.

Ihre gesellschaftliche Unvoreingenommenheit und Objektivität läßt Sie den humanitären Dienst suchen. Dabei setzen Sie Ihre hohen Ideale zum Wohle aller ein. Nur in einer solchen Aufgabe kann der Eremit seine volle Erfüllung finden. Sie können nicht nur für sich selbst arbeiten, sondern müssen sich zum Nutzen der Menschheit einsetzen.

Eremiten reisen gern, tun dies aber gewöhnlich allein. Doch hinter Ihrem Wunsch nach Einsamkeit und Klarheit verbirgt sich ein übersteigertes Bedürfnis nach Liebe, Anerkennung. Da Sie dies Bedürfnis nur selten ausdrücken, müssen Sie vorgeben, emotional selbstgenügsam zu sein und dabei diejenigen zurückweisen, die versuchen, sich Ihnen zu nähern. (Damit testen Sie, ob sie es wirklich ernst meinen).

Sie haben die Gabe, als Medium zu fungieren, und seherische Fähigkeiten. Das ist sehr wichtig bei Ihrer Suche nach innerem Verständnis. Doch nach außen mögen Sie lieber logisch und faktenorientiert erscheinen. Sie sind stolz auf Ihre analytischen Problemlösungen. Dabei handelt es sich um eine gut entwickelte, wenn eventuell auch unbewußte Täuschung, mit der Sie zu verdecken suchen, daß Sie instinktiv fast jede Situation richtig einschätzen können. Obwohl Ihnen Ihre Intuition unerklärbar ist, beginnen Sie doch mit der Zeit ihr zu vertrauen.

Als letzte einstellige Zahl, steht die 9 für Vervollständigung. Das bedeutet, daß Eremiten in der Regel versuchen, in Ihrem Leben etwas abzuschließen. Sie haben die Weisheit vieler Inkarnationen. Das kann sich an leicht erlernten Talenten und Fertigkeiten bemerkbar machen. Sie haben keine Probleme, bestimmte Konzepte zu durchschauen. Als Kind waren Sie wahrscheinlich immer Ihrem Alter voraus. Schon früh mußten Sie Verantwortung übernehmen und Entscheidungen treffen. Ungeduldig drangen Sie darauf Ihren eigenen Weg zu gehen. Sie sind in dieser Welt, um Ihr Wissen weiterzugeben. Dann können Sie sich, frei von alten Verpflichtungen, Ihrer eigenen Entwicklung widmen.

Aus diesem Grund haben viele Eremiten ein Sendungsbewußtsein und schlagen schon früh im Leben eine bestimmte Richtung ein. Auf dieses Ziel richten Sie ihre kreative Energie. Besonders ausgeprägt ist Ihr Sinn für Synthese. Sie planen gründlich und können sich die erwünschten Ergebnisse in aller Deutlichkeit vorstellen.

Bei vielen Freunden und Verwandten haben Sie das Gefühl, sie schon seit Ewigkeiten zu kennen. Nichtsdestoweniger können Sie leicht alte Beziehungen auflösen. Wundern Sie sich deshalb nicht, wenn Sie schnell sehr tiefe Bindungen aufbauen können, aber schon nach kurzer Zeit weiterziehen, ohne sich umzuschauen.

Eremiten haben Schwierigkeiten, andere um Hilfe zu bitten, da ihre spontane Regung das Nach-innen-Wenden ist. Doch indem Sie anderen erlauben, Ihnen zu helfen, lehren Sie. Gleichzeitig lockern sich dabei die Schranken, die Ihr übersteigertes Selbstwertgefühl Ihnen auferlegt hat.

Von Zeit zu Zeit werden Sie sich von den Äußerlichkeiten des Lebens abwenden. Sie brauchen dies, um das Wissen zu sammeln, das Sie Ihre Aufgabe vollenden läßt. Diese Aufgabe beinhaltet ein Nach-innen-Wenden. Projizieren Sie nicht länger auf andere. Akzeptieren Sie sich. Eine Neun kehrt immer wieder zu sich zurück, sowohl in der Mathematik als auch als Persönlichkeit.

Der Mond (18) als Karte der verborgenen Seite

(Dies trifft für Sie zu, wenn Sie ein einfacher 9-Typ sind.)

Der MOND

Mit dem *Mond* als Ihre verborgene Seite bewahren Sie Emotionen tief im Innern und können manche Teile von sich selbst nicht wahrnehmen. Vielleicht fürchten Sie, daß Ihre Gefühle und Ihre medialen Fähigkeiten Sie übermannen könnten. Es kann sein, daß Sie zu latentem Alkoholismus, zur Abhängigkeit von Drogen oder bewußtseinsverändernden Substanzen neigen. Diese Tendenz verstärkt sich in dem Maße, wie Sie Ihren blinden Fleck verleugnen. Maurice Maeterlinck, ein einfacher 9-Typ, hat dies zugegeben, als er sagte, daß die Schwächen des Menschen meist notwendig seien für den Sinn des Lebens.

Ihr Schatten zeigt sich, wenn Sie etwas in sich spüren, das viel größer ist, als Sie selbst. Sie sind sich nicht sicher, ob es wirklich zu Ihnen gehört. Sie fühlen einen unbefriedigten Drang, etwas zu tun. Irgendwo ruft Sie irgend etwas, aber Sie können es nicht sehen. Alle anderen scheinen dagegen zu wissen, wohin sie streben und was sie tun. Ihre Verwirrung hält womöglich so lange an, bis Sie ein Ziel oder eine Aufgabe finden, die richtig für Sie ist. Danach scheint es eine Reihe von Zufällen zu geben und Sie fühlen, wie Sie sich schnell in unvorhergesehenen Richtungen bewegen. Allmählich beginnen Sie dieser Entwicklung zu trauen.

Sie neigen dazu, andere zu verdächtigen und befürchten, daß man hinter Ihrem Rücken über Sie spricht oder Sie nicht mag. Das führt zu einem Verhalten, hinter dem man vermutet, daß Sie sich um nichts wirklich kümmern. Doch in Wirklichkeit sind Sie sehr sensibel und hungern danach, gemocht und akzeptiert zu werden. Sie wollen die, die Sie mögen, erfreuen. Dies Bestreben kann chamäleonhafte Züge annehmen. Wenn man Ihnen dann vielleicht später vorwirft, unehrlich gewesen zu sein, können Sie das nicht verstehen.

Wenn Sie den Mond zu Ihrem Lehrer machen, lernen Sie einer inneren Führung zu vertrauen. Sie erkennen, daß die Mauern zwischen Ihnen und anderen sehr dünn sind. Ihre früheren Verdächtigungen spiegelten die Ängste und Befürchtungen dieser anderen, die Sie feinfühlig wahrgenommen hatten, obwohl Sie nicht Ihnen galten. Auf diese Art entwickeln Sie Verständnis und Leidenschaft für die Menschen. Sie finden Wege, anderen ihr Leid zu erleichtern.

Sie können großes Interesse am Okkultismus haben und alte Traditionen wieder aufleben lassen. Intuitiv verstehen Sie Symbole und können mystische Erfahrungen machen, vor allem, wenn Sie religiös sind. Falls Sie Ihre medialen Gaben und Ihre Visionsfähigkeit entwickelt haben, können Sie anderen helfen, ihr Inneres zu erfahren. Dabei sind Sie der Spiegel ihrer Hoffnungen, Bedürfnisse und Visionen. Da Sie starke Einflußkräfte haben, können Sie Ihrer Umgebung dazu verhelfen, über die Seiten nachzusinnen, die sie nicht auszudrücken wagen. So fungieren Sie als Katalysator für diese Menschen. Wird diese Fähigkeit unbewußt aktiviert, kommt es zu unvorhergesehenen Ergebnissen. Bewußt geleitet, kann es zum allgemeinen Wohle eingesetzt werden, eben besonders dort, wo es gilt, unausgesprochenen Strömungen und Intentionen Ausdruck zu verleihen.

Berühmte einfache 9-Typen

Momentan stehen nur sehr wenig berühmte einfache 9-Typen auf meiner Liste. Während der nächsten Jahre und durch das 21. Jahrhundert hindurch werden es jedoch ständig mehr werden.

Maurice Maeterlinck (belgischer Autor, Dramaturg) 29. 8. 1862
Henri Toulouse-Lautrec (französischer Maler) 24. 11. 1864
Elsbeth Ebertin (Astrologin) 14. 5. 1880
Wilhelm Knappich (Astrologe) 9. 10. 1880
Imogene Cunningham (Fotografin) 12. 4. 1883
Marc Edmund Jones (Astrologe) 1. 10. 1888

Der Mond (18) als Persönlichkeitskarte

(Dies gilt für Sie, wenn Sie ein 18-9-Typ sind.)

**Schicksalserfüllung durch Evolution. Nach innen reisen.
Die Quelle**

Der MOND

Der Mond steht für Intuition und tiefgehendes Suchen im Unbewußten, wo die Schleier zwischen den Welten sehr durchlässig sind. Dieser Einfluß macht uns klar, daß die Realität nur ein Traum ist. Zeit und Raum sind wie unsere Körper nur Konzeptionen, die veränderbar sind. Es ist nicht so, daß 18-9-Typen Fähigkeiten besäßen, die der Rest der Menschheit nicht auch hätte, sie sind nur etwas neugieriger. Als ein Mond-Eremit fasziniert Sie das Unbekannte, Unsichtbare, das Fremde, ja sogar das Makabre.

Der Mond führt Sie zurück in frühere Leben, zu Magie und zu den Mysterien. Sie arbeiten mit verborgenen Kräften und lernen sich in den Räumen Ihres Unterbewußtseins zu bewegen. Stellen Sie sich vor, Sie gingen nachts bei Neumond auf einem Waldweg: entweder stolpern Sie langsam den Weg hinunter, oder aber Sie vertrauen Ihrer Intuition und laufen sicher dahin, ohne Ihren Weg »sehen« zu wollen. Das ist mit Belebung des inneren Wissens gemeint. Eremiten müssen lernen, darauf zu vertrauen. Als ein 18-9-Typ verläuft Ihr Leben in Phasen, gleich den Zyklen des Mondes. Es gibt Zeiten erhöhter medialer

Wahrnehmung, in denen Sie sich dort wiederfinden, wo Sie sein sollten. Andererseits gibt es Perioden, in denen Sie sich von Ihren Intuitionen betrogen fühlen. Sie müssen lernen, daß dieser Kreislauf seinen eigenen natürlichen Rhythmus hat. Die Verwirrungen, Illusionen und Täuschungen, die der Mond mit sich bringt, haben zum Teil ihren Ursprung darin, daß Sie etwas zu erreichen suchen, für das es nicht der richtige Zeitpunkt in diesem Kreislauf ist.

Ihre Aufgabe als 18-9-Typ ist es, sich zu einem höheren Wesen zu entwickeln. Sie tragen hier bestimmte schicksalhafte Verantwortungen. Das kann auch bedeuten, tatsächlich genetische Veränderungen herbeizuführen, um die Evolution des Menschen voranzutreiben. Biologische und phsychische Fähigkeiten, die Ihnen als Individuum innewohnen, ermöglichen dies. Diese Kräfte finden sich in allem Leben auf diesem Planeten. Mit Ihrer Vorstellung können Sie subjektive Erfahrungen objektivieren. Indem Sie Ihre Wünsche in Ihren Verstand spiegeln, sind Sie in der Lage, Energiepartikel umzustrukturieren und so objektive Veränderungen zu bewirken. Mit Gandhi glauben Sie, daß es »das höchste moralische Gesetz ist, daß wir unablässig am Ziel der Menschheit mitarbeiten«.

Der Mond bezieht sich eher auf intuitive als auf rationale Funktionen. Sein Wissen offenbart sich durch den Körper und nicht durch den Verstand. In alten Schriften war der Sitz des Gehirns weder im Bauch noch im Herzen. Wissen entsprang aus der Tiefe des Körpers. Es war eine innere Weisheit, der die Menschen vertrauten. Als sich die rationale Seite in den Vordergrund schob, wurde das intuitive Denken nicht weiter wertgeschätzt oder geübt. Das Orakel in Delphi verfiel in Schweigen. Immer weniger Menschen erlangten dieses Wissen und keiner vertraute mehr darauf. In den letzten Jahrtausenden sah man die Welt des Unbewußten nur als trügerische Falle. Doch kann nur aus der Verbindung des lunaren und des solaren Bewußtseins die Einheit des Geistes entspringen.

Der Mond steht für Ahnungen, deren Sprache die Zeichen und Symbole sind. Allerdings ist die Bedeutung nicht immer gleich offenbar. Sie brauchen dafür Einsicht und Geduld, wie es Ihnen der Eremit als Ihre Wesenskarte zeigt. Der Mond steht nicht für Täuschung; es ist der Glanz, mit dem wir uns so gern umgeben, der uns blendet. Wahrscheinlich erkennen Sie auch die ungesehenen und nicht nachprüfbaren Erfahrungen anderer als wahre Erfahrungen an, aus denen man lernen kann. Der 18-9-Typ hat in der Geschichte die Wirklichkeit sowohl unseres inneren wie auch des äußeren Lebens entschleiert.

Wie der Flußkrebs auf der Karte alles Verwesende verzehrt und daraus sein Haus baut, wissen Sie, wie nötig es ist, Ihre Vergangenheit aufzuarbeiten, um sich moralisch und psychisch zu regenerieren. Dies betrifft auch Ihre Ängste und alles, was Sie vor sich selbst verbergen. Wenn Sie Ihr Schicksal annehmen, müssen Sie aus dem Schutz Ihrer Vergangenheit heraustreten und instinktiv Zuflucht bei Ihren Gewohnheiten suchen. Sonst verfangen Sie sich in nostalgischen Ausschweifungen, in einer Passivität, die von unerfüllten Sehnsüchten herrührt. Brechen Sie Ihre Schale auf und werfen Sie die alten Denkweisen ab, die Sie nur einengten. Überwinden Sie Ihre wilden Sehnsüchte (Wolf) und Ihre Herkunft (der Hund). Wandern Sie zwischen den Türmen der erhabenen Gedanken und Technologien und folgen Sie dem Pfad auf den hohen Berg spiritueller Intuitionen.

Ihr Verstand weigert sich manchmal zu wachsen und neue Konzepte aufzunehmen. Wenn hinter dieser streng kontrollierten Haltung eine panische Reaktion aufkommt, die Sie glauben läßt, verrückt zu werden, ist das wahrscheinlich der Eintritt in neue Erkenntnisebenen. Doch kann der Weg dorthin sehr ungemütlich sein. Dies passiert oft den Alten in unserer Gesellschaft (die sich in einem Entwicklungsstadium zum/zur alten Weisen befinden). Sie durchlaufen schnell die Stadien der Veränderung und Entfaltung als Vorbereitung für ihren »Übergang«. Aber unsere Gesellschaft stempelt das leider nur als Senilität ab.

Berühmte 18-9-Typen

Meines Erachtens hat die Tagebuchschreiberin Anaïs Nin die inneren Prozesse eines 18-9-Typen am treffendsten charakterisiert: »Es gibt ein großes Mysterium des Wachstums, der Entfaltung und der Überwindung von Schwierigkeiten, in das uns das Leben in Form von Fallen führt, denn das Leben liebt das Drama und möchte sehen, wie wir diese meistern. Es ist ein Spiel, ein magisches Spiel. Aus jeder Schwierigkeit, die sich uns stellt, gibt es irgendwo einen Ausweg, manchmal nur im Traum«.

18-9-Typen sind in meiner Liste von über 700 berühmten Personen weit mehr vertreten, als irgendeine andere Konstellation (aus Gründen der Kürze habe ich viele Namen ausgelassen). Die Neigungen dieses Typs gehen in viele Richtungen. Eine große Anzahl beschäftigt sich mit »der anderen Wirklichkeit«. Viele von ihnen waren Pioniere und Wegweiser, die für uns andere Wege erkundeten, auf denen wir in diese

Gebiete gelangen können. Weiterhin steht eine erstaunlich große Anzahl von Schriftstellern auf dieser Liste, die man als »phantasievolle Realisten« bezeichnen kann: Nabokov, T. H. White, Uris, Vonnegut, Grass, O'Connor, Updike, Jong. Besonders hervorheben möchte ich Bessie Smith, Billie Holiday und Ella Fitzgerald, die das obige Nin-Zitat wohl am besten nachvollziehen können.

Nikolaus Kopernikus (Astronom) 19. 2. 1473
Molière (französischer Schriftsteller) 15. 1. 1622
Johann Sebastian Bach (Komponist) 31. 3. 1685
William Herschel (Entdecker des Planeten Uranus) 15. 11. 1738
Louis Daguerre (französischer Erfinder der Photographie)
18. 11. 1789
Johann Gottfried Galle (Entdecker des Planeten Neptun) 9. 6. 1812
Dante G. Rossetti (englischer Künstler, Dichter) 12. 5. 1828
Johannes Brahms (Komponist) 7. 5. 1833
Camille de Saint-Saëns (französischer Komponist und Dirigent)
9. 10. 1835
Auguste Rodin (französischer Bildhauer) 12. 11. 1840
Rudolf Steiner (österreichischer Metaphysiker) 27. 2. 1861
Richard Strauss (Komponist) 11. 6. 1864
Mohandas Gandhi (Mahatma) (indischer Politiker) 2. 10. 1869
Albert Schweitzer (Arzt) 14. 1. 1875
Carl Gustav Jung (Psychoanalytiker) 26. 7. 1875
Pius XII. (Papst) 2. 3. 1876
Otto Hahn (Atomphysiker) 8. 3. 1879
Johannes XXIII. (Papst) 25. 11. 1881
Virginia Woolf (englische Autorin) 25. 1. 1882
Kahil Gibran (syrischer Dichter, Künstler) 6. 1. 1883
Karl Jaspers (Philosoph) 23. 2. 1883
Roberto Assagioli (Gründer der Psychosynthese) 27. 2. 1888
Bessie Smith (amerikanische Sängerin) 15. 4. 1898
Henry Moore (englischer Bildhauer) 30. 7. 1898
Vladimir Nabokov (russisch-amerikanischer Schriftsteller) 23. 4. 1899
Erich Fromm (deutsch-amerikanischer Psychoanalytiker) 23. 3. 1900
Antoine de Saint-Exupéry (französischer Pilot und Schriftsteller)
29. 6. 1900
Bing Crosby (amerikanischer Schauspieler, Sänger) 2. 5. 1901
Anaïs Nin (amerikanische Schriftstellerin) 21. 2. 1903
Israel Regardie (amerikanischer Metaphysiker) 17. 11. 1907
Herbert von Karajan (Dirigent) 5. 4. 1908
Billie Holiday (amerikanische Sängerin) 25. 4. 1915

Ella Fitzgerald (amerikanische Sängerin) 25. 4. 1915
Helmut Schmidt (Bundeskanzler) 23. 12. 1918
Kurt Vonnegut (amerikanischer Schriftsteller) 11. 11. 1922
Jimmy Carter (Präsident der USA) 1. 10. 1924
Carlos Castaneda (amerikanischer Anthropologe, Schamane) 25. 12. 1925
Allen Ginsberg (amerikanischer Dichter, Verleger) 3. 6. 1926
Günter Grass (Schriftsteller) 16. 10. 1927
Ray Charles (amerikanischer Musiker) 23. 9. 1930
John Updike (amerikanischer Schriftsteller) 18. 3. 1932
Yoko Ono (japanisch-amerikanische Musikerin, Autorin) 18. 2. 1933
Shirley McLaine (amerikanische Schauspielerin, Autorin) 24. 4. 1934
Elvis Presley (amerikanischer Sänger, Schauspieler) 1. 8. 1935
Robert Redford (amerikanischer Schauspieler) 18. 8. 1936
Dustin Hoffman (amerikanischer Schauspieler) 26. 3. 1942
Jimi Hendrix (amerikanischer Acid-Rock-Musiker) 27. 11. 1942
Angela Davis (amerikanische revolutionäre Autorin) 26. 1. 1944
Mary Katherine Greer (Tarot-Autorin, Lehrerin) 14. 10. 1947

Die Neuner der Kleinen Arkana

Die *Neuner* der Kleinen Arkana sind die Geschenke und Herausforderungen auf dem Weg zur Selbstbeobachtung, zu persönlicher Ganzheit und zur Erfüllung unserer Aufgaben. Gewöhnlich wird die Zahl 9 astrologisch mit Mond oder Neptun in Zusammenhang gebracht. Träume und Täuschungen spielen somit eine große Rolle in diesen Karten.

Die *Neun der Stäbe* schenkt uns die Kraft, die darin liegt, ein Ziel vor Augen zu haben. Mit ihr können wir unseren größten Ängsten begegnen. Unerschütterlich treten Sie Ihrer Zukunft entgegen. Menschen in Not finden Schutz und Unterstützung bei Ihnen. Indem Sie sich Ihren Ängsten stellen, finden Sie geistige Kraft. Mit der Neun der Stäbe müssen Sie eine geistige und kreative Aufgabe vollenden.

Die Neun der Stäbe beinhaltet aber auch eine Warnung. Die Mauern, die Sie zu Ihrem Schutz gebaut haben, können auch Ihr eigenes Gefängnis werden. Das erinnert an die Verbindung zwischen Mond und den Fischen. Das Sternzeichen zeigt zwei Fische, die in zwei Richtungen schwimmen. Statt Vollendung, kann diese Karte dann das Kleben an alten Gewohnheiten bedeuten und für Inflexibilität stehen. Die Acht der Stäbe brachte viele Risiken für Sie. Daher zögern Sie weiterzugehen, obwohl die Neun der Stäbe eine Karte relativer Sicherheit ist. Sie sitzen fest, wenn Sie die Bestien hinter Ihrem Stabzaun fürchten. Doch genau dies Gefühl, eingezäunt zu sein, kann Sie zwingen, zur nächsten Ebene, zu den Zehnern zu gehen. In der Zehn der Stäbe haben Sie den Zaun eingerissen. Dort tragen Sie Ihre gesammelten Erfahrungen in sich, ohne Angst voranzugehen.

Die *Neun der Kelche* schenkt Ihnen die Möglichkeit, sich dank Ihrer kreativen Vorstellungsgabe Ihre eigene Realität zu schaffen. Sie haben den Inhalt der neun Kelche in Ihr Unterbewußtsein aufgenommen. Erfolgreich bestanden Sie auf Ihrem Heimweg alle Gefahren. Nun wissen Sie den Weg in das Land des Mondes (das Unbewußte) und zurück mit Leichtigkeit zu nehmen. Diese Karte bedeutet, daß Sie mit Ihren Träumen und Intuitionen umzugehen verstehen. Sie können sich Ihre Wünsche (der rote Hut) so klar vor Augen führen, daß sie wahr werden. Mit Ihrem Wissen und Kräften können Sie andere auf dem Weg leiten, den Sie gekommen sind.

Problematisch wird es, wenn Sie zu glauben beginnen, daß dies alles ist. Dann verfallen Sie in Selbstzufriedenheit. Obwohl Sie hier Ihre Aufgabe beendet haben, weigern Sie sich weiterzugehen. Sie verfangen sich in Sinnlichkeit und Unersättlichkeit, verwickeln sich in Ihren eigenen Fantasien und Illusionen. Das ist die Vorstellung von Maya (das Hindi-Wort für »Illusion«), die dem Mond zugeschrieben wird.

Die *Neun der Schwerter* gibt Ihnen Gelegenheit in Stunden des Grams den Dämonen zu begegnen oder in aller Ruhe die dunklen Tiefen Ihrer Alpträume zu überqueren. Die Neun der Schwerter ist eine Karte, die uns lehrt und uns die Möglichkeiten zeigt, den selbstzerstörerischen Seiten unseres Idealismus und Perfektionismus zu begegnen. Ihre Fehler scheinen Ihnen endlos, dabei handelt es sich aber nur um die Projektionen Ihrer eigenen Ängste. Ihre Träume und Erinnerungen sagen Ihnen, was Sie alles hätten tun sollen oder zeigen Ihnen, was Sie alles schon einmal besaßen und wieder verloren haben. Sie neigen dazu sich den Weltschmerz auf Ihre eigenen Schultern zu laden.

Dennoch haben Ängste und Schmerz eine selbstreinigende Wirkung. Die Neun der Schwerter müssen Sie daher durchlebt haben, bevor Sie irgend etwas vollenden wollen. Um Ihren Schmerz zu transformieren, müssen Sie ihn zunächst noch einmal durchleben, damit Sie seine Quelle ausfindig machen und so erkennen, was zu ändern ist. Wenn Streß und Depressionen über Sie einherfallen, bedenken Sie, daß dies oft Phasen eines größeren Kreislaufs sind, die oftmals die letzte Verzweiflung unseres Verstandes spiegeln, bevor neue Möglichkeiten aus unserem Unbewußten hervorbrechen.

Die HOHEPRIESTERIN

Die *Neun der Münzen* zeigt uns die Gelegenheit, das »Werk« der Selbstentfaltung durch Vertrauen in unsere Selbstdisziplin und Geduld abzuschließen. Sie leben mit der Natur in Harmonie. Wie die Trauben sich ihre Zeit zum Reifen nehmen, wissen Sie, daß alles Früchte tragen wird. Die Frau trägt auf ihrer Hand einen Falken, der sie an ihre Instinkte und Intuitionen erinnert. Doch weiß sie ihm die Kappe aufzusetzen, wenn sie seine Dienste nicht braucht. Wie in allen Neunerkarten sind Sie hier allein. Um Ihrer Selbstfindung willen, mußten Sie sich selbst zuwenden.

Die Neun der Münzen wird auch »Gewinn« genannt. Sie sagt damit, daß Sie durch Ihre Arbeit und Fertigkeiten alles gewinnen können. Das schließt den Luxus der Freiheit und Alleinsein ein. Ein anderer Aspekt dieser Karte ist die Einsamkeit, die entsteht, wenn Sie sich von Emotionen und persönlichen Kontakten abtrennen. Im Kampf um den Gipfel verlieren Sie vielleicht Ihre Ursprünglichkeit und Freiheit. Fühlen Sie sich in Ihrem Weingarten eingesperrt? Verstecken Sie Ihre Sehnsüchte, so wie der Falke in seiner Haube steckt? Und halten Sie Ihre Mitmenschen auf Distanz, wie es die Handschuhe andeuten?

Kapitel 13

Ihre Jahreskarten

Aus den Großen Arkana gibt es für jedes Jahr Ihres Lebens eine sogenannte Jahreskarte. Sie steht für die Proben und Lehren, die in dem jeweiligen Jahr auf Sie zukommen. Einige Karten der Großen Arkana werden immer wieder zu Ihrer Jahreskarte, während Sie einige andere nie bekommen. Alles, was Sie im Laufe eines Jahres erleben, bietet Ihnen die Möglichkeit, mehr über sich selbst zu lernen und mehr über Ihre Bedürfnisse zu erfahren. Die Jahreskarte sagt Ihnen, worum es sich bei diesen Lektionen handeln wird. Sie zeigt Ihnen die archetypischen Energien des jeweiligen Jahres. So kann sie Ihnen raten, welche Ihrer Qualitäten Sie einsetzen sollten. Wenn Sie Ihre Jahreskarte kennen, können Sie die Situationen und Lernmöglichkeiten während des Jahres besser einschätzen.

Bestimmung Ihrer Jahreskarte

Addieren Sie, wie im folgenden Beispiel, Ihren Geburtstag und -monat zu dem laufenden Jahr. Bilden Sie dann die Quersummen, bis sich eine Zahl unter 22 ergibt.

Geburtstag	20	
Geburtsmonat	12	
laufendes Jahr	1987	
	2019 = 12	Der Gehängte

Sobald Sie bei der Ermittlung Ihrer Jahreskarte eine Zahl unter 23 erreicht haben, bilden Sie keine weiteren Quersummen mehr!

Bestimmen Sie nun Ihre eigene Jahreskarte

Ihr Geburtstag: _____

Ihr Geburtsmonat: _____

Das *laufende!* Jahr: _____

Summe: _____ = _____ (Jahreszahl)

Für das laufende Jahr _____ ist meine Jahreszahl _____ und damit meine Karte in der Großen Arkana: _____

Der Beginn Ihres Tarotjahres

Die erste Frage lautet: »Ab wann gilt meine Jahreskarte, ab dem 1. Januar oder ab meinem Geburtstag?« Die Antwort lautet: »Beides!« Es gibt zwei Zyklen, die sich, je nachdem, wo im Jahr Ihr Geburtstag liegt, mehr oder weniger überschneiden.

In bezug auf das *»was kommt auf mich zu«*, beginnt Ihr Jahr am 1. Januar. Da beginnen die Lektionen, die dieses Jahr für Sie bringt. Alles, was Ihnen im Laufe dieses Jahres widerfährt, zählt dazu. Somit ist dieser Zyklus *an der Außenwelt und ihren Ereignissen orientiert*. An Ihrem Geburtstag haben Sie diese Lehre schon so weit erkannt, daß Sie anfangen, mit der *Energie zu arbeiten*, die Sie daraus ziehen. Auf diese Art und Weise haben Sie einen *Zyklus innerer Erkenntnis*, der sich jeweils von Geburtstag zu Geburtstag erstreckt.

Diejenigen, deren Geburtstag in die erste Hälfte des Jahres fällt, können den Januar-Januar-Zyklus auf die meisten Zwecke anwenden. Meist ist es einfacher, äußere Begebenheiten zu erkennen und zu analysieren (Januar-Januar-Zyklus), als sich über innere Motivationen und Ausdrucksweisen klarzuwerden (Geburtstags-Zyklus). Bei Geburtsdaten, die in den November oder Dezember fallen, kann es sein, daß Ihre Assoziationen eher mit der Karte des kommenden Jahres übereinstimmen. Zum Beispiel scheinen Ihnen zu Beginn eines Eremiten-Jahres alle Freunde unerreichbar. Auf Parties scheinen Sie keinen Anschluß zu finden, etc. Somit sind Sie gezwungen, mehr Zeit mit sich zu verbringen. Bis zu Ihrem Geburtstag haben Sie erkannt, wieviel Sie so erreichen können und genießen die Zeit, Dinge zu Ende zu bringen und zu reflektieren. Wenn dann im folgenden Januar das Jahr des Schicksalsrades beginnt (Erlebnis-Zyklus), scheinen Sie in einen Wirbel geselliger Einladungen und unvorhergesehenen Möglichkeiten zu gelangen. Darauf reagieren Sie dann mit der Klugheit und Umsicht, die Sie im Eremiten-Jahr erlernt haben und wünschen sich diese Momente des Friedens und der Einsamkeit wieder herbei.

Die Jahreskartentabelle

Es lohnt sich, die Jahreskarten für Ihr ganzes Leben zu bestimmen: 90 oder 100 Jahre. Die *Jahreskartentabelle* der nächsten Seite wurde von dem Tarotexperten Twainhart Hill erstellt. Mit ihr können Sie schnell die Jahreskarte für ein bestimmtes Jahr bestimmen. Die Tabelle ermöglicht es Ihnen auch sehr einfach, die Geburts- oder Jahreskarten von Freunden zu finden. Dazu läßt sie sich auch gut fotokopieren.

Für die Tabelle müssen Sie den Tag, Monat und das Jahr Ihrer Geburt addieren. Die Summe, die sich daraus ergibt, ist _____. Ich nenne diese Zahl *Basiszahl*. Suchen Sie diese Zahl in der Tabelle: Die Nummer Ihrer Persönlichkeitskarte finden Sie daneben. Schreiben Sie in diese Rubrik »0 Jahre alt« oder »geboren«, denn Sie werden ja erst im nächsten Jahr »1 Jahr« alt. Nehmen Sie die vierstellige Jahreszahl aus der Berechnung Ihrer Jahreskarte und suchen Sie sie in der Tabelle. Schreiben Sie nun in die leere Spalte daneben, wie alt Sie in diesem Jahr *werden*. Von diesem Jahr aus können Sie leicht vorwärts oder rückwärts zählen.

Suchen Sie Ihre letzten fünf Jahreskarten heraus und legen Sie sie vor sich auf den Tisch oder Fußboden. Fragen Sie sich, ob die Karten Lehren beinhalten, die in den jeweiligen Jahren bedeutsam waren. Obwohl es so einfach klingt, kann dieses System Ihnen doch viel sagen. Ich war immer wieder überrascht, wieviel ich über mich gelernt habe, durch bloßes Betrachten dieser Karten. Jedes Jahr setze ich mich mit meiner Jahreskarte auseinander und frage: »Was kann ich dieses Jahr von dir lernen?« Es dauert eine Weile, bis man den richtigen Blickwinkel hat, um die Lektionen zu erkennen. Deshalb kann es hilfreich sein, sich die Karten der vergangenen Jahre anzuschauen. Die Trends der Vergangenheit zu erkennen, hilft ihnen auch bei der Einschätzung Ihrer Zukunft.

Erstellen Sie eine Liste Ihrer Jahreskarten. Schreiben Sie dann zu jedem Jahr in einem Satz, was in dem Jahr für Sie bedeutsam war. (Wundern Sie sich nicht, wenn Ihnen zu einigen Jahren nichts einfällt – das ist normal. Wahrscheinlich werden Sie sich jedes Mal, wenn Sie diese Liste anschauen, an etwas anderes erinnern, das Sie dann zu Ihren alten Notizen hinzufügen können.)

Statt Voraussagen für die Zukunft zu treffen, sollten Sie bestimmen, wo Sie jetzt in dem Zyklus stehen. So treffen zum Beispiel viele Menschen im Jahr der Liebenden (6) wichtige Entscheidungen. Im folgenden Jahr – für gewöhnlich das Jahr des Wagen (7) – konzentrieren sie sich darauf, in der Ausführung ihrer Entscheidung voranzukommen. Im dann folgenden Jahr der Kraft (8) bewerten sie die Entscheidung neu und überprüfen, ob sie noch mit dem Herzen bei der Sache sind. Falls das nicht der Fall ist, kann ihnen das Durchhaltevermögen fehlen, bis das Rad des Schicksals (10), zwei Jahre später, wieder Veränderungen bringt.

Die Jahreskartentabelle

linke Spalten = Basiszahlen; rechte Spalten = Jahreszahlen

1880	17	1916	17	1952	17	1988	8	2024	8	2060	8
1881	18	1917	18	1953	18	1989	9	2025	9	2061	9
1882	19	1918	19	1954	19	1990	19	2026	10	2062	10
1883	20	1919	20	1955	20	1991	20	2027	11	2063	11
1884	21	1920	12	1956	21	1992	21	2028	12	2064	12
1885	22	1921	13	1957	22	1993	22	2029	13	2065	13
1886	5	1922	14	1958	5	1994	5	2030	5	2066	14
1887	6	1923	15	1959	6	1995	6	2031	6	2067	15
1888	7	1924	16	1960	16	1996	7	2032	7	2068	16
1889	8	1925	17	1961	17	1997	8	2033	8	2069	17
1890	18	1926	18	1962	18	1998	9	2034	9	2070	9
1891	19	1927	19	1963	19	1999	10	2035	10	2071	10
1892	20	1928	20	1964	20	2000	2	2036	11	2072	11
1893	21	1929	21	1965	21	2001	3	2037	12	2073	12
1894	22	1930	13	1966	22	2002	4	2038	13	2074	13
1895	5	1931	14	1967	5	2003	5	2039	14	2075	14
1896	6	1932	15	1968	6	2004	6	2040	6	2076	15
1897	7	1933	16	1969	7	2005	7	2041	7	2077	16
1898	8	1934	17	1970	17	2006	8	2042	8	2078	17
1899	9	1935	18	1971	18	2007	9	2043	9	2079	18
1900	10	1936	19	1972	19	2008	10	2044	10	2080	10
1901	11	1937	20	1973	20	2009	11	2045	11	2081	11
1902	12	1938	21	1974	21	2010	3	2046	12	2082	12
1903	13	1939	22	1975	22	2011	4	2047	13	2083	13
1904	14	1940	14	1976	5	2012	5	2048	14	2084	14
1905	15	1941	15	1977	6	2013	6	2049	15	2085	15
1906	16	1942	16	1978	7	2014	7	2050	7	2086	16
1907	17	1943	17	1979	8	2015	8	2051	8	2087	17
1908	18	1944	18	1980	18	2016	9	2052	9	2088	18
1909	19	1945	19	1981	19	2017	10	2053	10	2089	19
1910	11	1946	20	1982	20	2018	11	2054	11	2090	11
1911	12	1947	21	1983	21	2019	12	2055	12	2091	12
1912	13	1948	22	1984	22	2020	4	2056	13	2092	13
1913	14	1949	5	1985	5	2021	5	2057	14	2093	14
1914	15	1950	15	1986	6	2022	6	2058	15	2094	15
1915	16	1951	16	1987	7	2023	7	2059	16	2095	16

(Entworfen von Twainhart Hill, basierend auf den Arbeiten von Angeles Arrien.)

Im folgenden Kapitel werde ich Anregungen für mögliche Bedeutungen der Jahreskarten geben. Wenn Sie mehr dazu wissen, wollen, können Sie die in Kapitel 3 beschriebene Dialog-Technik benutzen. Fragen Sie die Karte direkt, welche Bedeutung sie für Sie hat und wie Sie aus ihr den größten Nutzen ziehen können.

Anwendung der Jahreskartentabelle

Bei Betrachtung der Jahreskartentabelle werden Ihnen einige interessante Dinge auffallen:

Die zwei rechten Spalten zeigen deutlich 10-Jahres-Zyklen. Doch auch die anderen Spalten weisen diese Zyklen auf, denn Sie müssen bedenken, daß die niedrigen Zahlen wie 5, 6 und 7 die Quersummen aus 23, 24 und 25 sind und eigentlich auf 22 folgen. Diese 10-Jahres-Zyklen sind durch doppelte Unterstreichungen hervogehoben. Sie treten also alle 10 Jahre in einen neuen Zahlenzyklus, der meistens mit der nächstgrößeren Zahl beginnt als der vorherige. Wenn Sie jung sind oder die Summe Ihres Geburtstags und -monats eine hohe Zahl ergibt (z. B. 29 + 12 = 41), werden Sie keine Karte aus den höheren Großen Arkana als Jahreskarte bekommen. Allerdings treten diese häufig bei den berühmten Persönlichkeiten aus meinen Listen auf. Jedes historische »Zeitalter« weist ein charakteristisches Jahreskartenmuster auf. Es zeigt uns, in welchem Stadium der »Christlichen Ära«, die vom Gregorianischen Kalender festgelegt ist, wir uns gerade befinden. Die Jahreskarten wie auch unsere Persönlichkeits- und Wesenskarten erlauben uns einen Blick auf unser Selbst. Bedenken Sie aber, daß dieser Spiegel von der westlichen Gesellschaft, in der wir leben, gefärbt und getrübt ist. Vielleicht bräuchten wir einen spirituellen Mondkalender, wie ihn die alten Maya hatten, um ein klareres Bild unserer wahren Potentiale zu bekommen?

Jedes mögliche Geburtsjahr wird von den 42 vierstelligen Basiszahlen erfaßt. Durch Quersummenbildung reduziert sich diese Zahl aber zu immer weniger Karten, die Ihre Jahreskarte sein können. Zum Beispiel ergeben sich für Menschen, die im Jahre 1992 geboren werden, nur Persönlichkeitskarten zwischen 2 und 13. Das bedeutet nur 11 von den 22 denkbaren Konstellationen sind möglich. 1959 Geborene haben nur 15 Karten, aus denen eine ihre Persönlichkeitskarte ist. Für 1892 sind 18 Karten möglich, nämlich die von 5 bis 22. Jedoch können sie keine einfachen 2-, 3- oder 4-Typen sein; diese Konstellation ergab sich erst wieder ab dem 1. Januar 1957. Nach 1991 werden keine 19-10-1-

Typen oder 22-4-Typen mehr auftreten, und zwar bis zum Ende des 21. Jahrhunderts. Dafür traten diese Konstellationen während der letzten 500 Jahre gehäuft auf. Aus solch einer Häufung ergibt sich unser Generationsfaktor.

In einem 80jährigen Leben werden die meisten Menschen fast alle Karten der Großen Arkana als Jahreskarten erleben. Schauen Sie einmal in die Tabelle, welche Karten (und somit Lehren) nie bei Ihnen auftreten. Der Grund mag dann darin liegen, daß Sie diese Qualitäten schon gut ausgebildet haben. Welche Karten treten dagegen am häufigsten auf? Die Aspekte dieser Karten stellen Ihre größten Herausforderungen dar. Wahrscheinlich tun Sie sich mit ihren Lektionen am schwersten. Doch damit stehen Sie nicht allein: Ihre ganze Generation steht vor derselben Problematik.

Ihr karmisches Jahr

Die Summe aus Ihrem Geburtstag, -monat und -jahr ergibt eine vierstellige Zahl (Basiszahl), die selbst wie eine Jahreszahl aussieht. Sie ist sehr wichtig für Sie, denn sie steht für das Jahr, das für die Entwicklung Ihrer Potentiale besondere Herausforderungen an Sie stellt. Ich nenne es das karmische Jahr. Unverarbeitete »Seelen«-Themen kommen in diesem Jahr wieder hoch. So haben Sie die Möglichkeit, erneut an ihnen zu arbeiten oder sie zumindest zu erkennen, statt sie weiter zu verdrängen. Ein Beispiel betrifft uns alle auf der ganzen Welt: Dem Kalender der Maya zufolge vollenden wir im Jahre 2012 den Großen Zyklus von 5125 Jahren. Ihre Legenden weisen für diesen Zeitpunkt auf eine große Veränderung im Weltbewußtsein und in der Kommunikation hin. José Argüelles, Autor von *The Mayan Factor: Path Beyond Technology*, behauptet, daß diesem Datum die, wie er es nennt, »Harmonische Konvergenz« am 16. und 17. August 1987 vorausging. Er beschreibt es als den Moment, in dem Beschleunigung in Synchronisation übergeht. Daran anschließend soll es eine Phase planetarischer Zivilisation geben, die 2012 zu einem galaktischen Höhepunkt führt. In diesem Zusammenhang ist interessant, daß die Summe des 17. 8. 1987 die Basiszahl 2012 ergibt! Bilden wir hieraus die Quersumme, kommen wir zum Hierophant (5). Damit ist es ein Jahr des Lehrens und Lernens, indem uns neues Wissen zuteil wird.

Wie Sie mit Ihrer Wesensnatur in Verbindung kommen

Sehen Sie sich noch einmal die *Jahreskartentabelle* an. Alle zehn Jahre haben Sie Ihre Persönlichkeitskarte, Wesenskarte oder die Karte Ihrer verborgenen Seite auch als Jahreskarte. Markieren Sie diese Jahre in der Tabelle und notieren Sie sich das jeweilige Jahr und Ihr Alter. Während dieser Jahre werden Sie von Dingen angezogen, die eine wichtige Rolle in der Lebensaufgabe Ihres jetzigen Lebens spielen. In dieser Zeit suchen Sie konkret nach Möglichkeiten, Ihre größten Potentiale auszuleben. Achten Sie auf Ihre Erfolge, Unternehmungen, Reisen, Beziehungen, Studien und wie Sie Ihre Zeit verbringen, wonach Sie sich sehnen. Wohin wurden Sie von Ihren Träumen und Fantasien in diesen Jahren geführt? Diese Dinge entsprechen wahrscheinlich am ehesten Ihrer Lebensaufgabe.

Es wird sich manchmal herausstellen, daß Sie in diesen wichtigsten Jahren Ihres Lebens die größten Frustrationen und Schmerzen erleiden mußten. Das passiert dann, wenn Sie keine Kraft aufbringen können, Ihren Instinkten zu folgen oder Ihre eigenen Interessen zu entwickeln. Statt dessen projizieren Sie Ihre eigenen Potentiale auf jemand anderen, der Ihnen mit seinem Können Ehrfurcht einflößt, oder Sie verschließen sich dem Einfluß der Karte und weigern sich schlichtweg, das zu lernen, was die Karte ausdrückt. Das kommt vor allem dann vor, wenn die Aufgabe zu übermächtig erscheint. Wenn Sie Ihre Potentiale auf eine andere, starke Person projizieren, zeigt Ihnen diese Person lediglich die Möglichkeiten, die Ihnen selbst zugänglich sind, die Sie nach und nach assimilieren können, um sie vielleicht auch in Ihrem Lebenswerk und Ihrer Persönlichkeit auszudrücken. Jedesmal, wenn eine Persönlichkeits- oder Wesenskarte oder die Karte Ihrer verborgenen Seite als Jahreskarte auftritt (alle zehn Jahre), bieten sich ganz besondere Möglichkeiten, mit den Energien dieser Konstellationen an Ihrem Schicksal zu arbeiten.

Meilensteine und Wendepunkte

Um die Bedeutung eines wichtigen Ereignisses in Ihrer persönlichen Entwicklung herauszufinden, stellen Sie zunächst in der Jahreskartentabelle fest, wann dieses Ereignis stattgefunden hat. Bestimmen Sie dann die Jahreskarte für jenes Jahr und die Energien, die sie beinhaltet. Wenn Sie zum Beispiel im Jahr der Liebenden geheiratet haben, waren

Sie sich offenbar in jenem Jahr über Ihre Bedürfnisse im Beziehungs-
leben klar und haben erkannt, wie eine andere Person Ihr Selbstbild
spiegelt. Aber Menschen heiraten unter der Einwirkung aller möglichen Jahreskarten. Falls Sie in einem Herrscher-Jahr geheiratet haben
und eine Frau sind, waren es wohl Sie, die die Initiative übernommen
hat. Vielleicht haben Sie in dem Jahr auch gelernt, sich eine sichere
Basis aufzubauen. Oder aber Sie haben sich eine Vaterfigur als Partner
gesucht, um durch diese die Herrscher-Energie zu lernen, weil Sie
Schwierigkeiten hatten, sich diesen Halt selbst aufzubauen. In einem
Jahr des Schicksalsrades hingegen sehen Sie vor allem die Veränderung
im Vordergrund, sowie die Erweiterung Ihres Horizontes, die eine
Ehe mit sich bringt. Die Jahreskarte, unter der Ihre Hochzeit oder eine
andere Festlegung stattfindet, spiegelt meistens auch Ihre Einstellung
dazu.

Das Zeitalter der Hohenpriesterin

In der Mitte der Jahreskartentabelle finden Sie das
Jahr 2000. Zu diesem Zeitpunkt beginnt ein völlig
neuer Zyklus. Es ist eine Phase, in der die Hohepriesterin als einfache 2 erscheinen kann. Sie kann also
sowohl Persönlichkeits- wie auch Wesenskarte sein,
statt nur in Kombination mit einer 11 oder 20
aufzutreten. Die meisten Menschen, die in der
zweiten Hälfte des 20. Jahrhunderts erwachsen
sind, haben die Hohepriesterin wenigstens einmal
als ihre Jahreskarte. Viele Menschen, die zwischen
dem 31. 12. 1957 und 1. 1. 1998 geboren sind, haben
sie auch als Persönlichkeitskarte. Die Hohepriesterin war in den letzten 900 Jahren weder Persönlich-
keits- noch Jahreskarte (genau gesagt seit dem 1. 1.
1098). Sie wird es dann als Geburts- oder Jahreskarte auch in den folgenden 8000 Jahren nicht
wieder geben!

Es ist interessant, daß ihr Zeitalter gerade vor einem
Zeitpunkt liegt, den die Prophezeiungen vieler
Naturvölker als eine Zeit des möglichen Weltunter-
gangs ansehen. Die meisten dieser Mythen räumen
dem Menschen Entscheidungen zur Rettung der
Welt ein.

Am Ende des letzten Jahrtausends mußte die Botschaft des Magiers in der westlichen Kultur integriert werden. Das ist jedenfalls das Verständnis derer, die diesen Kalender benutzen, um an ihm unsere Zeit und unseren Fortschritt festzumachen. Ich glaube, daß dies mit dem Erwachen des individuellen Bewußtseins in jener Zeit in Zusammenhang gebracht werden kann. Der Magier als Persönlichkeits-, Wesens- oder Jahreskarte konnte nur von 958 bis 998 n. Chr. erscheinen. Das war eine Zeitspanne von genau 40 Jahren und einem Tag.

Zu dieser Zeit hatten England, Ungarn und Polen erstmalig einen König, der über ein geeintes Land herrschte und viele Länder setzten christliche Herrscher ein (in Polen, England, Schweden, Ungarn und in Kiew). Diese Zeit verkündete (in der christlichen Welt) das Ende des ersten Jahrtausends nach Christi Geburt und brachte damit die Angst vor dem Jüngsten Gericht (20) und dem Ende der Welt mit sich. Ganz Europa war in Bewegung. Die Menschen verließen ihre Heimatländer, um das Ende der Welt an einem heiligen Ort in Europa oder in Jerusalem zu erleben.

Während Europa das nächste Jahrhundert einläutete (das 11.) ohne daß die Welt zerstört war, begann eine Zeit mit vielen Veränderungen und den Zeichen eines neuen Äons. Das war die Zeit, in der die Hohepriesterin das letzte Mal als Persönlichkeits-, Wesens- oder Jahreskarte erschien, vor 900 Jahren: von 958 (31. 12. 958 = 1001) bis zum 1.1. 1098. Zu dieser Zeit gab es durch die Erfindung des Radpfluges mehr Nahrung als jemals zuvor. Und so nahm die Bevölkerung drastisch zu. Es gab zwar auch immer wieder Hungersnöte, aber es war noch lang vor der Zeit der großen Seuchen. Die orthodoxe Kirche des Ostens trennte sich endgültig von der römisch-katholischen des Westens. Gregor VII. reinigte die Kirche von den Exzessen der vorangegangenen Päpste. 1054 explodierte ein kleiner Stern im Sternbild Stier und war als Supernova 23 Tage bei

Tag und zwei Jahre bei Nacht sichtbar. Dadurch entstand, was wir heute als Krebsnebel kennen.*

DIE HOHEPRIESTERIN

Unter dem Einfluß der Hohenpriesterin war es eine Zeit der großen Herrscherinnen wie den byzantinischen Kaiserinnen Zoe, Theodora und Euoxia Macrimbolitissa. Medizinerinnen studierten, arbeiteten und lehrten im italienischen Salerno. Griechische, lateinische, jüdische und arabische Lehren über Heilkunde wurden wiederbelebt. Frauen lehrten und schrieben an den moslemischen Universitäten in Südspanien, während El Cid die Mauren aus dem Norden vertrieb. Frauen besaßen und verwalteten den historischen Rekord von 25 Prozent des gesamten Landes, entweder in eigenem Namen oder für ihre Erben. Männer waren in den Stadtregistern oftmals nur unter dem Namen der Mutter eingetragen. Allerdings waren viele dieser Kinder Töchter und Söhne von Priestern und konnten deshalb nicht den Namen des Vaters tragen. Rom entschloß sich zum Zölibat und 1074 wurden alle verheirateten Priester exkommuniziert. Im 12. und 13. Jahrhundert entstand eine Bürokratie, die keine Posten mehr für die Frauen vorsah, in der sie ihren Status und ihre Rechte verloren, und die sie von allen entscheidungstreffenden Positionen ausschloß.

Der neue Papst Urban II. rief 1095 zum ersten Kreuzzug zur Befreiung des Heiligen Landes auf. Doch noch bevor eine offizielle Armee aufgestellt werden konnte, zog schon eine nie dagewesene Volksarmee in Richtung Konstantinopel. Sie wollten über das Schwarze Meer zu den Ungläubigen in der Levante. Vagabunden, Tagelöhner und einfaches Volk zog in Strömen in Richtung Osten wie zur Zeit des Goldrauschs. Diese Leute wurden von »verrückten« Wanderpredigern auf die Idee gebracht aufzubrechen, aber auch durch den Druck

---

* Im Zusammenhang mit der Entstehung des Krebsnebels während des letzten Erscheinens der Hohenpriesterin ist interessant, daß die Hohepriesterin astrologisch mit dem Mond korrespondiert, der seinerseits den Krebs »regiert« und im Sternbild Stier »erhöht« ist.

einer wachsenden Bevölkerung und einer Art Massentraum. Unglücklicherweise führte ihre wilde Entschlossenheit und Unrast zu Massakern, durch die ganze jüdische Dörfer in Frankreich und Deutschland vernichtet wurden. Ihnen fielen aber auch christliche Glaubensbrüder zum Opfer, wenn sie fremde Sprachen und Sitten hatten. Die meisten Kreuzzügler starben jedoch oder wurden ermordet, noch bevor sie das Schwarze Meer oder einen einzigen Moslem zu Gesicht bekommen hatten.

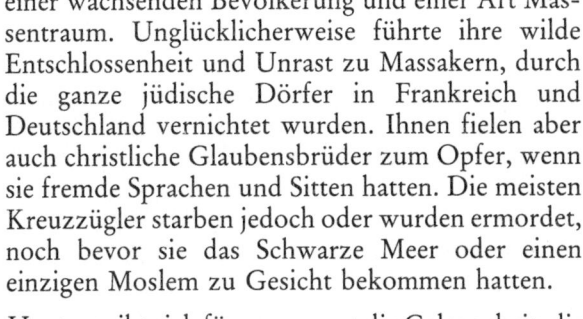

Heute ergibt sich für uns erneut die Gelegenheit, die Lektionen der Hohenpriesterin zu lernen. Als einfache 2 steht die Hohepriesterin für die Wahl zwischen zwei Möglichkeiten. Sie deutet auch auf ein Neuerwachen der Göttin hin. In keiner Zeit der Geschichtsschreibung hat es ein so verbreitetes Interesse an weiblicher Spiritualität gegeben, wie heute. Neue Marienerscheinungen führen zu Wundern und Wallfahrten. Dieser Trend setzte ein, sobald die Hohepriesterin wieder als Jahreskarte erschien. Meiner Erfahrung nach haben die meisten Frauen in ihrem Jahr der Hohenpriesterin ein besonderes spirituelles Erwachen. Oft beginnen sie in diesem Jahr, sich mit Medialität, Intuition oder Themen der Heilung auseinanderzusetzen. Oft entdecken sie im wahrsten Sinne des Wortes die Mythen und Religionen der Großen Göttin für sich selbst. In der Regel erlauben sie größere Unabhängigkeit und Selbstbewußtsein, sowie starke Freundschaften zu anderen Frauen. Hinzu kommt ein fast zwanghafter Drang, in der Nähe von Wasser oder auf dem Land zu sein, wo die Mondphasen besser beobachtet werden können.

DIE HOHEPRIESTERIN
THE HIGH PRIESTESS
LA PAPESSE

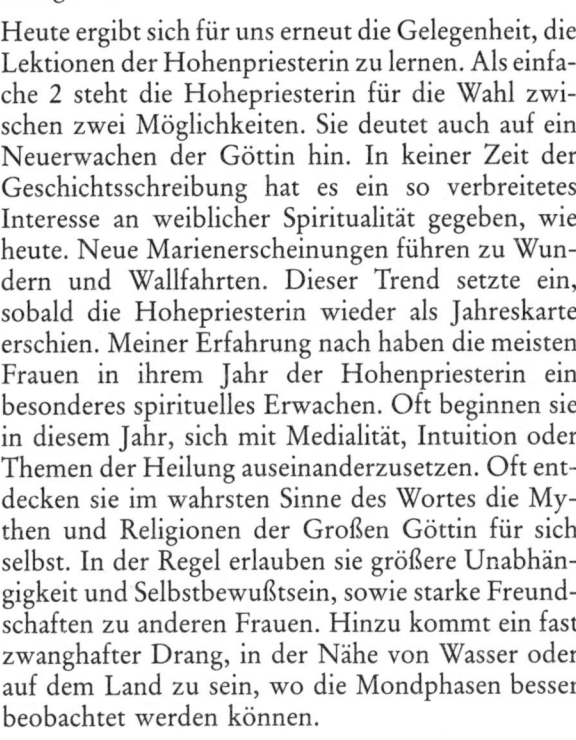

Männer werden in ihrem Jahr der Hohenpriesterin oft von einer Frau angezogen, die ihren Idealen entspricht. Ob es diese Frau nun tatsächlich oder nur in der Vorstellung gibt, sie kann eine Muse, Vertraute oder spirituelle Lehrerin sein. Oftmals ist sie dabei geheimnisvoll, unnahbar und behält immer ihre Unabhängigkeit. Fällt sie einmal von diesem Podest oder drängt nach mehr menschlicher Nähe,

CORN MAIDEN

213

fühlt sich der Mann desillusioniert. Ein Jahr der Hohenpriesterin bedeutet für den Mann, sich seinen künstlerischen, intuitiven und medialen Fähigkeiten zu öffnen. Darin liegt auch die Möglichkeit, seine weibliche Seite zu erkennen und anzunehmen, seine *Anima*, wie C. G. Jung sie nannte. Die Hohepriesterin steht für die heilige quadishtus im Tempel der Göttin, die in der Übersetzung fälschlicherweise zur Prostitutierten wurde. Sie könnte in uns Ursache dafür sein, daß viele Frauen und Männer die vom Kinderwunsch losgelöste Sexualität oder auch die gleichgeschlechtliche Liebe erforscht haben.

Diejenigen, die die Hohepriesterin als Persönlichkeits- und Wesenskarte haben oder sie in ihrer frühen Kindheit als Jahreskarte hatten, werden im Laufe ihres Lebens viele Gelegenheiten haben, die Qualitäten der Hohenpriesterin in ihr Weltbild zu integrieren. Da sie sehr sensibel und offen sind für andere Ebenen der Wirklichkeit, mögen sie manchmal Schwierigkeiten haben, wenn zu viele Menschen auf sie einwirken. Auch fällt es ihnen schwer, praktisch und bodenständig zu sein. Oft erscheinen sie still und zurückgezogen. Obwohl sie sich der Strömungen und der unsichtbaren Aspekte des Lebens bewußt sind, haben sie nur einen eingeschränkten Rahmen, um in dieser Gesellschaft ihre Erfahrungen zu machen. Es kann sein, daß diese Menschen aus reinem Selbstschutz ihre medialen und einfühlsamen Fähigkeiten verschließen – ohne sich selbst dessen bewußt zu sein – und anderen gegenüber dann unsensibel und gedankenlos erscheinen oder es sogar sind. Daraus entsteht eine gefährliche Kombination; sie spüren den Traum der Masse, haben sich aber gegen die Gefühle des einzelnen verhärtet.

Mondmeditation

Die folgende Mondmeditation ist in einem Jahr der Hohenpriesterin besonders wirksam, aber auch immer dann, wenn wir uns der Hohenpriesterin besonders verbunden fühlen. Entwerfen Sie zur Zeit des ersten Silbers des neuen (zunehmenden) Mondes ein Projekt, an dem Sie arbeiten wollen. Gehen Sie hinaus, schauen Sie auf diesen ersten silbernen Streifen und verschreiben Sie sich seinem Wachstum. Versuchen Sie danach jede Nacht etwas vom Licht des Mondes zu erhaschen und beachten Sie, wie mit ihm auch Ihr Projekt Gestalt annimmt. Tragen Sie alles zusammen, was zum Erfolg beiträgt: lesen Sie, sammeln Sie Material. Halten Sie sich Ihr Ziel vor Augen. Dann, bei Vollmond, prüfen Sie, wie weit Sie sind. Beachten Sie, was sich Ihnen durch das Licht des Mondes offenbart. Oft schenkt er Ihnen Erkenntnisse, Einsichten oder ein neues Verständnis für Ihre Sache. Achten Sie darauf, wenn sein Licht voll ist. Das ist gegebenenfalls auch die Zeit, Ihr Projekt anderen vorzustellen. Dann, wenn der Mond abnimmt, sollten Sie Ihr Projekt nutzen, lehren, weitergeben, loslassen, analysieren, kritisieren oder herausgeben. Verfolgen Sie auch weiterhin die Mondphase, wie sein Licht abklingt und die Dunkelheit wächst. Sie werden erkennen, daß mit zunehmender Dunkelheit auch Ihr inneres Bewußtsein und Verständnis für Ihr Projekt zunimmt. Bei Neumond haben Sie alle Energie wieder in sich versammelt. Alle früheren Erwartungen und Aktivitäten sollten Sie jetzt fallenlassen und ein neues Ziel aus Ihrem Inneren emporsteigen lassen. Das kann die Weiterführung Ihres bisherigen Projektes sein oder etwas völlig anderes.

Die Kleinen Arkana als Jahreskarten

Ich werde die Kleinen Arkana hier nicht einzeln deuten. Es handelt sich jedoch bei allen um Geschenke oder Herausforderungen (Lehren oder Möglichkeiten), die das jeweilige Jahr Ihnen bringt. Suchen Sie die Karten der Kleinen Arkana aus dem Deck, die für ein erinnerungsreiches Jahr stehen und breiten Sie sie vor sich aus. Versuchen Sie zu erkennen, ob diese Karten die wichtigsten Lernerfahrungen des betreffenden Jahres zum Ausdruck bringen. In einem Jahr des Narren [22] sind zum Beispiel alle Vierer der Kleinen Arkana bedeutsam.

Jahr	Erinnerungsgrund

Jahreskarte	Prinzip der Konstellation

Karten der Kleinen Arkana	Besondere Ereignisse, die die Karte für das Jahr beinhaltet
_____ der Stäbe	_____
_____ der Kelche	_____
_____ der Schwerter	_____
_____ der Münzen	_____

Beschreiben Sie Ihre wichtigsten Erfahrungen und die Fähigkeiten, die Sie erworben haben.

Wiederholen Sie diese Analyse mit anderen wichtigen Jahren. Versuchen Sie nicht »vorherzusagen«, was die Kleinen Arkana Ihnen im laufenden oder im kommenden Jahr bringen werden, ohne gesehen zu haben, was sie in Ihren vergangenen Jahren bedeutet haben.

Das nächste Kapitel zeigt Ihnen einige Lektionen und Möglichkeiten, die in verschiedenen Jahreskarten liegen. Doch geht nichts über Ihre eigene Beobachtung der Ereignisse. Außerdem sollten Sie sich mindestens einmal im Jahr mit Ihrer Jahreskarte direkt auseinandersetzen.

Kapitel 14

Die Deutung Ihrer Jahreskarten

Die folgenden Interpretationen der Karten der Großen Arkana als Jahreskarten sollen Anstöße geben, welche Art von Lektionen jedes Jahr für Sie bringen könnte (die Jahreskartentabelle finden Sie in Kapitel 13). Diese Interpretationen sollen Ihnen Anregungen geben und nicht etwa unumgängliche Tatsachen für Sie sein. Deshalb sollten Sie sie nicht als Ersatz für eine direkte Auseinandersetzung mit Ihrer Karte benutzen (wie ich es in Kapitel 3 beschrieben habe). Mit anderen Worten, versuchen Sie zu entdecken, was Ihnen die Karte mitzuteilen hat. Die einzelnen Symbole auf Ihrer Jahreskarte sind übertragbar oder manchmal auch direkte Hinweise. Aber Sie müssen die Figuren der Karte danach befragen, wofür die Symbole stehen und wie Sie sie deuten sollen. Wenn Sie mit Ihrer Karte in Dialog treten (vorzugsweise befragen Sie abgebildete Figuren abwechselnd), beginnen Sie am besten mit einer Frage. Für eine Jahreskarte lautet die Schlüsselfrage: »Was lerne ich in diesem Jahr von dir?« Sie sollten dies mit einer spontanen Nonchalance tun und spielerisch alles fragen, was Ihnen in den Sinn kommt. Ihr Stift sollte dabei immer in Bewegung bleiben. Lassen Sie Ihren ersten Dialog nicht länger als 15 Minuten dauern.

Datieren Sie diese Dialoge und heben Sie sie in Ihrem »Tarot-Notizbuch« auf. Dort können Sie auch Ihre Beobachtungen früherer Jahre und die Übereinstimmungen der Aussage Ihrer jetzigen Jahreskarte mit den Vorkommnissen dieses Jahres eintragen. Vielleicht schreiben Sie auch in diesem Buch auf den freien Rand neben den Kartenerklärungen, in welchem Jahr dies Ihre Jahreskarte wird und war und wie alt Sie dann sind oder waren.

Ihr Jahr des Magiers

DER MAGIER

In unserer Zeit kann niemand den Magier als Karte der verborgenen Seite, als Persönlichkeits- oder Jahreskarte haben. Seit dem 1.1. 998 gab es keine einfache 1 mehr und es wird sie auch nicht mehr geben, bis wir zu Daten kommen, die sich zu 10 000 aufsummieren. Das wird ab dem 31.12. 9957 der Fall sein.

Ihr Jahr der Hohenpriesterin

DIE HOHEPRIESTERIN

Ein Jahr der Hohenpriesterin gibt es im Leben entweder nur einmal und bei vielen überhaupt nicht. Es wird vom 1.1.1998 an bis zum 31.12. 9958 (Summe: 10 001 = 2) keines mehr geben. Wenn Ihre Basiszahl (die Summe aus Ihrem Geburtstag – siehe letztes Kapitel) größer als 2000 ist, werden Sie kein Jahr der Hohenpriesterin erleben. Das bedeutet jedoch nicht, daß Sie nicht die Qualitäten der Hohenpriesterin entwickeln können. Wenn die, die zuvor kamen, ihre Aufgaben gut abgeschlossen haben, werden Sie diesmal bessere Möglichkeiten haben, Zugang zu ihrer Weisheit zu erhalten.

Betrachten Sie Ihr Jahr der Gerechtigkeit (11) – oder das der Kraft, sofern Sie diese als 11 zählen –, um zu sehen, wie Sie diese Energie in Ihrem Leben einsetzen. Schauen Sie auf Ihr Jahr der Hohenpriesterin, wenn Sie eines haben. Es ist Teil eines femininen 2-Jahres-Rhythmus, da ihm ein Jahr der Herrscherin folgt. Deshalb können Sie in dieser Zeit viel von Frauen lernen. Oft spüren Sie ein erhöhtes Interesse an der Esoterik, der Medialität oder der Welt der Träume. Es ist ein Jahr, in dem Sie Selbstvertrauen bekommen und unabhängig und selbstgenügsam sind. Viele Menschen fühlen sich dabei zur spirituellen Bewegung der Frauen hingezogen (die in dieser Feministinnengeneration neu ist). Als Frau werden Sie von vielen um Rat und Verständnis aufgesucht. Sie sind die Geliebte und Vertraute vieler, gehören jedoch niemanden. Als Mann können Sie sich in Ihrer Arbeit oder Persönlichkeit von einer Frau angeregt fühlen. Sie ist die Muse Ihrer Kreativität. Als Projektion Ihrer Anima erweckt sie in Ihnen Ihr weibliches Prinzip.

Verbringen Sie Ihren Urlaub an der See oder am Wasser. Das dient der Heilung, der Meditation und bringt Sie wieder mit der Natur in Einklang. Achten Sie auf den Zyklus des Mondes und welchen Einfluß er auf Sie hat. In diesem Jahr müssen Sie Ihren Instinkten und Ihrem inneren Wissen vertrauen, das Sie zu den Lektionen führt, die Sie in diesem Jahr lernen können. Manchmal schauen Sie Ihren größten Ängsten und Hoffnungen, besonders aber Träumen direkt ins Auge. (*Kapitel 13* sagt Ihnen noch mehr über die Hohepriesterin.)

Ihr Jahr der Herrscherin

DIE HERRSCHERIN

Das Jahr der Herrscherin folgt dem der Hohenpriesterin. Es ist das zweite Jahr im femininen Zyklus und führt diesen weiter, indem es die Selbstgenügsamkeit der Hohenpriesterin nach außen, auf die Welt projiziert. Die Herrscherin benutzt dabei das intuitive Wissen der Hohenpriesterin und drückt es in ihrer kreativen Vorstellungskraft aus. Die Herrscherin tritt später in einem Zyklus auf, in dem der Gehängte den Platz der Hohenpriesterin einnimmt. Während eines Jahres der Herrscherin sind Sie sehr kreativ und produktiv. Sie sind voller Ideen. Sie reagieren auf allen Gebieten sensibler, Ihre Wahrnehmungen von Farbe, Form und Stil sind intensiver.

In diesem Jahr genießen Sie Gesellschaft. Auch die anderen fühlen sich mehr zu Ihnen hingezogen, denn sie spüren Ihre Offenheit und reagieren auf Ihre Gastfreundlichkeit. Ihr Sinn für Harmonie und Schönheit ist geschärft, so daß Sie sich in dieser Zeit zu Hause mit schönen Dingen umgeben und sich auch so schmücken und kleiden. Vielleicht ändern Sie den Stil Ihrer Kleidung oder geben sich auf eine andere Art ein neues Aussehen. Dabei sollten Sie sowohl auf Ihr Gewicht als auch auf Ihre Brieftasche achten, denn der Sinn für Luxus kann leicht ausarten.
Es ist ein gutes Jahr, sich wieder mit Mutter Erde anzufreunden: Fahren Sie aufs Land oder arbeiten Sie soviel wie möglich im Garten. Mütterliche Themen sind wichtig: Die Beziehung zu Ihrer Mutter oder

eigene Mutterwünsche. Sie können jetzt kreativ oder fruchtbar sein. Damit ist es eine Zeit, in der Sie schwanger werden können. Seien Sie vorsichtig, wenn Sie sich dazu nicht bereit fühlen. Die Fruchtbarkeit des Mannes läßt Ideen entstehen und es mag für ihn die Zeit einer Beziehung herangereift sein. Falls Sie es wagen, können Sie Ihre feinfühligen, gastfreundlichen und gefühlsbetonten Seiten entwickeln. Es ist ein Jahr erhöhter Anteilnahme an Wachstum, Gesundheit und Wohlergehen der anderen.

Ihr Jahr des Herrschers

Das Jahr des Herrschers ist das erste in einem 2-Jahres-Zyklus, der Ihnen die Möglichkeit bringt, Ihre Autorität aufzubauen. Es steht unter dem Motto: »Wer hat hier etwas zu sagen?« Vater-Themen stehen damit im Vordergrund: Vaterschaft, Vaterbeziehung, das Erleben des »inneren Vaters« oder der Aufbau einer Beziehung zu einer Vaterfigur. Der Herrscher versucht, Ordnung einzuführen und Stabilität in seine Umwelt zu bringen. In einem Jahr des Herrschers werden Sie dies entweder selbst versuchen oder Befehle von außen annehmen. Ist letzteres der Fall, rebellieren Sie eventuell gegen die Beschränkung Ihrer Freiheit durch das Diktat anderer.

Folgt das Jahr des Herrschers einem Jahr der Herrscherin, das für Kreativität im Überfluß stand, so heißt das, daß Sie diese nun aus Ihrer privaten Sphäre in die Öffentlichkeit tragen. Sie suchen Anerkennung und Zustimmung für Ihr Tun, bauen sich eine Marktstellung aus und finden Wege, sich zu etablieren und Projekte in Gang zu setzen, die Ihnen hoffentlich einen Namen machen. Sie sind ein Pionier und ziehen aus, die Welt zu erobern.

Die Lektion dieses Jahres heißt, Autorität aufzubauen und damit eigene Regeln aufzustellen, oder aber zu lernen, mit den Regeln der anderen zu leben. Sie werden selbstsicher und kraftvoll, wenn es darum geht, Ihre Ideen vorzustellen oder durchzusetzen. Es kann zu Konfrontationen mit dem »Staat« oder Gesetz kommen. Sie haben das Risiko, diktatorisch zu werden und andere zu erdrücken. Übertriebene geradlinige Logik läßt Ihr Denken erstarren. In Management und bei Führungsrollen ermöglicht Ihnen dieses Jahr, zu Positionen mit Verantwortung und Prestige aufzusteigen.

Ihr Jahr des Hierophanten

DER HIEROPHANT

Das Jahr des Hierophanten ist das zweite im Macht- und Autoritätszyklus. Viele Menschen gehen wieder zur Schule, beenden ein Studium oder belegen Fortbildungskurse. Wenn Sie Lehrer, Trainer oder Berater sind, kann Ihnen dieses Jahr Möglichkeiten bieten, sich in Ihrem Fach zu etablieren oder Ihre Fertigkeiten zu erweitern. Wie es die Fünfer der Kleinen Arkana andeuten (sie sind alle problematisch), lernen Sie in diesem Jahr am besten durch Unstimmigkeiten oder aus Problemen, die es zu lösen gilt. Es kann also ein Jahr voller Streß sein, in dem die Stabilität, die Sie im zurückliegenden Jahr des Herrschers aufzubauen versuchten, gefährdet ist. Sie reagieren darauf mit einem starren Festhalten an Traditionen, was auch durch die Entsprechung angedeutet wird, die diese Karte zum Stier hat. Sie können aus diesem Jahr Vorteile ziehen, wenn Sie lernen, auf Ihren eigenen inneren Ratgeber zu hören. Der Stier wird von der Venus »regiert« (Die Herrscherin) und der Mond ist in diesem Zeichen »erhöht«. Es ist damit eine gute Zeit, auf Ihr inneres Wissen zu vertrauen.

Lehr- oder Erziehungsanstalten, religiöse Organisationen oder Körperschaften können in diesem Jahr die Rolle der Autoritätsfigur annehmen. Somit rebellieren Sie eher gegen Gruppen als gegen eine einzelne Person, selbst wenn Sie Ihren Protest an einer Person festmachen. Sie könnten auch Sprecher einer solchen Organisation werden. Jedenfalls werden Sie mit allen indoktrinierten »du sollst« und »du mußt« konfrontiert, das Sie entweder selbst hochzuhalten versuchen, oder gegen das Sie angehen. Überprüfen Sie Ihre Werte und entscheiden Sie, welche noch auf Sie zutreffen: Welche schränken Sie nur ein und welche stärken Sie? Eine typische Hierophanten-Situation können Sie daran erkennen, daß Ihre Emotionen dabei angesprochen werden. Verfolgen Sie Ihre Emotionen zurück zu ihrer Quelle und beurteilen Sie dann, ob sie momentan angemessen sind. Normalerweise gibt es in einem Hierophanten-Jahr immer jemanden, zu dem sie aufschauen: ein Guru oder ein spiritueller Führer. Vielleicht auch nur jemand, an den Sie sich wenden, wenn Sie Rat suchen. Ebenso wenden sich Menschen um Rat an Sie, da Sie zu dieser Zeit Zugang zu ganz bestimmtem Wissen haben. Auch wenn Sie traditionelle Lehren weitergeben, sollten Sie sich dabei stets selbst gut zuhören. Sprechen

Sie aus Ihrer Seele in Übereinstimmung mit Ihrer inneren Weisheit oder geben Sie nur routinemäßig ein Dogma weiter? Benutzen Sie Ihre Fähigkeiten, zu eigenen Antworten zu finden.

Ihr Jahr der Liebenden

In einem Jahr der Liebenden ist Ihre Aufmerksamkeit auf Beziehungen gerichtet. Menschen beginnen und beenden Beziehungen und manchmal kommt gar keine Beziehung zustande, weil sie nicht mit weniger zufrieden sind als sie wirklich wollen und brauchen. Es kann sich in diesem Jahr auch um Beziehungen zu Familienmitgliedern, Arbeitskollegen oder Freunden handeln. Da sich die Karte an das Sternbild der Zwillinge anlehnt und von Merkur beherrscht wird, heißt die Lektion: lernen, offen und ehrlich zu kommunizieren, ohne etwas zu verbergen. In einem Jahr der Liebenden erwarten Sie das von anderen und von sich selbst.

Ihre größte Lektion aber heißt: Was brauchen und wollen Sie in einer Beziehung? Menschen, mit denen Sie eng verbunden sind, spiegeln Ihr eigenes Bild. Achten Sie also darauf, wie diese Menschen Sie sehen und behandeln, um daraus zu lernen, wie Sie sich selber sehen.

Dies ist auch ein Jahr, in dem Sie sich selbst zuwenden müssen, um Kraft und Mut zu finden. Das schaffen Sie, indem Sie Kontakt mit einer inneren Stimme aufbauen (oft wird sie als gegengeschlechtlich wahrgenommen), die direkt mit Ihrem höchsten Selbst in Verbindung steht. Sie lernen es, Ihre Erwartungen und Projektionen von anderen Menschen zurückzunehmen. In diesem Jahr beginnen Sie, Ihre inneren männlichen und weiblichen Energien zu vermischen und auszugleichen.

Der alte Name dieser Karte »Die zwei Wege«, erinnert uns an die Entscheidungsthematik in einem Jahr der Liebenden. Es bringt oft einen wichtigen Wendepunkt in unserem 10-Jahres-Zyklus mit sich. Ihre Beziehungen werden einen wichtigen Einfluß auf Ihre Entschlüsse und Entscheidungen haben oder sind sogar ihr Grund. Vergessen Sie dabei nicht, daß offene Kommunikation dieses Jahr kennzeichnet und wesentlich für alle Entscheidungen ist.

Ihr Jahr des Wagens

Im Jahr des Wagens führen Sie die Entscheidungen aus, die Sie im vorhergehenden Jahr der Liebenden getroffen haben. Wenn Sie sich zum Beispiel im Jahr der Liebenden entschlossen haben, eine Beziehung zu beenden, so kann es sein, daß Sie das erst im Jahr des Wagens wirklich tun. Das Wagen-Jahr konzentriert sich auf die Ziele. Sie sammeln Ihre Kräfte, um voranzukommen. So wie die Sieben Initiation andeutet, ist es ein Jahr, in dem Sie Ihre Fähigkeiten meistern. Sie müssen Ihre Erfahrung beweisen, indem Sie schwierige Situationen mit oft gegensätzlichen Aspekten bewältigen müssen. Sie müssen an Ihrer Selbstkontrolle und Selbstdisziplin arbeiten. Wenn Sie Ihren Emotionen und Instinkten (durch die Sphinx symbolisiert) freien Lauf lassen, werden Sie davon zerrissen. Das könnte sich zum Beispiel in einem Zusammenbruch ausdrücken, indem Sie die Beherrschung verlieren (oder vielleicht auch Schlimmeres) oder es passiert ein Unfall, manchmal tatsächlich mit einem Auto/Wagen.

In einem Wagen-Jahr sind Sie der Kämpfer. Die Monde auf den Schultern des Wagenführers symbolisieren Ihr Bedürfnis, anderen zu helfen, sie zu beschützen oder über eine Sache zu siegen. Das Wagen-Jahr hat die größte Bedeutung, wenn Sie sich, wie die alten Ritter auf der Suche nach dem Gral, zielorientiert in eine bestimmte Richtung bewegen. Sie entwickeln Sicherheit und Identität. Wenn Sie aber zu sehr nach vorn drängen, laufen Sie Gefahr, kämpferisch und selbstgefällig zu werden und dabei alle anderen zu überrennen.

Um in der Welt zu bestehen, legen Sie sich eine Rüstung, Uniform oder eine persona* als äußeres Erscheinungsbild an. Ein teurer Anzug läßt alle glauben, daß Sie ein erfolgreicher Geschäftsmann sind, während ein Overall oder ein Werkzeugkoffer Sie als Handwerker auszeichnen. Solche Symbole dienen Ihnen auch dazu, Ihre Gefühle und Unsicherheiten zu verstecken.

In einem Jahr des Wagens reisen Menschen gerne oder ziehen um. Aber weil die Karte mit dem Sternbild Krebs verwandt ist, brauchen Sie das Gefühl, verwurzelt zu sein, um sich in diesem möglicherweise

---

* persona = Maske im griechischen Theater. Wird in der Astrologie oft mit dem Aszendenten in Verbindung gebracht.

turbulenten Jahr sicher zu fühlen. Es kann sein, daß Sie sich so an Ihr Zuhause binden und mit einem Panzer umgeben, daß Sie selbst »versteinern« und ein unbewegliches Objekt werden. Da der Mond den Krebs regiert, hilft Ihnen die Nähe von Wasser, zu entspannen und Ihre aufgewühlten Nerven zu beruhigen.

Ihr Jahr der Kraft

In Ihrem Jahr der Kraft lauten die zentralen Fragen: »Bin ich mit dem Herzen bei der Sache?« »Sind dies wirklich meine Wünsche?« Nachdem Sie Ihre Gefühle ein Jahr lang in den Dienst des Vorwärtskommens gestellt haben, merken Sie, wie nun wieder essentielle Emotionen in Ihnen hochkommen. Diese Gefühle sind wichtig, um auf dem eingeschlagenen Weg weiterzugehen. Ohne wiederbelebte Leidenschaft könnten Sie die Herausforderungen womöglich nicht bestehen und müßten Ihre Richtung ändern. Es ist Zeit, sich mit Ihrer instinktiven Natur auseinanderzusetzen und all den Ängsten, die darum ranken.

Diese Karte wird dem Sternbild Löwe zugeschrieben, so daß Sie in diesem Jahr »Lust« (wie Crowley diese Karte nennt) nach Kreativität und Selbst-Ausdruck verspüren. So wie im Frühling der Saft hochsteigt, fühlen Sie Lebenslust in sich und den starken Wunsch, Ihre Gefühle zu offenbaren, das Risiko einer Liebeserklärung auf sich zu nehmen. Es kann ein Jahr des sinnlichen und sexuellen Forschens für Sie sein. Es ist zu hoffen, daß Sie diese Leidenschaft in ein sinnvolles Vorhaben einbringen und sie nicht vergeuden oder in destruktive Kräfe umwandeln. In magischen Ritualen heißt dies Aufbau des »Kegels der Macht«, der, freigelassen, auf ein bestimmtes Ziel ausgerichtet wird, da seine Energie sonst Verwüstungen hinterläßt. Achten Sie darauf, was Sie tun, denn Sie spielen, bildlich ausgedrückt, mit dem Feuer. Wie auch das Feuer, können Ihre Emotionen eine große aufbauende oder eine zerstörerische Kraft sein, je nachdem, in welche Richtung Sie sie leiten. Lernen Sie, Ihre häßlichen und biestigen Seiten zu akzeptieren, denn so bildet sich Charakterstärke aus.

Das Jahr der Kraft kann Ihnen alle Kraft abverlangen, um in schwierigen Zeiten Probleme der Karriere, Gesundheit oder der Familie durchzustehen. Sie müssen Ihre Bedürfnisse mit den Bedürfnissen

224

jener in Einklang bringen, die Sie lieben. Vielleicht werden Sie auf Ihre Fähigkeit auf die Probe gestellt, zu einer Sache oder Person zu stehen, egal wie hart es wird. Dadurch, daß Sie mutig sind, bauen Sie eine innere Stärke auf, während Sie gleichzeitig die Tiefen Ihres Herzens ausloten. Kraft ist der Pulsschlag des Herzens, das sagt: »Immer eins nach dem anderen. Ich gehe weiter in die Richtung, in die mein Herz mich drängt.« Unter den Dingen, die Sie gerne mögen und die oft nicht zusammenpassen, erkennen Sie die, die Sie wirklich wollen.

Ihr Jahr des Eremiten

Schon gleich zu Beginn eines Eremiten-Jahres werden Sie isoliert und sind alleine. Sie versuchen, sich mit Freunden zu treffen, doch diese haben zu tun, sind umgezogen oder machen andere Sachen. Aber dann finden Sie heraus, daß es Ihnen gefällt, mehr Zeit für sich zu haben. Es gibt Dinge, über die Sie nachdenken müssen, die beendet werden wollen, und dazu brauchen Sie Zeit allein für sich. In einem Jahr der Neun (9 ist die letzte einstellige Zahl) müssen Sie alle Projekte der letzten Jahre beenden und alle losen Fäden zusammenknüpfen, so daß Sie unbelastet in das folgende Jahr gehen können. Verschnüren Sie alles und schicken Sie es aus Ihrem Leben, sonst wird es ein Teil des Ballastes, der Sie in Ihrem Jahr des Gehängten hängen läßt und zum Stillstand bringt.

Ihr Jahr des Eremiten ist ein Jahr der Selbstbeobachtung: Sie schauen zurück, wo Sie waren und nach vorn, wohin Sie gehen. Erkennen Sie Ihre Leistungen an. Bedenken Sie, was Sie im letzten Zyklus alles gemeistert haben. Sie stehen auf dem Gipfel von etwas, das Sie erreicht haben. Was ist es? Jetzt ist es Zeit, sich wieder mit Ihren Langzeitzielen zu befassen. Der Eremit hat sich gewissermaßen seinen Stern aus der Karte des Sterns (17) geholt und wirft damit Licht auf seinen Weg. Welches Licht erhellt Ihren Pfad?

Vielleicht finden Sie einen Lehrer oder Führer, der Ihnen in Ihrem Jahr des Eremiten hilft. Solch eine Person erscheint älter und weiser und dient Ihnen als jemand, dem Sie nacheifern können. Oder Sie werden selbst zum Lehrer. Erinnern Sie sich? Mit der Energie des Eremiten lehrt man durch Vorbildlichkeit und nicht durch das, was man sagt. Aus Ihrer Zurückgezogenheit heraus entwickeln Sie Weitblick und eine leidenschaftliche Humanität, von der viele Menschen in Ihrem Umkreis profitieren können.

Nachdem Sie alle Ihre Energien im Kraft-Jahr verausgabt haben, kommt jetzt das Gefühl, etwas Ruhe verdient zu haben. Lassen Sie Ihre Wunden heilen und finden Sie zu sich selbst zurück. So wie die Karte mit dem Sternbild Jungfrau verbunden ist, arbeiten Sie hart und selbstlos für die Zukunft. Doch denken Sie daran, daß aus Klugheit Übervorsichtigkeit, aus Beharrlichkeit Hartnäckigkeit und aus Weisheit Scheinheiligkeit werden kann.

Ihr Jahr des Schicksalsrades*

RAD DES SCHICKSALS

Ihr Jahr des Schicksalsrades beginnt meist unmißverständlich. Nach einem Jahr der Einsamkeit und Verinnerlichung stehen Sie jetzt im Rampenlicht. Sie befinden sich mitten in einem gesellschaftlichen Wirbel und drehen sich wie ein Kreisel.

Mit dieser Karte haben Sie einen weiteren Wendepunkt erreicht. Aus Ihrer zurückliegenden Erfahrung bringen Sie die Saat für neue Entwicklungen mit, aber auch Last und Verantwortung. Das Rad ist das Gleichgewicht der entgegengesetzten Kräfte, die unaufhörlich in Bewegung sind. Wahrscheinlich ziehen Sie in diesem Jahr um, wechseln den Arbeitsplatz oder stellen etwas anderes in Ihrem Leben auf den Kopf. Sie sind wieder gesellschaftlich aufgeschlossener und erweitern Ihren Horizont, nachdem Sie sich im Jahr des Eremiten so versenkt hatten. Es ergeben sich neue Entscheidungen und Möglichkeiten, die Sie bisher noch nicht wahrgenommen hatten.

Je nachdem, welche Vorhaben Sie im letzten Jahr abgeschlossen haben und wie gut Sie das gemacht haben, werden Sie jetzt die Ergebnisse sehen. Sie erhalten für Ihre Erfolge Anerkennung und treten in der Öffentlichkeit auf oder werden in anderer Weise aus Ihrer Nische gedrängt. Sie können sich bildlich als auch wörtlich hoch und weit fliegen sehen.

Es ist eine gute Zeit für Weiterbildung, für die Veröffentlichung Ihrer Ideen und für den Start neuer Projekte, obwohl diese Samen vielleicht

---

* Die englische Version der Tarotkarten betont bei dieser Karte den aufsteigenden Aspekt und nennt sie das Glücksrad.

für längere Zeit noch keine Früchte bringen werden. Trotzdem ist es jetzt an der Zeit, sich Ziele zu setzen, die Träume einzubeziehen, langfristig zu planen, den Blick für das Ganze zu haben, bevor man im Detail erstickt. Es ist auch das Jahr, in dem Dinge förmlich hochkommen. Dabei handelt es sich meist um Ergebnisse von Angelegenheiten, die vor langer Zeit begonnen wurden. So stehen zum Beispiel plötzlich Freunde vor der Tür, die Sie seit Ewigkeiten nicht mehr gesehen haben. Vielleicht soll Ihnen das die Augen öffnen für das, was Sie damals taten und was inzwischen daraus geworden ist.

Alles in allem ist es ein glückliches Jahr. Die Erfahrungen, die Sie durch die Bewegungen des Rades machen, helfen Ihnen, sich nun auf Ihre neue Richtung zu konzentrieren.

Ihr Jahr der Gerechtigkeit

Das Gerechtigkeitsjahr läutet einen neuen Anfang ein. Dafür müssen Entscheidungen getroffen werden, nachdem das Für und Wider der verschiedenen Vorschläge lange genug erwogen wurde. Es ist auch ein Jahr der Anpassung. Sie müssen die Veränderungen integrieren, die sich während des vergangenen Jahres des Schicksalsrades ergeben haben.

In einem Jahr der Gerechtigkeit können Sie in gerichtliche Angelegenheiten verwickelt werden (die Waagschalen der Gerechtigkeit) oder mit finanziellen Affären zu tun haben (die Waagschalen der Geschäftswelt). Vielleicht denken Sie an eine Partnerschaft, im privaten oder geschäftlichen Bereich. Verträge oder Dokumente sind also von Bedeutung und sollten sorgfältigst geprüft werden. In einem Gerechtigkeitsjahr zu heiraten, heißt, ganz besondere Betonung auf den vertraglichen Aspekt dieser Handlung zu legen. Sie sollten deshalb einen Ehevertrag aufsetzen.

Unsere Gesellschaft lehrt uns (besonders die Frauen), zuallererst Kompromisse einzugehen, uns anderen Menschen anzupassen, noch bevor wir wissen, ob und inwieweit wir damit übereinstimmen oder was wir überhaupt wollen. Setzen Sie sich hin und schreiben einmal auf, was *Sie* sich wünschten, wenn Sie alles haben könnten: Ihr reinster Traum. Vollkommen – ohne Kompromisse. Dann verhandeln Sie. Hätte jeder am Verhandlungstisch sich so vorbereitet, würde das eine Atmosphäre gegenseitigen Vertrauens eröffnen. Ihre größte Herausforderung bleibt es, zu erkennen, was Sie aufgeben können und was nicht. Gerechtigkeit symbolisiert, mit seinen eigenen Sünden und seiner Schuld zu Gericht zu gehen. Wenn Sie sich jetzt auf etwas einlassen, daß Ihnen schon zu Beginn unfair erscheint, wird es im nächsten Jahr nicht zu ertragen sein.

Deshalb ist dies ein Jahr, in dem Sie Verantwortung übernehmen und sich der Wirkung Ihrer Handlungen und Entscheidungen bewußt sein müssen. Gegebenenfalls bedeutet das dann auch, sich anpassen zu müssen. Dazu gehört auch, die Veränderungen in Ihrem Leben danach zu beurteilen, was Ihnen wirklich entspricht und was Sie nicht länger mitmachen wollen. Sie erkennen die Notwendigkeit, die Dinge zu überdenken, auf die Sie Ihre Zeit und Energien verwenden, ob sich Ihr Einsatz auch tatsächlich lohnt. Falls Sie selbständig arbeiten, ist eine Überprüfung Ihrer Preise und Arbeitsweisen notwendig.

Ihr Jahr des Gehängten

Im Jahr des Gehängten müssen Sie von Dingen aus Ihrer Vergangenheit ablassen. Wenn dies den Verlust eines geliebten Menschen einschließt, empfinden Sie das oft als Verrat. Die schmerzhaften und wundenschlagenden Erfahrungen eines solchen Jahres dienen jedoch Ihrem inneren Wachstum. Sie befreien sich von alten Mustern, so daß neue entstehen können, die Ihren neuen Verpflichtungen entsprechen. Die Opfer, die im Jahr des Gehängten gemacht werden müssen, liegen dort, wo Sie die Bedürfnisse eines anderen in den Vordergrund stellen müssen oder wo es gilt, eine Sache für eine andere aufzugeben.

Es mag ein Jahr der Verwirrung und vereitelten Ideen sein. Vielleicht lassen Sie sich selbstlos auf eine Sache ein. Oder Sie müssen mit einer »unmöglichen Situation« fertig werden, die uneingeschränktes Vertrauen in eine höhere Macht verlangt. Der Gehängte steht für mystische Isolation als Reinigungsritual. Opfern Sie also Ihr eigenes Interesse zugunsten der Verpflichtung an eine Sache. Das wird Ihnen die tiefere Bedeutung Ihrer Handlungen offenbaren.

Es kann sein, daß Sie sich in Situationen, in denen sie sich kraftlos und nicht handlungsfähig erleben, Ihren Fantasien, dem Alkohol, Drogen oder einer Arbeitswut zuwenden, eigentlich allem, was Ihnen als Fluchtmöglichkeit erscheint. Eine völlig neue Perspektive der Dinge kann dann helfen. Verleugnen Sie Ihr Problem nicht, sondern wenden Sie sich dem Gegenteil zu. Das kann ein Auf-den-Kopf-Stellen all dessen bedeuten, was Sie zuvor gemacht haben. Sie brauchen Demut, denn in Ihrem Jahr des Gehängten wird Ihnen klar, daß viele Dinge nicht Ihrer Kontrolle unterliegen. Trotzdem erfahren Sie vielleicht, wie Sie ein göttlicher Geist durchflutet, der Ihre Vorstellungskraft, Ihre Kunst oder Ihr sonstiges Tun aus alten Schranken befreit.

Ihr Jahr des Todes

Es ist sehr selten, daß das Jahr des Todes auch einen wirklichen Tod mit sich bringt. Hier geht es viel eher um Transformation als um Termination. Es ist an der Zeit, alte Häute für neues Wachstum abzustreifen. Nachdem Sie sich in Ihrem Jahr des Gehängten mit allem, was Sie belastete, auseinandergesetzt haben, sind Sie nun befreit und fühlen wahrscheinlich neue Energie in Ihnen hochsteigen. Sie durchbrechen die Stagnation und finden Ihre Möglichkeiten. Indem Sie Ihr Leben von allen toten Zweigen befreien, ermöglichen Sie Ihrer Lebenskraft in den gesunden Teilen aufzusteigen und gewinnen so neue Energie. Was immer auch in diesem Jahr zerstört wird, es schafft Platz für neues Leben.

Während Sie das Gefühl haben, zerstückelt zu werden, gelangen Sie zum »Skelett« Ihres Lebens oder zu einer kreativen Aufgabe. Haben Sie sich erst einmal von allem Überflüssigen in Ihrem Leben befreit, bleibt nur das zurück, woran Sie wirklich glauben und Ihr Vertrauen hängen können. Ihr kreativen Energien sind freigesetzt, um neue Möglichkeiten zu erforschen, da es nichts mehr gibt, was sie blockiert.

In Wirklichkeit ist Ihr Jahr des Todes damit ein Jahr voller Kraft, die von allen inadäquaten Zielen befreit ist. Das dem Tod zugeordnete Sternzeichen ist der Skorpion. Durch ihn haben Sie das Verlangen, sich tief in die Auseinandersetzung mit verborgenen Dingen zu stürzen, wissenschaftliche Forschung zu betreiben oder sich mit Unterweltsthemen zu befassen. Sie liebäugeln mit der Gefahr und genießen dabei den Reiz, sich immer am Rande der Dinge zu bewegen. Ihre Fähigkeit, sich voll und ganz auf etwas einlassen zu können, beschert Ihnen tiefe transformierende Erfahrungen. Auch im sexuellen Bereich machen Sie vielleicht die Erfahrung, ganz und gar mit dem Partner zu verschmelzen und Ihr Ichgefühl zu verlieren. Zu Zeiten Elizabeths nannte man dies den »kleinen Tod«. Sie sind sich leidenschaftlich der Liebe und des Lebens bewußt, können aber auch eifersüchtig und besitzergreifend sein. Hüten Sie sich davor, denn was Sie zu besitzen suchen, kann Ihnen um so schmerzvoller entrissen werden. Die Frage, die Sie sich in einem Jahr des Todes stellen sollten, lautet: »Wovon muß ich mich trennen, damit neues Wachstum entstehen kann?«

Ihr Jahr der Mäßigkeit

In Ihrem Jahr der Mäßigkeit finden Sie schöpferische Wege, die Dinge neu und anders zusammenzustellen. Sie verfügen dabei über die innere Ausdauer, alle Probleme mit Geduld zu überwinden. Neue Quellen und Hilfen eröffnen sich, von denen Sie vorher nicht wußten, daß Sie Ihnen zugänglich waren. Einiges kommt von Freunden und Kollegen, das meiste jedoch aus Ihnen selbst.

Sie reisen oder verteilen Ihre Energien oder Besitz neu. Es ist das Jahr, Ihr Höheres Selbst neu zu beleben durch die Auseinandersetzung mit Philosophie, Kommunikation oder Heilung. Sie sind daran interessiert, alten Dingen eine neue Form zu geben und veraltete Vorstellungen zu erneuern. Vielleicht arbeiten Sie sogar an einem Restaurations- oder Konservierungsprojekt.

Sie bauen Brücken oder heilen Zwiste, indem Sie womöglich als Reporter arbeiten oder als Vermittler fungieren. Sie wollen, daß alles wieder funktioniert. Sie suchen nach geistiger Führung, wollen aber praktische Ergebnisse sehen.

Wenn Ihr Jahr des Todes schmerzhaft oder zerreißend für Sie war, sollten Sie sich jetzt Zeit nehmen, Ihre Energien zu sammeln und wieder Ihr Selbst aufzubauen. Die Nähe des Wassers, Zeit zu Selbstfindung und ein guter Freund sind in dieser Zeit eine große Hilfe. Haben Sie dies alles vorher schon einmal selbst durchgemacht, können Sie jetzt für jemand anderen ein guter Freund sein.

Ihr Jahr des Teufels

In Ihrem Teufelsjahr wollen Sie die Quellen erkunden, die Ihnen Ihr Jahr der Mäßigkeit offenbart hat. Sie haben neue Verbindungen aufgebaut, die Sie jetzt für große Projekte nutzen wollen. Jeder Zweifel veranlaßt Sie nun dazu, ausufernde, erfolgversprechende Pläne zu entwerfen. Ihre Ambitionen lassen Sie hart, ja zwanghaft arbeiten, um Ihrer Konkurrenz voraus zu sein. Sie sind besessen von Ihrem Verlangen, von Krisen geschüttelt und haben keine Zeit für irgend etwas anderes.

Sie sind für die Korruption und die Unehrlichkeiten der »Großen« in der Geschäftswelt, beim Militär, in Regierungen und auch in religiösen Vereinigungen sensibilisiert und fühlen sich dadurch eingeengt und verärgert. Sie wollen deshalb Tabus durchbrechen oder bei der Steuer schummeln. Schuldgefühle ob solcher Gedanken führen zu Frustrationen, bis Sie überall um sich herum nur noch das Böse und die Hölle sehen. Das führt zu Pessimismus und Mißtrauen gegenüber anderen und Sie selbst.

Andererseits ist dieses Jahr eine Zeit, in der Sie lernen, mit Ihrer eigenen Macht zu spielen. Sie können mit Ihren Eskapaden teuflisch für Aufregung sorgen. Sie trotzen Konventionen und öffnen die Dose der Pandora, diesmal nicht, um Dämonen herauszulassen, sondern die Gaben, die ihr Name (»alle Gaben«) verheißt. Mit Ihrem Frohsinn und Ihrer Einbildungskraft können Sie in diesem Jahr sich und andere von jeglicher Art der Sklaverei befreien.

Ihr Jahr des Turms

In Ihrem Jahr des Turms entfachen Sie eine Revolution, in der Sie alle unnötigen Formen und Strukturen zerschmettern. Es gibt Ihnen die Möglichkeiten, Schranken zu überwinden, die Sie von anderen trennten und zu erkennen, was Ihnen wirklich wichtig ist.

Was für ein Ausmaß diese Veränderungen annehmen, hängt davon ab, was im vergangenen Jahr geschehen ist. Wenn Sie den Turm Ihrer Errungenschaften aus Ihrer Macht über andere errichtet haben, wird Ihnen dieses Jahr heftige Prüfungen bringen. Doch auch, wenn Ihre Erfolge mäßig waren, sollten Sie mit Turbulenzen in Ihrem Leben rechnen. Selbstverständlichkeiten platzen und Glaubensstrukturen zerfallen. Mars, der mit dieser Karte in Verbindung steht, läßt vermuten, daß unterdrückte Kräfte plötzlich freigesetzt werden. Dabei werden Falschheiten aufgedeckt. Entweder Sie brechen bewußt durch alte Strukturen, oder die Natur wird es für Sie tun, indem sie Sie Unfällen, Naturkatastrophen oder den Handlungen anderer Menschen aussetzt. Es mag sein, daß Sie Ihre Arbeit, Ihre Beziehung oder Ihre Lebensumstände ändern oder verlieren. Auch Ihre äußere Erscheinung ändert sich: Sie werden operiert, haben einen Unfall, bekommen hohes Fieber (um Unreinheiten zu verbrennen) oder verlieren an Gewicht.

Erkennen Sie die Notwendigkeit, sich zu erneuern, und tun Sie dies bewußt. Durchbrechen Sie Energieblockaden, indem Sie sich ihrer bewußt werden und die Gefühle akzeptieren, die damit einhergehen. Sie finden die Stellen blockierter und unterdrückter Energien dort, wo Sie Ihre Fassung verlieren, sich gestreßt fühlen oder sich schlecht und unangemessen verhalten. Wenn Sie aber diese Energie bewußt einsetzen, können Sie dadurch bisher unlösbare Probleme überwinden.

Vielleicht sind Sie unflexibel geworden und kommen nicht mehr voran; jetzt ist es Zeit, sich zu befreien. Die Frage dieses Jahres ist es, wie Sie Ihre Blockaden ohne Schuldgefühle durchbrechen können, und ohne dabei destruktive Energien freizusetzen. Als erstes gilt es, zu erkennen, daß Sie handeln müssen. Vertrauen Sie auf Intuitionen und »unwahrscheinliche« Lösungen, erkennen Sie, daß darin die Möglichkeiten für die Zukunft liegen.

Dieses Jahr ist ausgezeichnet, um mit der Vergangenheit zu brechen. Sie sollten, sowohl bildlich als auch wörtlich, Ihr Haus und Ihre Handlungsweisen aufräumen. Brechen Sie mit alten Angewohnheiten und bauen Sie neue auf. Befreien Sie sich von Bildern, wie Ihr Leben funktioniert, und machen Sie Raum für eine neue Zukunft.

Ihr Jahr des Sterns

Normalerweise ist dies eine Zeit der Reflexion und der Hoffnung. Sie fühlen sich völlig bloßgelegt, denn Sie haben alle Falschheit und alle falschen Ambitionen im letzten Jahr abgestreift. Nun erfreuen Sie sich an Ihrer Freiheit und gehen mit leichten Schritten neuen Zielen entgegen. Sie setzen dabei Fähigkeiten ein, die Sie früher nicht berührt haben. Sie mögen sich von Ihren Potentialen, aber auch von unbekannten Grenzen überwältigt fühlen, spüren jedoch, daß alle Antworten in Ihnen selbst liegen.

Eine andere Möglichkeit, die das Jahr des Sterns in sich birgt, ist, daß Sie aus den Turbulenzen des vergangenen Jahres als eine Art leuchtender Stern hervorgegangen sind und, von anderen bewundert, ein Fixpunkt am Firmament sind.

In diesem Jahr haben Sie die Möglichkeit, das Muster Ihres Schicksals zu durchschauen. Sie erkennen, was in Ihrem Leben den größten Einfluß auf Sie ausübt und akzeptieren das Licht, das Sie leitet. Wenn Sie sich uneingeschränkt Ihrem Schicksal und Ihrem Schutzstern anvertrauen, werden Sie auf Ihrer Reise durch das Leben geführt werden.

Das Sternenjahr entspricht dem Wassermann. Ihr Streben gilt der Menschheit. Sie erkennen das große Muster und die Bande, die bestimmte Gruppen miteinander verbindet genauso, wie die Bedürfnisse dieser Menschen. Sie identifizieren sich vielleicht mit altruistischen Zielen, in die Sie Ihre Energie in Form guter Taten für humanitäre Zwecke leiten und nichts für sich selbst beanspruchen. Sie werden dann für diese Geste und für Ihre innere Größe geachtet. Fragen Sie sich in diesem Jahr: »Was habe ich für Hoffnungen und wie kann ich sie erreichen?«

Ihr Jahr des Mondes

In Ihrem Mondjahr kann es zur Desillusionierung hinsichtlich Ihrer letztjährigen Ideale kommen. Allerdings sind dies nur Prüfungen, um festzustellen, ob Ihre Ideale gegen Anfechtungen anderer standhalten und auch gegen Ihre eigenen Ängste, Ihre Träume könnten nicht gehaltvoll genug sein. Sie spürten in den letzten zwei Jahren sehr deutlich das Bewußtsein der Massen. Das verunsichert Ihr eigenes Identitätsgefühl sehr, denn Sie sind sich nicht mehr sicher, welches Ihre eigenen Werte und Gefühle sind und welche nur einem weltweiten kollektiven Bewußtsein entspringen, das Sie instinktiv verinnerlichen.

Es kann ein Jahr des intuitiven Erwachens sein, wie es durch das korrespondierende Zeichen der Fische angedeutet wird. Sie haben wahrscheinlich lebhafte Träume und Ihre Einbildungskraft macht Überstunden, so daß Sie oft nicht mehr sicher sind, was nun Einbildung und was Realität ist.

Der Mond ist die Karte der karmischen Beziehungen. Damit befassen Sie sich mit Themen, die andere Leben, vergangene und zukünftige, betreffen. Sie ringen darum, zu verstehen und zu akzeptieren, wer Sie waren und warum. Begebenheiten in diesem Jahr haben unvorhersehbare Aspekte und Konsequenzen. Sie fühlen sich von Ihren Lebensumständen eingepfercht, von Ihren Freunden mißverstanden und von den laufenden Ereignissen abgeschnitten. Aber diese Gefühle entspringen wahrscheinlich nur Ihrer Einbildung, die Ihnen Streiche spielt, denn Ihre Sicht der Realität ist getrübt. In einem so verwirrenden Jahr kommen Sie mit einer symbolischen Deutung der Dinge weiter als mit Rationalität.

Ihr Interesse gilt der Erforschung des Okkulten und verborgener Dinge. Diese Auseinandersetzung ermöglicht es Ihnen am ehesten, mit, statt gegen die Kräfte des Mondjahres zu arbeiten. Ihre so lebhafte Einbildungskraft können Sie am besten nutzen, wenn Sie sich Dinge vorstellen, die Sie einmal schaffen wollen. Auch bei der Arbeit mit Behinderten und Pflegebedürftigen können Sie diese Energie wohlbringend einsetzen.

Ihr Jahr der Sonne

Als Jahreskarte steht die Sonne für Erfolg. Sie beinhaltet den Beginn eines neuen Projektes, das in den Träumen und Einbildungen des vorangegangenen Jahres Gestalt angenommen hat. Sie strahlen guten Willen aus; die Menschen lieben es, sich in Ihrem Enthusiasmus und Glück zu sonnen. Sie gelangen zu neuen Einsichten. Situationen, die letztes Jahr noch verhangen waren, erscheinen jetzt klar und deutlich. Vielleicht werden Geheimnisse gelüftet. Von Ängsten befreit, fühlen Sie sich wieder aufnahmefähig. Versöhnung scheint möglich. Wenn Sie an Ihre Träume geglaubt haben, werden Sie jetzt belohnt.

Es ist ein gutes Jahr, um Kinder zu bekommen oder um es mit Kindern zu verbringen, denn diese Zeit ist ausgelassener als sonst. Wenn Sie erkennen, wieviel Sie durch positives Denken erreichen können, ernten Sie die Früchte Ihrer Konzepte. Vertrauen Sie auf Ihre Instinkte und sie werden Sie nicht im Stich lassen. Seien Sie warmherzig und großzügig und glauben Sie an Ihre Erfolge im nächsten Jahr.

Es ist auch eine gute Zeit, sich jetzt auf unsichere Sachen einzulassen, aber nur, wenn Sie es spielerisch tun und bedenken, daß die Ergebnisse erst im nächsten Jahr deutlich werden. Denn dann wird die Weisheit Ihrer Handlungen beurteilt. Die Sonne ist Quelle geistigen und weltlichen Reichtums. Seien Sie deshalb erfolgsbewußt und lassen Sie sich von jedem neuen Tag Weisheit und Verständnis bringen. Es ist ein Glücksjahr; viele Möglichkeiten werden sich auftun. Halten Sie sich also bereit, sie zu ergreifen.

Ihr Jahr des Gerichts

In einem Jahr des Gerichts, das mit dem Planeten Pluto zusammenhängt, werden Sie mit Ihrer eigenen Sterblichkeit konfrontiert. Dies geschieht entweder durch persönliche Erfahrung, den Tod eines Bekannten oder der Beendigung einer Sache. Diese Erfahrung bringt Befreiung. Doch ist es ein langsamer Prozeß, so daß es Jahre dauern kann, bis Sie dies erkennen. Wahrscheinlich werden Sie einen Bereich Ihres Lebens vollständig umstrukturieren. Unerwartet fallen Probleme und Schranken von Ihnen ab. Sie könnten sich eine neue Berufung suchen, denn Sie hören den Ruf.

Dieses Jahr bringt Ihnen Sorgen in Ihrer Familie. Es wird eine Veränderung in einer emotionalen Beziehung geben: Partner, Familie, Umfeld. Falls Sie eine neue Stufe des Bewußtseins erreichen oder die Erfahrung einer geistigen Wiedergeburt machen, teilen Sie dies allen mit, in der Hoffnung, auch sie wachzurütteln.

Sie entwickeln einen Sinn für persönliche Macht. Vielleicht sind Sie in der Position, andere Personen oder deren Projekte zu bewerten. In dieser Zeit ist es dann notwendig, daß Sie Ihre Macht nicht zum Zwecke der Selbstverherrlichung, sondern zum Wohle der Gesellschaft einsetzen. Das Kreuz auf der Fahne soll Ihnen sagen, daß Sie wählen können. Doch auch Sie und Ihre zurückliegenden Handlungen können von anderen beurteilt werden. Sie werden dabei vielleicht entblößt und mit Ihren Motiven konfrontiert.

Ihr Jahr der Welt

Da es am Ende des Zyklus steht, zeigt Ihr Jahr der Welt Ihnen die Vollendung eines größeren Projektes und die Geburt Ihres Selbst an. Es kann ein sehr erfolgreiches Jahr sein, in dem Sie Zeuge des Höhepunktes einer Angelegenheit sind. Es kann sein, daß Sie selber in einer begrenzten und eher engen Sphäre arbeiten, aber vielleicht an einem Projekt mit weitläufiger Anwendbarkeit. Sie machen das Beste aus jeder Sache, indem Sie alles, was Ihnen in die Hände fällt, sehr erfinderisch nutzen.

Sie fühlen eine starke Verbundenheit zu Mutter Erde und beschäftigen sich mit Dingen von Weltbedeutung. Sie müssen zunächst in Ihrem Selbst »festen Boden unter den Füßen bekommen«, um darauf das Fundament Ihrer Handlungen in der Welt zu bauen. Sie müssen sich in der Welt orientieren, um zu wissen, »wo Sie stehen«. Sie streben nach Selbstkontrolle und Unabhängigkeit.

Da diese Karte für das Konzept der kosmischen Synthese steht, müssen Sie Ihr körperliches Ich mit Ihrem geistigen Ich verbinden. Der Tanz, wie wir ihn auf der Karte sehen, symbolisiert die Erschaffung des Universums und will uns bildhaft zeigen, wie wir im schöpferischen Augenblick vorgehen sollen. Die Darstellung des Tänzers als Hermaphrodit mag bedeuten, daß wir eine Sache anfangen, die das ganze Spektrum menschlicher Möglichkeiten beansprucht oder in einen Bereich fällt, der dem anderen Geschlecht zugesprochen wird.

Ihr Jahr des Narren

DER NARR

In Ihrem Jahr des Narren werden Sie wahrscheinlich einen wichtigen Zug machen, unbekümmert reisen oder zumindest eine ungewöhnliche oder unerwartete Reise antreten. Sie gehen Risiken ein oder tun Dinge, die anscheinend nicht zu Ihrem Wesen passen. Das Reisen ermöglicht Ihnen, neuen Menschen zu begegnen und einmal alle Verantwortung für eine Zeit zu vergessen. Sie leben in der Gegenwart und folgen Ihren momentanen Eingebungen. Die Zukunft liegt noch in weiter Ferne und die Vergangenheit ist schon lange vergessen.

Da Sie sich nur um den Moment sorgen, mögen Sie – auf lange Sicht gesehen – dumme Sachen anstellen, aber darüber können Sie jetzt nicht nachdenken. Sie sind außer Rand und Band, geben zu, nichts zu wissen, tragen Kleidung, die nicht zusammenpaßt und verstoßen gegen Verhaltensregeln. Sie verärgern Menschen, denn Sie ahmen deren Dummheit nach, weigern sich, Dinge vorzutäuschen und parodieren ihre Werte. Das alles macht Sie zum Narren und es wird deutlich, daß Sie nicht in die Norm passen.

Doch Sie haben himmlische Inspirationen. Sie vertrauen Ihren Instinkten und tauchen oft zur richtigen Zeit am richtigen Ort auf. Ihre Unschuld und Naivität läßt Sie Dinge aus einer anderen Perspektive sehen und Möglichkeiten erkennen, wo andere mit ihren getrübten Augen nichts wahrnehmen. Sie werden in Sachen erfolgreich sein, die andere wegen ihrer Kleinkariertheit nicht einmal anfassen.

Ihre schwerelose Einstellung kann Ihnen Schwierigkeiten bescheren im nächsten Jahr, das wahrscheinlich ein Jahr des Hierophanten ist. Wenn Sie Traditionen auf den Kopf stellen und sich der Anarchie verschreiben, können Sie sehr viel Staub aufwirbeln. Andererseits ist Ihr Glaube an die einfache Freude und Spontaneität erfrischend. Sie sind originell und repräsentieren eine wunderbare Wahrheit: Die Welt ist voller Möglichkeiten, sobald man den eingetretenen Pfad verläßt.

Kapitel 15
Ihre Namenskarten

Die Bedeutung Ihres Namens

Seit alters her war in den meisten Kulturen der Name ein Synonym für die Seele. Darin lag noch eine Erinnerung an das schon lange vergangene Goldene Zeitalter, in dem Magie, Religion und Realität noch eins waren. Die Namensgebung war ein bedeutendes Ritual. In einigen Kulturen mußten die Neugeborenen einen Namen erhalten, noch bevor sie gestillt werden konnten. In matriarchalischen Gesellschaften bekamen die Kinder meist den Namen von der Mutter – der Quelle von Nahrung und Leben. In anderen Gesellschaften wurde dem Kind der Name von einem Schamanen oder einem Stammesältesten gegeben, der divinatorisch den Namen des Kindes herausfand, den der große Geist schon kannte und der den Charakter und die Aufgabe des Kindes bestimmte. In den meisten magischen Systemen bedeutete die Namensgebung oder schon das Wissen des Namens, daß man Macht darüber besaß. So kam es, daß der eigentliche Name, der »Name der Seele«, oft ein Geheimnis war, das nur die engsten Familienmitglieder kannten.

Der Name ist schon immer bedeutender psychologischer Ausdruck des wahren Selbst gewesen. Ausgeschrieben ist er eine Hieroglyphe geistiger Kraft. Denken Sie an den geheimen hebräischen Namen Gottes, das Tetragrammaton, das aus den Initialen JHVH besteht, der nicht ausgesprochen werden darf. Auch in der christlichen Zeit wird der Name mit Charakter und Schicksal in Verbindung gebracht. Deshalb wird Kindern oft der Name von Heiligen gegeben, deren Eigenschaften die Eltern in ihrem Kind wiederfinden möchten. Heute benennen die Eltern ihre Kinder eher nach einem Filmstar, einem Sportler, einer Sportlerin oder nach dem Titelhelden eines Buchs, doch nach wie vor in der Hoffnung, daß etwas von deren persönlicher Magie auf das Kind übergehen möge. Deshalb ist Ihr Name, sowohl historisch als auch symbolisch, Träger Ihrer Kraft und Ihrer persönlichen Magie. »Besser ein guter Name als gutes Parfüm.«* (Kohelet 7,1)

---

* Diesem Bibelzitat liegt ein hebräisches Wortspiel zugrunde mit den Begriffen »Name« (schem) und »Parfüm« (schemen tob).

Die Namenskarten

Zu Ihren Geburtskarten, die sich aus Ihrem Geburtsdatum ergeben, kommen daher einige weitere Karten der Großen Arkana, die »Namenskarten«, die aus Ihrem Geburtsnamen hervorgehen. Für jeden Buchstaben Ihres Namens gibt es eine Namenskarte, so daß Sie ihn förmlich in Bildern buchstabieren können. Eine andere Art der Namenskarten wird durch Addition und Quersummenbildung der Buchstaben ermittelt. Mit Hilfe des Tarot können Sie die verborgene Bedeutung entschlüsseln und erkennen, warum Ihnen dieser Name gegeben wurde und was er für Ihren Charakter und Ihr Schicksal bedeutet. Wie bei den Geburtskarten, werden Sie den Wert dieser Methode erkennen, sobald Sie sie für sich und Ihre Freunde einmal angewandt haben. Dabei werden Sie wichtige Tendenzen und Muster erkennen. Alle Lebenskarten sollen Ihnen Werkzeuge zum besseren Verstehen sein und sind daher eher als intuitive und nicht als absolute Hinweise anzusehen.

Ihre Lebenskarten, zu denen die Geburts- und Namenskarten zählen, kommen einer persönlichen Kartendeutung gleich, die für Ihr ganzes Leben gilt. Falls Sie jemals Ihren Namen wechseln sollten, bedeutet das, daß Sie damit Ihrem Leben eine andere Richtung geben. Sie können bestimmte Jahrestage (oder Daten einer spirituellen Wiedergeburt etc.) als Beginn einer neuen Lebensphase betrachten, aber Sie können nie Ihren wahren Geburtstag und Ihren »offiziellen« Geburtsnamen ablegen. Ich gebe zu, daß es immer Menschen mit ungewöhnlichen Geburtsumständen geben wird. So habe ich zum Beispiel jemanden mit zwei Geburtstagen gekannt, der nicht wußte, welcher der richtige war. Auch kenne ich Kinder, die erst nach mehr als einem Jahr einen Namen bekommen haben. Auf ihrer Geburtsurkunde steht lediglich: »Junge von Jones« oder »Mädchen von Williams«. In solchen Fällen müssen Sie sich für das entscheiden, was Ihnen richtig vorkommt oder alle Möglichkeiten als Aspekte Ihres Selbst betrachten.

Numerische Entsprechungen

Es gibt zwei Methoden, die numerischen Entsprechungen für die Buchstaben Ihres Namens zu bestimmen.
Das erste ist das abendländische Standardsystem. Dabei wird das

Alphabet von 1 bis 9 durchnumeriert, um dann wieder bei 1 zu beginnen. 1 entspricht also dem »A«, aber auch dem »J« (dem 10. Buchstaben des Alphabets) wie auch dem »S« (dem 19. Buchstaben):

A B C D E F G H I J K L M N O P Q R S T U V W X Y Z
1 2 3 4 5 6 7 8 9 1 2 3 4 5 6 7 8 9 1 2 3 4 5 6 7 8

Das zweite System entstammt der Kabbalistik. Darin wird der Versuch unternommen, unser Alphabet dem hebräischen Alphabet mit nur 22 Buchstaben anzupassen. Jeder hebräische Buchstabe ist auch eine Zahl. Kennen Sie also erst einmal die unseren Buchstaben entsprechenden hebräischen Schriftzeichen, so wissen Sie auch die jeweilige Zahl. Leider gibt es kein präzises System, unser Alphabet ins Hebräische zu übertragen. Das zeigen auch die großen Unstimmigkeiten innerhalb anerkannter Quellen. Zum Beispiel steht der hebräische Buchstabe Heh für unser »h« und manchmal auch für das »e«, während Cheth in einigen Systemen für das »ch« und in anderen für das »h« steht. Teth ist normalerweise das »t« und Tav das »th«, aber manchmal auch umgekehrt und Tav steht zudem ab und zu für »x«. Tzaddi gilt als besonders schwierig; normalerweise wird es einem »tz«-Laut zugeordnet, wie in »Zar« (um es noch verwirrender zu machen, nur mit »z« geschrieben). Sie sehen, es ist nicht so leicht.

Linguisten haben herausgefunden, daß Kinder im ersten Jahr in der Lage sind, alle Laute zu formen, die ihnen in einer oder mehreren Sprachen täglich vorgesprochen werden. Vom zehnten Lebensjahr an wird es extrem schwierig, wenn gar unmöglich, eine fremde Sprache gänzlich ohne Akzent zu lernen. Ähnlich dem Gregorianischen Kalender, prägen bestimmte kulturelle Konventionen unsere Sicht der Realität. Für die meisten von uns ist es wenig sinnvoll, den eigenen Namen in hebräischen Buchstaben zu schreiben, die uns völlig unbekannt sind.*

Um mein Selbst durch die Tarotkarten ausdrücken zu können, habe ich die Zahlen von 1 bis 22 der Großen Arkana als numerische Grundlage gewählt. Ich habe sie in der Reihenfolge dem Alphabet zugeordnet, das ich als Abc-Schütze gelernt habe, und das in meinem Unbewußten genauso verwurzelt ist wie in meinem bewußten Verstand.

---

* Das hebräische Alphabet kann sehr effektiv bei der Bestimmung Ihres »magischen Selbst« angewandt werden, wenn man in einem magischen System arbeitet, das auf der Kabbala basiert. Siehe Anhang C auf S. 305 für mögliche Entsprechungen.

Alphabetische Schlüsselzahlen

A	B	C	D	E	F	G	H	I
1	2	3	4	5	6	7	8	9
J	K	L	M	N	O	P	Q	R
10	11	12	13	14	15	16	17	18
S	T	U	V	W	X	Y	Z	
19	20	21	22	23/5	24/6	25/7	26/8	
				Feuer	Erde	Wasser	Luft	

In der obigen Tabelle korrespondiert jeder Buchstabe direkt mit der Zahl darunter, die wiederum direkt der Karte der Großen Arkana entspricht. So ergibt sich für A = 1 = Der Magier; L = 12 = Der Gehängte usw. Die Zahlen dieser Tabelle sind die »Schlüsselzahlen« und werden in allen kommenden Berechnungen benutzt. Jede zweistellige Schlüsselzahl kann durch Quersummenbildung zu ihrer »Wurzelzahl« (immer eine einstellige Zahl zwischen 1 und 9) reduziert werden. Die Wurzelzahl wird in allen Standardberechnungen angewandt. Dagegen arbeitet dieses Buch mit den Zahlen 1–22.

Sie werden bemerkt haben, daß es in unserem Alphabet vier Buchstaben mehr gibt als Karten in der Großen Arkana. So entsprechen die Buchstaben w, x, y, z den Zahlen 23, 24, 25, 26, die in unserem Zusammenhang aber automatisch in ihre Quersummen überführt werden und so folgenden Karten entsprechen: 23 = 5, 24 = 6, 25 = 7 und 26 = 8. Diese reduzierten Zahlen sollten Sie in allen Berechnungen benutzen, bei denen die letzten vier Buchstaben auftreten. Sie stehen auch für die vier Elemente, die den vier Tarotsätzen entsprechen: W = Feuer, X = Erde, Y = Wasser und Z = Luft.

Ihre Grund-Namenskarten

Lassen Sie uns jetzt die obige Tabelle benutzen, um einige Ihrer persönlichen Namenskarten zu bestimmen. Schreiben Sie dafür die Zahlen für alle Vokale über Ihren Namen und für alle Konsonanten darunter. Addieren Sie diese einzeln, wie es das Beispiel zeigt und bilden Sie aus den Summen die Quersummen, bis Sie eine Zahl unter 22 haben. (Schreiben Sie diese Zahlen in den dafür vorgesehenen Platz in Ihrem Personenkarten-Schema auf S. 245 f.).

1 + 7 +	1 +	5 + 9 + 5 +	5 + 5	= 38 = 11 Vokale
M A R Y	K A T H E R I N E		G R E E R	
13 + 18 +	11 + 20 + 8 + 18 + 14 +		7 + 18 + 18	= 145 = 10 Konso- nanten

Summe aus Konsonanten und Vokalen = 183

1 + 8 + 3 = 12

(Achtung: Addieren Sie immer erst die ganzen Zahlen, bevor Sie die Quersumme bilden!)

Wenn Sie die Zahlen der Vokale addieren und die Quersumme bilden, bis Sie zu einer Zahl kommen, die kleiner als 23 ist, ist die entsprechende Karte der Großen Arkana Ihre Karte der Sehnsüchte und der inneren Motivation. *In meinem Fall (siehe oben) ist es die 11. Trumpfkarte = Gerechtigkeit, die wir in der Konstellation der Hohenpriesterin finden.*

Wenn Sie die Konsonanten zusammenzählen und daraus die Quersumme bilden, erhalten Sie die Karte der äußeren Persönlichkeit. *In meinem Fall ist dies die 10. Trumpfkarte = Das Rad des Schicksals aus der Konstellation des Magiers.*

Die Karte Ihrer Bestimmung ergibt sich aus der Addition aller Zahlen Ihres Namens und der Quersummenbildung zu einer Zahl unter 23. *Das ist in meinem Fall die 12. Trumpfkarte = Der Gehängte aus der Konstellation der Herrscherin.*

Ihre persönliche Prägung

Schauen wir uns das ganze Konzept noch einmal genauer an. Der hermetischen und metaphysischen Philosophie zufolge, wählt sich die individuelle Seele ein bestimmtes Leben, in das sie geboren wird, um hier bestimmten Lektionen und Herausforderungen zu begegnen. In der Regel ist dies ein Leben, das die größmögliche seelische Entwicklung bietet, auf Grund der Erfahrungen, die eine bestimmte historische Periode mit sich bringt in Form nationaler, ethischer und kultureller Glaubensstrukturen sowie durch die genetischen Informationen der leiblichen Eltern. Wie Seth, der spirituelle Lehrer von Jane Roberts, sagt: »Sie haben also unbewußt etwas in sich, das Sie sich wie Blaupausen für die bestimmte Art der körperlichen Realität vorstellen können, die Sie materialisieren wollen. Sie sind der Architekt.«* Ihre Namenskarten können Ihnen also helfen, Ihre angeborenen Qualitäten und Eigenschaften zu erkennen.

Es ist Ihre Aufgabe, Ihre Fähigkeiten bestmöglichst zu nutzen. Seth sagt dazu, daß darin (in Ihren Talenten) Ihre persönliche Erfüllung liegt.** Das ist Ihr Schicksal! Ihre Geburts- und Namenskarten sind damit Hinweise auf Ihre Talente, Fähigkeiten und Eigenheiten, die Sie maximieren können, indem Sie sich kreativ den Herausforderungen und Ihres täglichen Lebens stellen, die gleichzeitig Ihre Lektionen sind. Ihre Aufgabe ist es, Ihren *Namen* so gut es geht zu verwirklichen. Freier Wille bedeutet in diesem Zusammenhang, daß Sie die Wahl haben, dies zu tun oder zu lassen. Wenn Sie sich dagegen entscheiden, wird Ihr Name zu Ihrem Schicksal. Das erinnert mich an eine Studie, die feststellte, daß Menschen mit sehr ausgefallenen Namen auch aus der Menge herausragen. Entweder sind sie außergewöhnlich individualistisch, kreativ und erfolgreich oder besonders einsam, verwirrt und unangepaßt.

Charles Garfields Arbeit über Spitzenmanager in der Geschäftswelt und der Industrie zeigt, daß diese Menschen ihre Erfolge in der Arbeit und die volle Ausnutzung ihrer menschlichen Fähigkeiten sehr hoch einstufen. Garfield sagt, sie hätten das, was man einen *Charakter* nennt: eine innere Kraft, die aus der grundlegenden Entscheidung stammt, immer besser zu sein und sie brauchen die Herausforderung, um diese Größe zu entwickeln. Jeder von uns kann zum Spitzenmanager werden, wenn er sich der Herausforderung stellt, seine Talente auszuschöpfen.

Damit in Zusammenhang stehen die einzelnen Buchstaben Ihres Namens für Grundvorstellungen, die Ihre Natur ausmachen und die Ihren Charakter bilden. *Das »M« in meinem Namen zum Beispiel entspricht der 13 = Tod. Das bedeutet, daß ich das Leben intensiv erlebe, indem ich die Grenzen zwischen den Dingen durchdringe. Es gehört zu meinem Muster, mich immer wieder abrupt von Sachen zu trennen, die nicht mehr ihrem Zweck dienen, um mich dadurch jeweils von neuem zu regenerieren. Da »M« der Anfangsbuchstabe eines meiner Namen ist, hat er eine führende Rolle und kennzeichnet ein Hauptmerkmal.*

---

* Jane Roberts, *Die Natur der persönlichen Realität* (Ariston Verlag)
** ebd.

Noch wichtiger als die Karten, die Sie durch die Quersummen ermitteln, sind die Aussagen der den einzelnen Buchstaben entsprechenden Karten in Ihrem Namen. Da jede Karte auch in einer Konstellation auftaucht, haben die Konstellationen, die gehäuft oder überhaupt nicht auftreten, den größten Einfluß auf Ihre Persönlichkeit.

Schema zur Ermittlung Ihrer eigenen Persönlichkeitskarten

Benutzen Sie Ihren Namen, wie er in Ihrer Geburtsurkunde eingetragen ist (also Ihren vollen ursprünglichen Namen) und bestimmen Sie mit Hilfe der *Tabelle der Schlüsselzahlen* die Zahl, die zu jedem Buchstaben gehört. Später können Sie dann auch die Bedeutung anderer Namen nachsehen, die Sie jetzt tragen.

Schreiben Sie Ihren Namen in die dafür vorgesehene Zeile. Darüber tragen Sie die den Vokalen A, E, I, O, U und Y (wenn es wie ein Vokal ausgesprochen wird) entsprechenden Zahlen ein. Unter Ihrem Namen führen Sie das gleiche für die Konsonanten durch. Addieren Sie die Vokal- und Konsonantenzahlen, bevor Sie die Quersummen bilden.

Vokale: = _____

Voller Namen: _____

Konsonanten: = _____

SUMME AUS VOKALEN UND KONSONANTEN = _____

(Benutzen Sie dabei die Einzelsummen vor der Quersummenbildung)

*Meine Karte der Sehnsüchte und
der inneren Motivation* (Vokale) = ____ _____

Nr. Karte der Großen Arkana

Wurzelzahl _____

Konstellation _____

Prinzip des _____

Ihre Karte der Sehnsüchte und inneren Motivationen sagt Ihnen, was Sie zu Handlungen antreibt und was diesen Antrieb begründet. Es sind die spirituellen und karmischen Kräfte, die sich Ausdruck verschaffen wollen. Die Karte zeigt Ihnen Ihre innere Kraft und wie Sie fühlen.

*Meine Karte der äußeren
Persönlichkeit*
(Konsonanten) = ____ _____

Nr. Karte der Großen Arkana

Wurzelzahl _____

Konstellation _____

Prinzip des _____

Die Karte der äußeren Persönlichkeit steht für die äußeren Qualitäten, für Ihre Identität in der Öffentlichkeit, wie Sie sich zeigen und wie Sie von Ihrer Umwelt wahrgenommen werden. Sie zeigt Ihnen Ihren Körperausdruck und wie Sie Ihren inneren Antrieb der Welt offenbaren.

Obwohl es mehrere Arten der »Bestimmungskarten« gibt (darauf gehe ich später in diesem Kapitel ein), sollten Sie hier zunächst einmal die Summen der Vokale und Konsonanten addieren:

Die Karte meiner Bestimmung
(Summe aus Konsonanten und Vokalen) = _____ _____
                                    Nr.   Karte der
                                             Großen Arkana

Wurzelzahl _____

Konstellation _____

Prinzip des _____

Die Karte der Bestimmung sagt etwas darüber aus, warum Sie geboren wurden, wonach Sie benannt wurden, welche Aufgaben Sie auf Ihrem Weg erfüllen müssen.

Das »Buchstabieren« Ihres Namens

A = Der Magier (1)
B = Die Hohepriesterin (2)
C = Die Herrscherin (3)
D = Der Herrscher (4)
E = Der Hierophant (5)
F = Die Liebenden (6)
G = Der Wagen (7)
H = Kraft (8)
I = Der Eremit (9)
J = Rad des Schicksals (10)
K = Gerechtigkeit (11)
L = Der Gehängte (12)
M = Der Tod (13)

N = Mäßigkeit (14)
O = Der Teufel (15)
P = Der Turm (16)
Q = Der Stern (17)
R = Der Mond (18)
S = Die Sonne (19)
T = Das Gericht (20)
U = Die Welt (21)
V = Der Narr (22)
W = Der Hierophant (5)
X = Die Liebenden (6)
Y = Der Wagen (7)
Z = Kraft (8)

(Die im Text abgebildeten Karten stammen aus dem Hanson-Roberts Deck.)

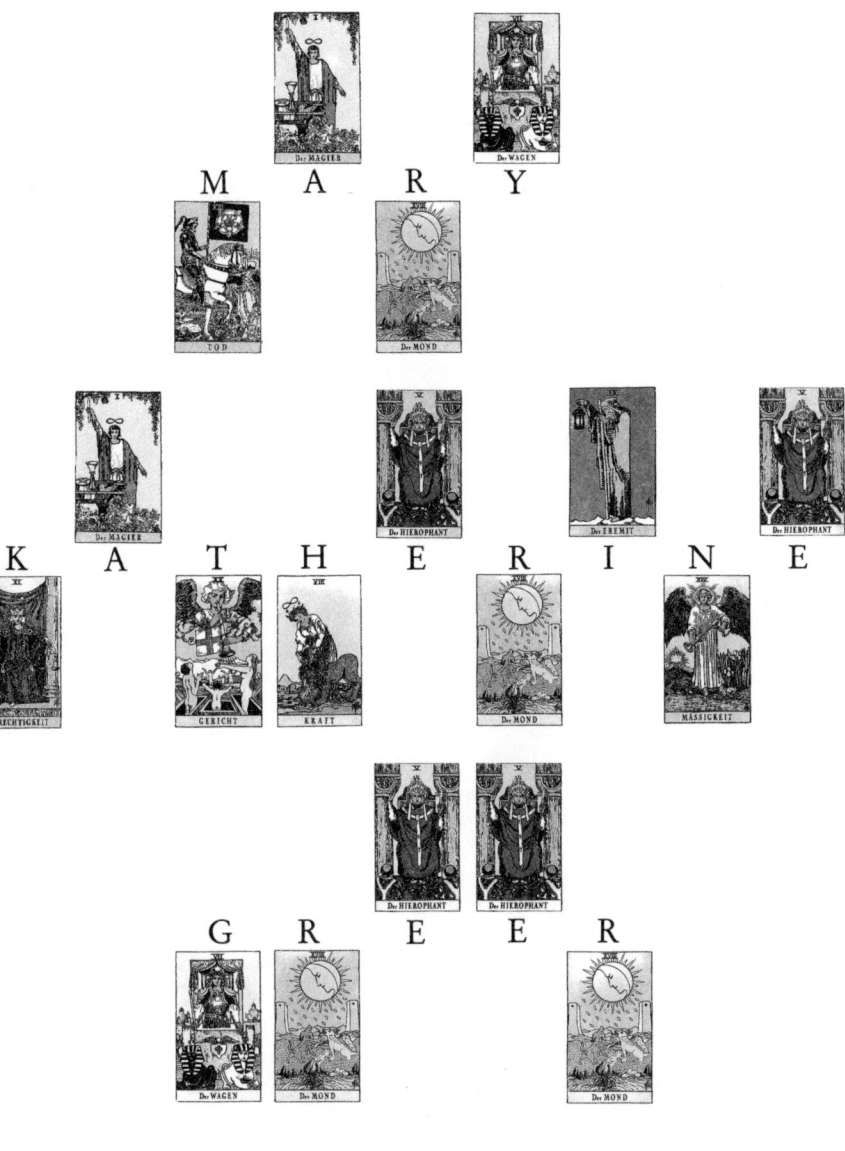

M A R Y

K A T H E R I N E   E

G R E E R

Das Auslegen Ihrer Karten

Legen Sie die Karten der Großen Arkana, die Ihren Namen »buchstabieren«, vor sich aus. Benutzen Sie den Schlüssel für das »Buchstabieren« dabei als Hilfe. Da sich wahrscheinlich einige Buchstaben in Ihrem Namen wiederholen, benötigen Sie dafür entweder Karten aus mehreren Decks oder Fotokopien der Großen Arkana. Sie können sich aber auch die Namen der Karten, die öfter auftreten, auf ein Blatt Papier schreiben, das Sie in Kartengröße ausschneiden.

Legen Sie die »Vokalkarten« etwas höher als die für die Konsonanten, so daß Sie leicht erkennen, was wofür steht. Falls Sie Karten aus verschiedenen Decks benutzen, können Sie diese in beliebiger Reihenfolge arrangieren. Probieren Sie dabei ruhig verschiedene Variationen.

Die Vokalkarten

Schauen Sie sich die Vokale in Ihrem Namen an und versuchen Sie, ihre Energie zu spüren. Bedenken Sie dabei, daß die Vokale für Ihre Grundsehnsüchte und Ihre innere Motivationen stehen. Darin liegt der Antrieb, der Sie Dinge erreichen läßt. Sie zeigen, wie Sie Ihre inneren Kräfte nach außen bringen. Dabei hat der erste Vokal Ihres Namens eine besondere Bedeutung – er zeigt Ihre typische Art, Energie auszudrücken.

Weiter unten gebe ich Ihnen Kurzinterpretationen zu jedem Vokal, einschließlich der Entsprechungen im hebräischen Alphabet. Diese Beschreibungen sollen Sie aber nur in Ihren Eigeninterpretationen bestärken.

Am Ende eines jeden Absatzes gebe ich einige mythologische Namen, die mit dem jeweiligen Buchstaben beginnen, da diese oft die archetypische Energie des Buchstabens ausdrücken. Diese Namen werden nur sehr selten Personen gegeben und führen bei jedem, der die Geschichte zu dem Namen kennt, zu klaren Vorstellungen über den Charakter des Menschen, der ihn trägt. Lesen Sie doch einige dieser Geschichten in der Bücherei oder einem Lexikon der Mythologie nach.

Vokale werden lang oder kurz ausgesprochen, wobei ein langer Vokal mehr wie der Buchstabe selber klingt, während ein kurzer eine Reihe anderer Laute haben kann. Um sich der Aussprache zu vergewissern, können Sie im Duden oder Wörterbuch nachschlagen. Lang ausgesprochene Vokale deuten auf aktivere, selbstsichere und vorwärtsdrängende Charaktere hin, während kurz betonte mehr innere, rezeptive und selbstgezogene Verhaltensmuster andeuten.

A (von Aleph). *Der Magier* ist kommunikativ und steckt voll neuer Ideen. Er ist ein Multitalent, das aber in sich zusammenfallen kann. Seine Aufgabe ist es, sich auf ein Ziel zu konzentrieren. Diese Karte gibt Ihnen Zielgerichtetheit, hohe Ziele und Pioniergeist. Impulsiv beginnen Sie etwas, sind sehr aktiv, verlangen aber von anderen, Ihnen zu folgen. Sie können damit selbstsüchtig und egoistisch sein, wissen aber, was Sie wollen. (Adam, Agni, Amaterasu, Amon, Anubis, Aphrodite, Apollo, Athene, Astarte, Ashera, Avalokitesvara.)

E (von Heh). *Der Hierophant* ist vertrauensvoll, vorbildlich und schweigsam, wenn er will. Besonders mit mehreren »E« in Ihrem Namen neigen Sie dazu, aktiv, abenteuersuchend und neugierig, wechselhaft, doch hartnäckig zu sein. Lernen ist Ihnen ein großer Anreiz. Ihre Aufnahmefähigkeit ist eines Ihrer Hauptmerkmale. Sie streben und suchen nach dem Sinn. Sinnlichkeit und Spiritualität sind die großen Antriebskräfte Ihres Lebens. Aber wenn dieser Buchstabe am Ende Ihres Namens steht und unausgesprochen bleibt, strahlt er keine Kraft auf Sie aus. In einem solchen Fall verstärkt er allerdings die Wirkung des vorangegangenen Vokals für Sie. In diesem Zusammenhang unterstützt der Hierophant alles Vorangegangene oder wird dogmatisch und rigide. (Ea, El, Elias, Enlil, Epona, Erinnyen, Eros, Europa, Eurynome, Euridike, Eva.)

I (von Yod). *Der Eremit* ist vorsichtig, klug, geduldig und strebt nach Vollendung. Sie sind vom Verstand angezogen und suchen nach Weisheit, gehen aber kritisch an die Dinge heran, immer auf der Suche nach Vollkommenheit. Sie brauchen Frieden und Zeit zum Nachsinnen. Menschen mit vielen »I« im Namen können über natürliche Heilungskräfte verfügen. Sie bewerten die innere Bedeutung der Dinge sehr hoch und die Liebe ist ihr größter

Antrieb. Sie können übersensibel sein und dann zu Pessimismus neigen, leicht verwirrbar und zänkisch sein. (Ikarus, Ida, Imams, Impotep, Inanna, Indra, Io, Iris, Ischtar, Isis, Israel, Isvara, Izanami.)

XV The Devil

O (von Ayin). *Der Teufel* ist erdgebunden, kraftvoll, ehrgeizig und erfährt die Dinge ganzheitlich. Er konzentriert sich auf die Dinge und nimmt sie völlig in sich auf. Er verfügt über einen natürlichen Drang, Dinge zu organisieren und hat die Fähigkeit, sie sich in ihrer Ganzheit vorzustellen und sie zu verstehen. Sie bringen zu Ende, was Sie einmal begonnen haben und gestehen nur selten Niederlagen ein. Sie können trotzig, hartnäckig oder melancholisch sein und vor sich hinbrüten. Auf Kritik reagieren Sie sehr sensibel und ziehen sich in sich selbst zurück. Viele »O« lassen einen Menschen langsamer werden, weil er dann alles in sich aufnehmen will. Sie sind dann vorsichtig und verbockt. Eine »O«-Persönlichkeit kann sich aber durch das Abstreifen von Überflüssigem selbst befreien. (Obatala, Oceanus, Odin, Odysseus, Oedipus, O-Kuni-Nushi, Olympia, Omphale, Orion, Orpheus, Oshun, Osiris.)

XXI The World

U (von Vav). *Die Welt* ist sensibel, nährend und möchte die ganze Welt umarmen und beschützen. Sie verweigern sich Einflüssen von außen, fürchten Spott und sind konservativ. Sie erhalten sich die persönliche Würde und Exklusivität, können dabei jedoch abgehoben und elitär wirken. Nur in streng abgegrenzten Bereichen fühlen Sie sich frei genug, um Ihre Kreativität zum Ausdruck zu bringen. Trotz dieser Eingeschränktheit reisen Sie gern. Als »U« fühlen Sie sich verantwortlich für die, die Ihren Schutz und Ihre Hilfe brauchen, haben aber Angst, aufgerieben zu werden. Sie sind sehr intuitiv und können die Menschen wahrscheinlich gut einschätzen. (Uazit, Uma, Uni, Unkulunkulu, Uräus, Urania, Uranus, Ur-Nammu, Uzza, Uzume.)

VII The Chariot
VII Le Chariot — VII Il Carro
VII Der Triumphwagen — VII El Carro

Y (von Yod). *Der Wagen* ist intuitiv, selbstbeobachtend und hat die Gabe, Geheimnisse zu durchschauen. Er ist emotional, verantwortungslos, doch selbstsicher und herausfordernd. Er kann die Einbildung zügeln, indem er auf Ziele hinarbeitet, haßt aber alles Enge und stellt seine Bewegungsfreiheit über alles. »Y« strebt nach mentaler, spiritueller und physischer Erfüllung und nach der Freiheit, das zu erlangen. Sie entwickeln die Geduld, auf langfristige Ziele hinzuarbeiten. Dennoch müssen Sie aufpassen, nicht die Fassung zu verlieren und die Dinge zu übertreiben. (Yahweh, Yama, Yarilo, Yemaya, Yggdrasil, Yseult, Yuki-Onne.)

Ihr persönlicher Rhythmus

Können Sie den Rhythmus wahrnehmen, den die Vokale Ihrem Namen verleihen, den Pulsschlag und Takt, den er beinhaltet? Achten Sie auf die Wiederholungen einzelner Vokale in Ihrem Namen und deren Wirkung.

Jeder Ihrer Namen hat seinen eigenen Rhythmus. Die Numerologin Martita Tracy sagte: Sie sind ein Instrument. Ihre äußere Erscheinung und Ihre Lebensumstände sind die Harmonien und Akkorde, die Sie mit Ihrem Namen oder umgekehrt, die Ihr Name mit Ihnen spielt. Hier beschäftigen wir uns zuerst mit Ihrem Vornamen und versuchen seinen Takt mit unseren Händen wiederzugeben. Ihre linke Hand soll dabei die Konsonanten übernehmen und die rechte die Vokale auf Ihren Knien schlagen. Betonen Sie dabei den Anfangsbuchstaben. Um den Takt schriftlich festzuhalten, können Sie sich der Zeichen bedienen, die auch zur Rhythmusanalyse eines Gedichts benutzt werden.

Zum Beispiel:

Ẃ Î Ĺ Ĺ Î Â Ḿ

Tragen Sie nun hier Ihren vollen Namen ein und kennzeichnen Sie die Vokale und Konsonanten als Takt:

Schlagen Sie, jeweils einzeln, den Rhythmus Ihrer Namen. Wenn Sie am Ende den Takt jedes Namens beherrschen, klopfen Sie sie alle nacheinander durch, so daß ein langer persönlicher Rhythmus entsteht. Wiederholen Sie dies, bis es so automatisch wird, daß Sie nicht mehr darüber nachdenken müssen. Schaukeln Sie im Rhythmus und fühlen Sie, wie er seit Ihrer Geburt tief in Ihnen als Muster ruht.

Bewegen Sie sich mit diesem Muster durch die Jahre und lassen Sie sich eine Weile mitnehmen. Haben Sie Ihren Rhythmus in sich gefunden, überprüfen Sie daraufhin alle Namen, die Sie benutzt haben, zum Beispiel Kosenamen. Fühlen Sie, wie der Rhythmus sich ändert? Was hat sich geändert?

Musikalische Entsprechungen

Auch hier gibt es verschiedene Systeme, zu jeder Karte der Großen Arkana entsprechende Noten zu finden. Die unten aufgeführte Tabelle der musikalischen Entsprechungen benutzt ein System, das Paul Foster Case, in Anlehnung an den Orden der Goldenen Morgendämmerung, entwickelt hat. Sie können jedes System, auch ein eigenes, benutzen. Spielen Sie dann Ihren Namen auf einem Instrument. Weiter unten in diesem Buch sind Zeilen für Ihren Namen und seine Noten vorgesehen. Die sich ergebende Melodie wird wahrscheinlich nicht melodisch klingen, doch spielen Sie ruhig so lange mit den Noten herum, bis Sie eine Tonfolge finden, die Ihnen entspricht. Haben Sie keine Bedenken, ein eigenes System zu entwickeln. Eine Möglichkeit, das zu tun, ist auch, erst eine Melodie zu finden und von dort aus ein System darin zu entdecken.

Tabelle der musikalischen Entsprechungen

A –	Der Magier	e	N –	Mäßigkeit	gis
B –	Hohepriesterin	gis	O –	Der Teufel	a
C –	Die Herrscherin	fis	P –	Der Turm	c
D –	Der Herrscher	c	Q –	Der Stern	ais
E –	Der Hierophant	cis	R –	Der Mond	b
F –	Die Liebenden	d	S –	Die Sonne	d
G –	Der Wagen	dis	T –	Das Gericht	c
H –	Kraft	e	U –	Die Welt	a
I –	Der Eremit	f	V –	Der Narr	e
J –	Rad des Schicksals	ais	W –	Der Hierophant	cis
K –	Gerechtigkeit	fis	X –	Die Liebenden	d
L –	Der Gehängte	gis	Y –	Der Wagen	dis
M –	Der Tod	g	Z –	Kraft	e

Mein Name: _____

Meine Noten: _____

Anfangsbuchstaben

Schauen Sie sich den Anfangsbuchstaben Ihres Vornamens an. Er ist es, der Sie leitet. Beginnt Ihr Name mit einem Vokal, haben Sie schon in dem Abschnitt Vokalkarten etwas über seine Bedeutung erfahren. Von einem Vokal geleitet zu werden, bedeutet, daß Sie von Ihren Energien und Emotionen angetrieben werden. Damit sind Sie in der Lage, schnell zu handeln, jedoch meist, ohne vorher darüber nachzudenken. *Der Name Elisabeth beginnt zum Beispiel mit »E«, was gemäß dem zugeordneten Hierophanten soviel bedeutet wie »selbstsicher und kompetent vertreten Sie Ihre Meinungen, doch drängt Ihre Neugier Sie zu immer neuen Erfahrungen«.* Ein Konsonant als Anfangsbuchstabe heißt, daß Sie ganz »charakteristisch« mit den Eigenschaften dieses Buchstabens auf die Dinge reagieren.

Die Konsonanten

Die Konsonanten geben dem Namen immer ein bestimmtes »Aussehen«. Es gibt wesentlich mehr Konsonanten als Vokale. Sie sind daher viel persönlicher und nuancieren unsere Grundzüge. Sie definieren uns deutlicher. Sprachlich gesehen ist ihre Funktion zwischen den Lauten zu unterscheiden. Sie lassen Reime entstehen. Achten Sie einmal besonders auf den ersten Konsonanten in Ihrem Namen; wenn Sie ihn ändern, wird der Name radikal verändert: Ted, Ned, Fred, Jed, Red.

Denken Sie daran, daß die aufgeführten Bedeutungen der einzelnen Buchstaben nur einige persönliche Vorschläge von mir sind. Sie sollten deshalb die Karten selbst zu Ihnen sprechen lassen, denn jeder Name zeigt eine ganz individuelle Zusammenstellung. Sind die Karten in der Reihenfolge *Ihres* Namens ausgelegt, werden Sie erkennen, wie sie sich zusammenfügen und ihren eigenen Fluß entwickeln.

B (von Beth). *Die Hohepriesterin* ist sehr empfindsam gegenüber unterschwelligen Emotionen ihrer Umgebung. Sie ist eine intuitive und sensible Träumerin, doch dabei geordnet und weise. Weiterhin ist sie selbstbestimmt, unabhängig und kann Geheimnisse bewahren. Sie verfügt über diplomatische und meditative Gaben. Sie baut auf, entwirft und verbindet das Bestehende in ungewohnter, neuer Weise. (Baal, Baba Yaga, Bacchus, Baldur, Baphomet, Bel, Bellerophon, Blodeuwedd, Bona Dea, Brahma, Bran der Gesegnete, Brigit, Buddha.)

C (von Gimel). *Die Herrscherin* beschäftigt sich mit den kreativen, imaginären und ästhetischen Aspekten einer jeden Sache. Diese Karte (Buchstabe) ist gesellig, kooperativ, zärtlich, anmutig und edel. (Cassandra, Castor, Cerberus, Ceres, Cernunnus, Cerridwen, Chango, Chalchiuhtlicue, Chiron, Circe, Coyote.)

D (von Daleth). *Der Herrscher* ist tüchtig, ordentlich, praktisch, konservativ und verfügt über einen scharfsinnigen Verstand. Diese Karte (Buchstabe) ist zielstrebig, ergreift Möglichkeiten und hält am Besitz fest. Sein Selbstausdruck fällt ihm schwer und muß ermutigt werden. (Daidalos, Daevas, Dagda, Dainichi, Dakini, Danu, Demeter, Devi, Diana, Dionysus, Domovoi, Dumuzi, Durga.)

F (von Peh oder Vav). *Die Liebenden* machen Ihnen die Möglichkeiten des Lebens bewußt. Dabei lastet die Verantwortung schwer auf Ihren Schultern und Sie kämpfen mit einem Dilemma nach dem anderen. Sie brauchen Gefährten. In harmonischen Umgebungen können Sie Träume verwirklichen, Disharmonie und Bedrängung verängstigen Sie dagegen. (Fatae, Faunus, Firanak, Flora, Fortuna, Frey, Freyja, Frigg, Fudo-myoo, Fujiyama, die Furien.)

G (von Gimel). *Der Wagen* kennt die Vorteile der Führung und der Ziele. Es ist eine sehr selbstsichere, entschlossene und aktive Karte (Buchstabe). Mit ihr halten Sie Ihre Gefühle unter Kontrolle. Sie empfiehlt Meditation oder andere Übungen der Besinnung. Sie können nur schwer mit anderen zusammenarbeiten und übernehmen lieber die Rolle der Versorgerin, vor allem, wenn Sie bemerken, daß die anderen eine andere Sicht der Dinge haben. (Gaea, Gandharvas, Ganesha, Ganga, Garuda, Gawain, Geb, Genii, Gilgamesch, Gorgo, Grazien, Guenevere, Gwydion.)

H (von Heh). *Kraft* benutzt ihre Fähigkeiten, anderen Menschen, einer Gruppe oder der Gesellschaft zu helfen. Sie ist großzügig und tolerant, mutig und furchtlos und besitzt angeborene spirituelle Kräfte. Das heißt, Sie bringen Ihr Herz in eine Sache ein. (Hades, Hanuman, Hapi, Harmonia, Hathor, Hekate, Hel, Hephaistos, Hera, Herkules, Hermes, Hestia, Horus, Hoshang, Huitzilopochtli, Hygieia.)

J (von Jod). *Das Rad des Schicksals* ist ein Führer, der sich leicht den Änderungen anpaßt. Es bedeutet für Sie, daß Sie viele Freunde haben, doch zu sehr beeinflußbar sind. Sie sind enthusiastisch, gutmütig und lieben neue Ideen und Dinge. Dabei sind Sie selbst erfinderisch und originell. Sie möchten an den Dingen wachsen. (Jadapati, Jade, Janus, Jason, Jehovah, Jesus, Jemshid, Jokaste, Jove, Joy, Juno, Jupiter.)

K (von Kaph). *Gerechtigkeit* befaßt sich mit Wahrheit und Ehrenhaftigkeit. Diese Karte (Buchstabe) steht für entscheidungskräftige Führungsnaturen. Sie ist analytisch und stützt sich auf den Verstand. Es fällt Ihnen leicht, sich anzupassen und Sie suchen das Gleichgewicht zu wahren. Sie können sich gut artikulieren, literarisch sein und erringen durch Ihre Wortgewandheit oft Vorteile. Wenn Sie sich beleidigt fühlen, werden Sie starr und unnachgiebig. (Ka, Kadi, Kali, Kami, Kannon, Kashiwano-kami, Keres, Kherpera, Khepri, Kore, Krishna, Kuanyin.)

L (von Lamed). *Der Gehängte* opfert sich für seine Träume. Diese Karte (Buchstabe) tendiert zu Ironie, Pessimismus und Sorge. Sie sagt, daß Sie Ihr Glück im Dienst am Menschen finden. Doch brauchen Sie oft einen Anschub, um in Gang zu kommen. (Lada, Lagash, Lakshmi, Laomedon, Lanzelot, Lao-Tse, Leda, Leto, Libera, Lilith, Llew, Loa, Loki, Loo-Wit, Luzifer, Lug, Luna.)

M (von Mem). *Der Tod* bringt spürbare Veränderungen und läßt Sie gründlich mit alten Themen aufräumen. Es ist eine Karte (Buchstabe) der Bitterkeit und des Schmerzes, doch liegen darin auch Themen der Regeneration und des Wiederaufbaus. Sie macht Sie zu einem fähigen, intuitiven Vorbild oder zu einem solchen Vorgesetzten. Die Tiefe Ihrer Gefühle hindert Sie daran, Sachen leichtzunehmen. Sie sind sinnlich veranlagt. (Ma, Maat, Macha, Maya, Maitreya, Mama Quilla, Marduk, Mars, Medea, Medusa, Merkur, Metis, Midas, Minerva, Minotaurus, Mithra, Mohammed, die Musen.)

N (von Nun). *Die Mäßigkeit* ist munter, anpassungsfähig und gewandt. Dabei kann sie nervös, ruhelos und sehr besorgt ums Detail sein. Mit ihr reisen Sie gern und treiben Sport. Sie reagieren leidenschaftlich auf Ihre Mitmenschen, haben dabei aber strikte persönliche Werte für sich aufgestellt. (Nammu, Narziß, Neith, Nemesis, Nephthys, Neptun, Nereus, Nergal, Nimgirsu, Ninigi, Ninlil, Niobe, die Nornen, Nuada, Nun, Nut.)

P (von Peh). *Der Turm* ist machtorientiert. Diese Karte (Buchstabe) steht für eine enorme Willensstärke und für Moral, beinhaltet aber auch schnelle Erregbarkeit. Sie beschäftigen sich mit Reformen und verfügen über eine machtvolle Ausdrucksfähigkeit. Dies zusammen macht Sie entweder zu einem Philosophen oder zu einem Revolutionär. Bei alledem konzentrieren Sie sich nur auf eigenes Gefühl für Macht und für den Ort. (Pachamama, Pallas, Pan, Pandora, Parzival, Parvati, Pegasus, Persephone, Perseus, Phaedra, Pluto, Poseidon, Prometheus, Prayapati, Psyche, Ptah, Pygmalion.)

Q (von Qoph). *Der Stern* ist belebend, hoffnungsvoll und gut gelaunt. Durch ihn verfügen Sie über einen gewissen Stolz und stille Macht, so daß viele Menschen Ihnen nachstreben. Dazu sind Sie unersättlich neugierig. Sie setzen Ihren Verstand geschickt ein und verfolgen Ziele, die in weiter Ferne liegen. Als Ihre schlechte Seite zeigt diese

Karte (Buchstabe) Skrupellosigkeit und Dogmatismus. (Qadesh, Qamaits, Qebhsnuf, Quetzalcoatl.)

R (von Resh). *Der Mond* erweckt durch sein intuitives Verständnis Vertrauen. Mit ihm haben Sie ein feines Differenzierungsvermögen und verfügen über verborgenes Wissen. Sie ertragen Schwierigkeiten still und zeigen weder Ihren Kummer noch Ihre Probleme nach außen. Sie haben ein eigenes Zeitgefühl. Sie wirken anziehend und sind großzügig. Vielleicht sind Sie vom Okkultismus angezogen. (Ra, Radha, Rama, Ravana, Rhadamanthys, Rhea, Rhiannon, Romulus und Remus, Rudra.)

S (von Samekh). *Die Sonne* ist willensstark, dabei jedoch gutmütig, lebhaft und optimistisch. Sie ist selbstregenerierend, belebend, unabhängig und liebt gesellige Kontakte. Diese Karte (Buchstabe) kann in Ihnen den Wunsch erwecken, weise und allwissend zu erscheinen und als Friedensstifter bekannt zu werden. Sie sind ein selbständiger, unabhängiger Denker, doch fehlt es Ihnen manchmal an Ernsthaftigkeit und Offenheit. (Samson, Satan, Saturn, Savitri, Sekhmet, Selene, Seth, Schakti, Shamash, Shango, Schekinah, Sind, Schiwa, Siddhartha, Skalds, Salomon, Soma, Sphinx, Sybille.)

T (von Teth oder Tav). *Das Gericht* hat eine Berufung oder ein Ziel, oft mit einer spirituellen Dimension. Sie sind häuslich und ein Friedensstifter, doch zuallererst daran interessiert, sich selbst zu meistern. Menschen mit dieser Karte (Buchstabe) wollen das Bewußtsein der Massen heben. Sie können kritisch sein und alles eingehend untersuchen, was Sie in Frage stellen. Sie lieben Herausforderungen. (Tammuz, Tanet, Tara, Tartarus, Tefnut, Tethys, Tezcatlipoca, Themis, Theseus, Thetis, Thor, Thoth, Tiamat, Tirawa, Tlaloc.)

V (von Vav). *Der Narr* ist der Meister. Sie sind ein Individualist, risikofreudig und ein eingefleischter Vagabund (eventuell nur in Ihrem Kopf). Sie können zerrissen werden, weil Sie sich zu allem Neuen und Unbekannten hingezogen fühlen. Oder Sie werden depressiv, weil Sie es nicht schaffen, sich von dieser Sensationslust zu befreien. Deshalb brauchen Sie das Gefühl, anerkannt zu werden. (Vanir, Varuna, Venus, Vesta, Victoria, Vidar, Vishnu, Volcanal, Vulkan.)

W (von Vav). *Der Hierophant* als Konsonant ist stolz, vielseitig und clever. Menschen mit dieser Karte (Buchstabe) sind gute Diagnostiker, entschlossen und hartnäckig in Ihrer Liebe und Ihren Wünschen. Sie geben gerne Ratschläge, sind Berater und können auch selbst gut lernen. Sie fühlen sich in der Ordnung »zuhause« und folgen dem Gesetz und den Regeln. (Wankan-Tanka, Walpurga, Walküren, Wen Ch'ang, Wodan.)

X (von Vav – als Kreuz). *Die Liebenden* in ihrer erdverbundenen Form. Damit steht die Karte (Buchstabe) für geschäftlichen Erfolg und weltliche Angelegenheiten, Handwerk und künstlerische Tätigkeiten. Sie sind sich durchaus der Bürde Ihrer Verantwortung bewußt, aber bereit, diese zu tragen, wenn Sie dafür in der Ferne einen Lohn erkennen. Sie suchen sich Freunde, von denen Sie profitieren können. (Xerxes, Xipe Totec, Xiuhtecuhtli, Xochiquetzal.)

Y (von Yod). *Der Wagen* zeigt sich hier in seiner Bedeutung als Konsonant von seiner Wasserseite. Sie haben mediale und prophezeiende Gaben und können Geheimnisse durchdringen. Wenn Ihr Idealismus geweckt ist, handeln Sie selbstsicher und entschlossen. Sie können ein Medium und ein Channel sein. (Die mythologischen Namen finden Sie in der Vokalliste unter Y).

Z (von Zayin). *Kraft* in ihrer Form als Luft. Diese Menschen sind Extremisten. Sie verfügen über die Selbstsicherheit, den rechten Antrieb und die Energie, um das durchzusetzen, was sie wollen. Sie machen Situationen größer als sie sind und übertreiben. Wenn Sie andere nicht organisieren und kontrollieren können, werden Sie rastlos. Sie können sehr erfolgreich die kreativen Ideen anderer verwirklichen oder unterstützen. (Zagreus, Zarathustra, Zend-Avesta, Zenobia, Zephyros, Zeus.)

Die Namensmuster

Teilen Sie Ihre Namen in Silben auf. Hat Ihr Name irgendwelche Umlaute (z. B. au, eu, ei) oder zusammengezogene Laute (z. B. sch, st)? Dann legen Sie diese Karten ein Stückchen übereinander, um anzudeuten, daß die einzelnen Laute zusammengehören. Verbinden Sie jetzt die Bedeutungen der einzelnen Karten jeder Gruppe. *Mein zweiter Vorname ist zum Beispiel Katherine, den ich »Kath-er-in« ausspreche. Die erste Silbe »Kath« hat den zusammengezogenenen englischen Laut »th« und wird betont. In der zweiten Silbe ist das »e« kaum wahrnehmbar und geht in das »r« über. Und das »e« am Ende der letzten Silbe wird nicht gesprochen. Die Verschmelzung des »th«, also des Gerichts (T) und der Kraft (H) steht wahrscheinlich für meine »Berufung«, anderen Menschen von Nutzen zu sein, ihnen etwas zu geben. Die Anfangskarte (Buchstabe), die Gerechtigkeit (K), betont Ehrenhaftigkeit und Ausdrucksfähigkeit, während die, diese Konsonantenaspekte verbindende, Vokalkarte, der Magier (A), die Betonung auf meinen Drang nach einem Ziel legt, das mich in die Lage versetzt, mich mit anderen auseinanderzusetzen. Die erste Silbe meines Namens ist damit eindeutig in Harmonie mit meinem Beruf als Lehrer und Autor. In der zweiten Silbe sagt mir der fast unausgesprochene Hierophant (E), daß ich intuitiv lernen muß = Mond (R). Der Eremit (I) und die Mäßigkeit (N) mit dem stillen Hierophanten (E) deuten auf eine ruhelose Energie hin, die nach Vollkommenheit und Aufmerksamkeit für das Detail beim Lernen strebt. Sie beinhalten aber auch die leidenschaftliche Sorge um das Wohlergehen der anderen.*

Das Auslegen Ihres Namens

Nehmen Sie die Karten aller Ihrer Namen und arrangieren Sie sie beliebig in einer Weise, in der Sie eine Ausgewogenheit spüren. Denken Sie dabei nicht an die richtige Reihenfolge, gestalten Sie mit den Karten ein Bild, das Ihren Namen auszudrücken scheint. Vertiefen Sie sich eine Weile in jede Variation. Ihr Schicksal will, daß Sie alle Ihre Charakterzüge zur Vollendung bringen, alle Namen verwirklichen. Dies gibt Ihnen einen grundsätzlichen Eindruck davon, wie Sie die Karten Ihres Namens auslegen können. Ihr Name lehrt Sie aber noch weit mehr über Ihr Selbst.

Zusammenfassung

Die meisten von uns haben bei der Geburt drei Namen bekommen: den Vornamen, den zweiten Vornamen (oder Taufnamen) und den Familiennamen. Im folgenden möchte ich Ihnen einen Eindruck davon vermitteln, welche Wirkung der einzelne Name auf Sie ausübt. Nehmen Sie die folgenden Ideen auf eine Weise an, die für Sie passender scheint, besonders, wenn Sie eine andere Namensstruktur haben.

Ihr Vorname

Der Vorname ist meist sehr persönlich. Bis zu diesem Jahrhundert haben ihn nur Freunde und Familienangehörige benutzt. Es galt als ein Zeichen von Intimität und Vertrauen, jemandem zu erlauben, Sie bei Ihrem Vornamen zu nennen. Heute sind wir freier und offener, so daß man sich oft mit seinem Vornamen vorstellt. (Später werde ich mich auch mit Kosenamen und andere Namensformen befassen.) Ihr Vorname ist Ihr Ich oder denkendes Selbst und steht für die Dinge, denen Sie sich am meisten bewußt sind. Er ist auch am engsten mit den Gleichaltrigen Ihrer Generation verbunden. Die Popularität bestimmter Vornamen kommt und geht mit gesellschaftlichen Launen und Moden. Vielleicht tragen Sie einen in Ihrer Generation ungewöhnlichen Vornamen, der in einer anderen Zeit durchaus üblich war, oder umgekehrt. Ich kenne zum Beispiel niemanden in meiner Altersgruppe, der Jason hieße, doch kenne ich mindestens 6 Jungen, die so heißen und alle nach 1972 geboren wurden. Viele Kinder, die zwischen 1960 und 1970 geboren worden sind, haben von ihren Eltern Namen bekommen, die deren Verbundenheit mit der Natur, dem kulturellen Erbe oder der Mythologie ausdrücken. Demnach sind Vornamen oft bezeichnend für eine bestimmte historische Ära.

Ihr zweiter Vorname oder Taufname

Dieser Name kann für sehr verschiedene Aussagen stehen. Normalerweise repräsentiert er Ihr verborgenes Ich. Die meisten Menschen kennen Sie nicht unter diesem Namen, so kann er für nicht entwickelte Potentiale stehen. Falls es sich dabei um einen Namen handelt, den schon Ihre Eltern trugen, hat er eine genetische und vererbende Funktion. Er drückt dann ethnische Wurzeln aus, die sonst nicht erkennbar wären. Wenn es ein anderer Name ist, kann er aus den Familienwurzeln stammen, wie zum Beispiel nach einer Großtante Arabella benannt zu werden. Andererseits kann er auch einfach entferntere Fantasien Ihrer Eltern beinhalten. Fragen Sie sich oder Ihre Eltern, warum Ihnen dieser Name gegeben wurde. Sie müssen die Bedeutung dieses Namens für sich selbst herausfinden, aber oft zeigt er ein subtiles Erbe an, Dinge, die Sie selbst nicht an sich wahrnehmen oder persönliche Aspekte, mit denen Sie sich nach außen hin nicht identifizieren (es sei denn, Sie benutzen diesen Namen als Vornamen). Er ist auch Bindeglied zwischen Ihrem persönlichen Selbst und Ihrem gesellschaftlich/kulturellen Selbst.

Ihr Familienname

Ihr Nachname (auf der Geburtsurkunde) ist aller Wahrscheinlichkeit nach der Nachname Ihres Vaters, muß es aber nicht sein. Es könnte sich auch um den Nachnamen Ihrer Mutter, eine Kombination aus beiden oder in sehr seltenen Fällen auch einen ganz anderen Namen handeln. Ich nenne ihn den Familiennamen, denn selbst, wenn Sie ihn nur für sich beanspruchen, scheint er Sie doch in einen sozialen oder kulturellen Rahmen zu stellen. Ihr Nachname steht für Ihr förmliches Selbst und stammt zumeist aus Ihrem familiären oder kulturellen Erbe. Es ist das in »Wir«-Begriffen denkende Selbst, das sich meistens mit der Gruppe identifiziert, der wir angehören, von der Familie bis zu Gefühlen der nationalen oder ethnischen Zusammengehörigkeit.

Ihre individuellen Namenskarten

Den Karten, die Ihren Namen »buchstabieren« ebenso wie denen, die aus der Summe des jeweiligen Namens hervorgehen, können die folgenden Schlüsselworte zugeordnet werden:

Karten des Vornamens	Karten des zweiten Vornamens	Karten des Familiennamens
Bewußtes Selbst	verborgenes Selbst	formales Selbst
persönliches und	genetisches und	gesellschaftliches
generations-	vererbtes	und kulturelles
spezifisches	unterentwickeltes	»Wir«-Bewußtsein
»Ich«-Bewußtsein	Potential	

Benutzen Sie das Schema der eigenen Namenskarten auf Seite 265, um alle Namen einzeln zu addieren und dann die Tarot-Karte zu ermitteln, die alle Namen in sich vereint.

Die Karte des Vornamens

Addieren Sie zuerst alle Vokale Ihres Vornamens und tragen Sie die Summe in die Tabelle ein. Dasselbe machen Sie dann für die Konsonanten und schreiben die Summe in die dafür vorgesehene Zeile. Addieren Sie diese beiden Summen (nur vom Vornamen) und Sie erhalten Summe 1. Bilden Sie nun die Quersumme, bis Sie eine Zahl unter 23 erhalten. So haben Sie die Tarot-Karte gefunden, die für Ihr persönliches Selbst steht und Karte Ihres Vornamens heißt. Tragen Sie diese Zahl in die Tabelle ein.

Die Karte des zweiten Vornamens

Wiederholen Sie den gleichen Vorgang zur Bestimmung der Karte Ihres zweiten Vornamens, die Ihr verborgenes Selbst ausdrückt.

Die Karte Ihres Familiennamens

Auch die Berechnung der Karte Ihres Familiennamens können Sie nach der obigen Methode machen. Die Karte Ihres Familiennamens ist Ausdruck Ihres gesellschaftlichen und kulturellen Selbst.

Dreiklang

Die drei Karten, die Sie soeben bestimmt haben, sind wie einzelne Noten, die die Essenz eines jeden Ihrer drei Namen ausdrücken. Zusammen bilden sie einen Akkord, eine Kombination, die Einheit Ihrer drei Namen. Ich nenne diese Kombination Ihren Dreiklang. Es ist der dominante Klang in dem »Thema« Ihres Lebens. (Die drei Karten können, brauchen aber nicht, eine gemeinsame Konstellation haben). Sie behandeln Ihren Dreiklang wie ein Tarotspiel mit drei Karten. Dabei sollten Sie die Schlüsselworte der vorangegangenen Seite für die Bedeutung der drei Positionen benutzen.

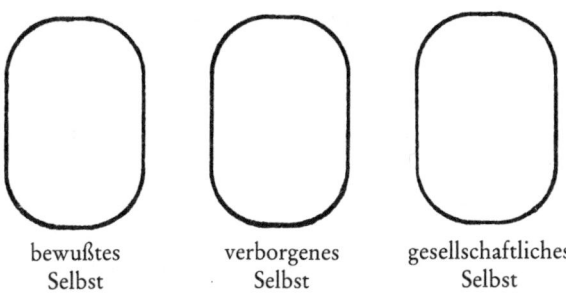

bewußtes
Selbst

verborgenes
Selbst

gesellschaftliches
Selbst

Ihre Schicksalskarten

Es gibt verschiedene Möglichkeiten, die Summen aus Ihrem Namen zu bilden. Jedes dieser Verfahren endet mit einem anderen Ergebnis. Zählen Sie zum Beispiel Ihren ersten und zweiten Vornamen und Ihren Nachnamen einzeln zusammen, bilden die Quersummen und addieren dann die einzelnen Ergebnisse, kommen Sie eventuell auf die 21 (Die Welt). Addieren Sie dagegen erst alle Buchstaben des ganzen Namens, bevor Sie die Quersummen bilden, würden Sie als Ergebnis die 12, Der Gehängte, erhalten. Sowohl die 21 als auch die 12 reduzieren sich zu der Wurzelzahl 3 und somit in der Konstellation der Herrscherin. Diese steht für das Prinzip der Liebe und der kreativen Vorstellungskraft.

Es gibt also drei verschiedene Arten, die Zahlen Ihres Namens zu addieren, um zu einer Endsumme zu gelangen, die Ihre Schicksalskarte(n) repräsentiert. Für die einzelnen Schicksalskarten werden auch folgende Namen benutzt: Die Karte des Themas, die Rhythmuskarte und die Melodiekarte. *Diese Karten gehören immer derselben Konstel-*

lation an und haben die gleiche Wurzelzahl. Es sind die Variationen zu Ihrem Schicksalsthema (wie es von Ihrem Namen komponiert wird).

Die Karte des Themas

Addieren Sie die Quersummen Ihres ersten und zweiten Vornamens und Ihres Nachnamens, wie es in der Tabelle angegeben ist. Sofern diese Summe größer als 22 ist, bilden Sie daraus die Quersumme. Sie haben damit die Karte Ihres Themas, eine Einzelnote, die die Summe Ihres Dreiklangs ausdrückt (die drei Karten, die aus Ihrem ersten und zweiten Vornamen und Ihrem Nachnamen ermittelt wurden). Nehmen Sie die Tabelle der musikalischen Entsprechungen zu Hilfe, wenn Sie Ihren Dreiklang oder Ihre Karte des Themas zum Klingen bringen möchten.

Rhythmuskarte

Zu Beginn des Kapitels haben Sie die Vokale Ihres ganzen Namens addiert, um die Karte Ihrer Wünsche und inneren Sehnsüchte zu ermitteln, und Sie taten dasselbe mit den Konsonanten und gelangten so zur Karte Ihrer äußeren Persönlichkeit (siehe Tabelle Ihrer Persönlichkeitskarten). Addieren Sie nun einfach diese beiden Zahlen und bilden Sie gegebenenfalls die Quersumme, um zu einer Zahl unter 23 zu kommen. Da die Vokale und Konsonanten den inneren Rhythmus Ihres Namens bestimmen, nenne ich diese Karte Rhythmuskarte. Sie zeigt Ihren persönlichen Takt und wie Sie mit Ihrer Energie umgehen.

Melodiekarte

Addieren Sie hierfür alle Zahlen Ihres ganzen Namens, bevor Sie Quersummen, bilden. (Addieren Sie Summe 1, Summe 2 und Summe 3 in der Tabelle und bilden Sie dann erst die Quersumme.) Bei dieser Methode sind Sie angehalten, auf jeden einzelnen Ton jeder einzelnen Karte zu hören, die nacheinander als Melodie für Sie erklingen. Ich nenne dies Ihre Melodiekarte. Die Summe ist die Essenz.

Namenskarte der verborgenen Seite

Ihre Karte des Themas, die Rhythmuskarte und die Melodiekarte ermitteln sich aus den verschiedenen Möglichkeiten, Ihren Namen zu addieren (Sie addieren dabei dieselben Zahlen und bilden lediglich zu verschiedenen Zeitpunkten die Quersumme). Daher besitzen diese

Karten dieselbe Wurzelzahl und damit auch dieselbe Tarot-Konstellation. Diese Konstellation ist der Ausdruck Ihres Schicksals, wie es in Ihrem Namen kodiert ist. Die Karte aus Ihrer Konstellation, die weder Karte des Themas, noch Rhythmus- oder Melodiekarte ist, heißt Namenskarte der verborgenen Seite, denn sie hat für Sie hier dieselbe Bedeutung wie in den ersten Kapiteln als Geburtskarte oder Karte der verborgenen Seite.

Schema der eigenen Namenskarten

	Summe	Quersumme $\langle$ 23

Vorname
Vokale: = _____
Buchstaben:_____
Konsonanten: = _____
                Summe 1 = _____ = _____
                                        _____
                                        Vornamenskarte

Zweiter Vorname
Vokale: = _____
Buchstaben:_____
Konsonanten: = _____
                Summe 2 = _____ = _____
                                        _____
                                 Karte des zweiten Vornamens

Familienname
Vokale: = _____
Buchstaben:_____
Konsonanten: = _____
                Summe 3 = _____ = _____
                                        _____
                                    Karte des Familiennamens

Karte des Themas
(Quersumme aus der Summe der Karten)   = _____
                                        _____
                                           Karte des Themas

Melodiekarte
(Summe 1 + Summe 2 + Summe 3)_____ = _____
                                        _____
                                             Melodiekarte

*Karte der Sehnsüchte und
der inneren Motivation*
(Quersumme aus der Summe aller Vokale)   _____
                                                        _____

*Karte der äußeren
Persönlichkeit*
(Quersumme aus der Summe aller Konsonanten)   _____
                                                        _____

Rhythmuskarte
(Quersumme aus den beiden   _____
vorherigen Karten)   Rhythmuskarte   _____

Die Karte meines Themas, meine Melodiekarte und meine Rhythmus-
karte (*meine Schicksalskarten*) gehören alle in die
Konstellation des/der _____
Prinzip des _____

Die folgenden Karte(n) dieser Konstellation sind keine meiner Schicksalskarten und deswegen die *Karten der verborgenen Seite* (meines
Namens): _____

Karten des Lebenspotentials

4stellige Summe des Geburtstags, -monats und -jahres
                                    _____   (Basiszahl)
+ Summen 1, 2 und 3 zusammengezählt._____
= ⟩ 23 = Quersumme ⟨ 23   _____   = _____

Die Karte meines Lebenspotentials heißt_____

Die Karte des Lebenspotentials

Das ist die Karte, die sowohl Ihren Namen als auch Ihr Geburtsdatum
enthält. Damit steht sie für Ihr gesamtes Potential und die maximal
erreichbaren Ziele. Diese Karte wird immer in Ihrer spirituellsten und
idealistischsten Aussage gedeutet, um Ihnen Ihr höchstes Ziel zu
vergegenwärtigen, das Sie beim Einsatz aller Ihrer Kräfte erreichen
können. Damit können Sie Ihr Schicksal und Ihre Lebensaufgabe
erfüllen. Um die Karte Ihres Lebenspotentials zu bestimmen, müssen
Sie die Summe aus Ihrem Geburtsdatum zu der Summe Ihres Namens
addieren (bilden Sie dazwischen nirgends eine Quersumme). Erst dann
errechnen Sie die Quersumme, bis Sie zu einer Zahl kleiner als 23
gelangen.

Namenskarten-Checkliste

Sehnsucht und innere Motivations-Karte	= Quersumme aller Vokale Ihres ganzen Namens.
Karte der äußeren Persönlichkeit	= Quersumme aller Konsonanten Ihres vollen Namens.
Karte Ihres Vornamens	= Quersumme aller Buchstaben Ihres Vornamens.
Karte des zweiten Vornamens	= Quersumme aller Buchstaben des Vornamens.
Karte des Familiennamens	= Quersumme aller Buchstaben Ihres Familiennamens.
Karte des Themas	= Quersumme der drei vorangegangenen Karten.
Rhythmuskarte	= Quersumme der ersten zwei oben erwähnten Karten.
Melodiekarte	= Quersumme aller Buchstaben Ihres vollen Namens. (Summe 1 + Summe 2 + Summe 3)
Schicksalskarte	= jede der letzten drei Karten (gleiche Wurzelzahl).
Namenskarte der verborgenen Seite	= alle Karten, die die gleiche Wurzelzahl haben und noch nicht als eine der Schicksalskarten fungieren.
Lebenspotential-karte	= Quersumme aller Zahlen Ihres vollen Namens plus der Basiszahl Ihres Geburtsdatums.

Das magische Quadrat

1	2	3
4	5	6
7	8	9

Hinweis: In diesem Zusammenhang muß die Quersummenbildung immer zu einer Zahl zwischen 1 und 22 führen.

Diese Figur wird »magisches Quadrat« genannt, da sich die beiden gegenüberliegen Zahlen einer Reihe (vertikal, horizontal oder diagonal) immer zu 10 aufsummieren. Die Zahlen selbst entsprechen den neun Tarot-Konstellationen. Wir benutzen dieses System hier, um herauszufinden, welche Konstellation in Ihrem Namen das größte Gewicht hat.

Dazu müssen Sie zuerst die Wurzelzahl für jeden Buchstaben Ihres Namens bestimmen. Dafür sind weiter unten einige Zeilen vorgesehen. Zu jedem Buchstaben gibt es eine korrespondierende Schlüsselzahl (1 bis 22), die einer Tarotkarte entspricht. Aus dieser müssen Sie dann noch bis zur Wurzelzahl (1 bis 9) die Quersumme bilden.

Beispiel:

Buchstaben:	M	A	R	Y	K	A	T	H	E	R	I	N	E	G	R	E	E	R
Schlüsselzahl:	13	1	18	7	11	1	20	8	5	18	9	14	5	7	18	5	5	18
Wurzelzahl:	4	1	9	7	2	1	2	8	5	9	9	5	5	7	9	5	5	9

MEIN NAME:
Buchstaben: _____
Schlüsselzahlen: _____
Wurzelzahlen: _____

Nun können Sie für jeden Buchstaben Ihres Namens ein Zeichen im jeweiligen Feld des Magischen Quadrats machen (Punkt, Kreuz, Strich, etc.). Auch die Kartennummern der Karten aus Tabelle 15 und 16 halten Sie hier fest (mindestens 9 Karten müssen es sein).

Welche Konstellation ist in Ihrem Namen am häufigsten vertreten (meistens mit mehr als 5 Zeichen)?

Welches sind Ihre Hauptprinzipien?

Welche Konstellationen und Prinzipien sind in Ihrem Namen überhaupt nicht ausgedrückt?

Jede fehlende Konstellation steht für Charaktereigenschaften und Qualitäten, über die Sie nicht verfügen. Falls Sie diesen Mangel nicht durch Ihre Geburtskarte ausgleichen können, fühlen Sie sich wahrscheinlich zu Menschen hingezogen, die diese Eigenschaften besitzen. Diese Eigenschaften müssen Sie sehr bewußt in sich entwickeln, da sie nicht Ihrer persönlichen Natur mitgegeben sind. Die Motivation für eine eigenständige Entwicklung ziehen Sie aus Ihrer Umwelt, wo Ihnen diese Qualitäten begegnen und Sie faszinieren. Vielleicht hilft

Ihnen dies zu verstehen, warum Sie sich zu manchen Menschen unwiderstehlich hingezogen fühlen.

Andere Namen

Nun kommen wir dazu, andere Namen zu betrachten, die Sie vielleicht auch tragen: Kosenamen, angeheiratete Namen, spirituelle Namen, Alias-Namen oder andere. Der Grundrhythmus Ihres Geburtsnamens wird in jedem Fall ständig in Ihnen bleiben. Andere Namen stehen für von Ihnen erwünschte Änderungen dieses Grundprinzips oder für Erweiterungen Ihres Schicksals. Sie sind deshalb sehr wichtig. Jedesmal, wenn Sie einen neuen Namen annehmen, geht dies mit einer Veränderung Ihrer Umwelt einher. Oft bedeutet dabei der Name, den Sie bei der Heirat annehmen oder für sich und Ihren Ehepartnr zusammenstellen Ihre Einstellung zu der Beziehung, die Sie dabei eingehen.

Die Kosenamen, die Ihnen andere Menschen geben, sind eher Ausdruck dessen, wie Sie von anderen wahrgenommen werden. Ihre Mitmenschen reagieren damit auf Qualitäten in Ihnen, mit denen sie sich verbunden fühlen und an denen sie teilhaben möchten. Sie werden so gesehen, wie Sie genannt werden und bringen dadurch auch bestimmte Eigenschaften in Ihnen zum Vorschein.

Vielleicht denken Sie sich jetzt, es sei besser, einen Namen, den Sie annehmen möchten, erst mit den Tarotkarten zu überprüfen. Dazu möchte ich Ihnen sagen, daß ich nicht glaube, daß es »gute« oder »schlechte« Namen gibt. Genausowenig muß Ihre Schicksalskarte keine bestimmte Zahl ergeben, damit sie zu Ihrer Geburtskarte ein Gleichgewicht herstellt. Viele Menschen haben aufgrund schwieriger und disharmonischer Zahlenmuster Herausforderungen durchlebt, an denen sie gewachsen sind. Aus sogenannten Widrigkeiten sind Kraft, Leidenschaft und persönliche Fähigkeiten erwachsen. Jeder Name hat sein eigenes Potential; Harmonie stellt sich in dem Maße ein, wie Sie bereit sind, die Lektionen zu lernen, die Sie lernen müssen.

Sie können eine Namensänderung in ein Ritual einbetten. Es sollte immer Ihr eigenes sein, doch können Sie vielleicht einige der folgenden Grundaspekte darin einbauen:

Danken Sie dem Namen, den Sie jetzt ablegen, für alles, was Sie bisher von ihm lernen durften. Beginnen Sie vielleicht damit, Ihren alten Namen in seinen Karten auszulegen. Nun ändern Sie ihn, bis er in den neuen übergeht und schenken dabei allen Karten, die wegfallen oder neu hinzukommen, Ihre Anerkennung.

Erkunden Sie Ihren neuen Namen unter allen Aspekten dieses Kapitels und lernen Sie seinen Takt, seinen Rhythmus und seine Melodie kennen. Nehmen Sie die neuen Qualitäten und Eigenschaften an, die Sie mit diesem Namen in Ihr Leben aufnehmen, indem Sie sie laut aussprechen. Mit dem lauten Ausruf Ihres neuen Namens rufen Sie dessen Qualitäten und Eigenschaften zu sich.

Falls Sie ambivalente Gefühle zu diesem Namen (angeheiratet oder Pseudonym) haben, bestärken und ermutigen Sie sich selbst in diesem Ritual, um so offen für die Erfahrungen zu werden, die er Ihnen bringt und das Beste daraus zu machen. Ihre intuitiv ambivalenten Gefühle bestätigen sich vielleicht, wenn Sie Ihren Geburtsnamen mit dem neuen vergleichen und feststellen, daß Sie mit ihm viele neue Eigenschaften erwerben, die früher gar nicht oder nur sehr gering bei Ihnen ausgeprägt waren. Bestimmen Sie die neuen Erfahrungen, die Sie wahrscheinlich machen werden, so daß Sie sie erkennen, wenn sie Ihnen begegnen.

Ihr magischer Spiegel und Ihr Lebensmandala

Legen Sie alle Karten, die Ihren Namen »buchstabieren«, so vor sich aus, daß sie eine Mandala bzw. ein vollständiges Bild ergeben. Die Reihenfolge ist dabei gleich, doch sollten Sie ein gutes Gefühl dabei haben. (Hier geht es um das Auslegen Ihres Namens, aber Sie können auch magisch damit arbeiten.) Legen Sie einen kleinen Spiegel in die Mitte und schauen Sie so hinein, daß Sie nur Ihre Augen darin sehen, während die Karten darum herum zu Ihrem »Gesicht« werden. Atmen Sie tief, gleichmäßig und rhythmisch. Werden Sie sich Ihrer Stärken und Schwächen bewußt, und dessen, was Sie besitzen und was Ihnen fehlt. Denken Sie daran, daß Ihr Name einen magischen Rhythmus und eine Melodie enthält, die auch in anderen Stufen der Existenz klingen. Wenn Sie sich gegen diesen Rhythmus und sein Lied auflehnen, wird er steif und verkrüppelt dahinhumpeln. Rufen Sie Ihre persönliche Energie zurück und spüren Sie diese in sich. Klopfen Sie den Rhythmus Ihres Namens, bewegen Sie sich in ihm und lassen Sie ihn zu einem Tanz der Vitalität und Freude werden. Stehen Sie nun auf und improvisieren Sie spontan Ihre eigenen Bewegungen; tanzen Sie Ihren Namen, tanzen Sie Ihr Schicksal. Sie werden merken, daß dieser

Tanz niemals zu Ende geht, Sie sich seiner nur nicht immer bewußt sind. Lernen Sie Ihren Tanz bewußt zu tanzen. Dies ist ein Anfang.

Legen Sie sich auch einen »magischen Spiegel«, wenn Sie einen neuen Namen annehmen und schauen Sie sich darin an. Stellen Sie sich nun vor, tapfer durch diesen Spiegel in ein neugewähltes Schicksal zu treten.

Vielleicht verspüren Sie den Wunsch, das aus den Karten entstandene Bild in einer Fotokopie, Fotografie, Zeichnung oder Collage festzuhalten. Benutzen Sie dazu auch Bilder aus Zeitschriften oder Postkarten. Für die Mitte können Sie einen echten Spiegel nehmen oder aber ein anderes Symbol für das Zentrum. Hängen Sie es sich ruhig an die Wand.

Kapitel 16

Die Personenkarten:
Spiegel der Persönlichkeit

Jedes Jahr kommt eine wachsende Anzahl neuer Tarotdecks auf den Markt; darunter waren in den letzten Jahren Dutzende, die der Beachtung wert sind. Ein Hauptmerkmal dieser Decks liegt darin, daß sie die Personenkarten aus dem Umfeld des mittelalterlichen Hofs befreien und sie in einen neuen Kontext zu unseren Erfahrungen setzen. In diesem Prozeß ändern sie auch die Namen dieser sogenannten Hofkarten. Einige neue Namen sind: Familienkarten, Personenkarten, Stammeskarten, Königskarten und sogar »Die drei Gesichter der Großen Göttin«.

Ihre Rollenspiele

Wie auch immer man diese Karten nennen mag, in erster Linie stehen sie für die Rollen, Masken und Sub-Persönlichkeiten, die wir als die »Identitäten« in unserem Leben tragen.

Es gibt viele Arten, diese Rollen und verschiedenen Aspekte unseres Selbst herauszufinden. Eine, die manchmal für große Überraschungen sorgen kann, ist, in den Kleiderschrank zu schauen, was dort für Kleidung hängt. Was sind das für verschiedene Persönlichkeiten in uns, die die verschiedenen Kleidungsstücke tragen? Sie finden dort womöglich Ihr seriös gekleidetes Geschäfts-Selbst, Ihre lockere Wochenend-Persönlichkeit oder Ihre Samstag-Nacht-Ausgeh-Uniform. Daneben gibt es den Wanderer, Bergsteiger, Skifahrer, Schwimmer, Radfahrer, Rucksackreisenden und andere. Was sagt Ihnen Ihre sinnliche Nachtwäsche oder das hinten im Schrank versteckte Geschenk Ihrer Mutter? Und was ist mit den Hippielatschen, die tief unten im Schrank vergraben auf eine Wiedergeburt warten; oder die farbbekleckste Jeans? Bedeutet sie, daß Sie Maler sind oder ein Anstreicher? Anscheinend gibt es eine Menge »Ichs« von Ihnen.

Auch an einer anderen Stelle können Sie viel über Ihre Rollen erfahren: in Ihrem Bücherregal. Dort finden Sie Ihre alten und neuen Interessen,

Ihre Hobbybücher, Ihre Reiseführer und all das, was Sie sein oder tun möchten, in Form von Belletristik. Auch die Einrichtung Ihres Hauses hat viel zu erzählen, sogar die Ecken Ihres Zimmers.

Die Facetten ihres Selbst reflektieren, wie die eines Kristalls, Ihre unterschiedlichen Aspekte in unterschiedlichem Licht. Lassen Sie uns einen Blick darauf werfen:

Tragen Sie in die unten aufgeführte Liste fünf bis sechs Rollen oder Masken ein, die Sie tragen. (Auch wenn Sie diese Übung schon einmal gemacht haben, lohnt es sich, sie wieder zu machen. Die Aufgabe führt jetzt vielleicht zu anderen Antworten, da Sie sich heute ganz anders erleben.)

1.
2.
3.
4.
5.
6.

Suchen Sie jetzt alle Personenkarten aus Ihrem Deck, schauen Sie sie an und merken Sie sich deren Grundbedeutung.

Entwicklungsstadien

Die Karten stehen für Stationen unserer Entwicklung auf dem Gebiet unserer Psyche und unserer Fertigkeiten. Sie stehen auch für unsere Persönlichkeit. Da sich die meisten Bücher mit dem letzteren beschäftigen, möchte ich mich in meiner Diskussion auf die Entwicklungsstadien konzentrieren. (Die Illustrationen sind dem Deck von Waite-Smith entnommen.)

Die Buben

Die Buben (Prinzessinnen oder Töchter) sind noch am wenigsten entwickelt, aber dafür am meisten offen und bereit, Risiken einzugehen. Als Bube sind Sie ein begeisterter Schüler, der die Dinge ausprobiert. Sie sind wie ein Lehrling, der über Wissen verfügt und einsetzt, dessen Bedeutung er noch nicht ganz überschaut. Die Buben haben viel von den Qualitäten der Karte Kraft in sich und werden dem Element Erde zugerechnet.

| BUBE der STÄBE | BUBE der KELCHE | BUBE der SCHWERTER | BUBE der MÜNZEN |

Die Ritter

Die Ritter (Prinzen oder Söhne) glauben schon etwas zu wissen. Sie versuchen herauszufinden, wozu Ihre neuerworbenen Fertigkeiten gut sind. Sie wollen Sie einsetzen und versuchen, sie stets zu verfeinern. Sie lehnen sich auf und wollen die Dinge eigenständig entdecken. Dabei lernen Sie aus Erfahrung. Die Ritter werden mit dem Wagen in Zusammenhang gebracht und meist dem Feuerelement zugesprochen. Doch einige Autoren sind der Meinung, sie gehörten zum Element Luft. Das müssen Sie Ihrem Deck entsprechend bestimmen.

| RITTER der STÄBE | RITTER der KELCHE | RITTER der SCHWERTER | RITTER der MÜNZEN |

Die Königinnen

Könige und Königinnen stehen auf der gleichen Entwicklungsstufe. Doch liegen die Talente der Königin auf der persönlichen und der zwischenmenschlichen Ebene und konzentrieren sich auf das Verständnis der tieferen Bedeutung der Dinge. Als eine Königin der Kelche oder Münzen sind Sie zärtlich, fürsorglich und tröstend, während Sie als Königin der Schwerter oder Stäbe richtungsweisend, belehrend, beobachtend und durchsetzungsfähig sind. Königinnen erreichen etwas. Sie geben Ratschläge. Am meisten ähneln sie dabei der Herrscherin und werden dem Wasserelement zugeordnet.

275

| KÖNIGIN der STÄBE | KÖNIGIN der KELCHE | KÖNIGIN der SCHWERTER | KÖNIGIN der MÜNZEN |

Die Könige

Die Könige zeigen, was sie können. Ihre Talente sind nach außen auf die Öffentlichkeit gerichtet. Sie scheinen Ihrem Können zu vertrauen und sich ihrer Positionen sicher. Als König verwalten oder entscheiden Sie, tragen Verantwortung und gehen mit Ihren Angelegenheiten in der Öffentlichkeit kompetent um. Sie bauen Unternehmen und Imperien auf. Die Könige zeigen Ihnen, wo Sie es zur Meisterschaft gebracht haben, aber auch, wo Sie unflexibel sind und glauben, nichts mehr dazulernen zu können. Sie ähneln damit dem Herrscher und werden meist dem Luftelement zugeordnet, aber manchmal auch dem Feuer.

| KÖNIG der STÄBE | KÖNIG der KELCHE | KÖNIG der SCHWERTER | KÖNIG der MÜNZEN |

Übungen zur Rollenentwicklung

Schauen Sie schnell und ohne zu sehr darüber nachzudenken, durch die Hofkarten und nehmen Sie für jede Rolle, die Sie spielen, eine Karte heraus. Seien Sie dabei lieber spontan als analytisch. Benutzen Sie möglichst keine Karte doppelt. Schreiben Sie nun den Namen der Karte neben die Rolle, für die sie steht, in eine Liste.

276

Stellen Sie sich nun folgende Fragen: Habe ich alle Sätze* benutzt? Welche Sätze fehlen und welche Eigenschaften beinhalten sie? Wo treten diese fehlenden Eigenschaften in meinem Leben offen zutage?

Welcher Satz herrscht vor? Was sagt mir das über die Umstände, unter denen ich mich am wohlsten fühle? Finde ich diese Farbe oder das ihr zugesprochene Element auch in anderen Symbol-Systemen (im Horoskop als dominierende Funktion, nach C. G. Jung, etc.)

Gibt es eine Gattung von Hofkarten (König, Königin, Ritter, Bube), die ich nicht genommen habe oder die mir unangenehm ist? Welchem Entwicklungsstadium gehört sie an? Ist sie männlich oder weiblich? Ist sie älter oder jünger, als ich mich fühle? Welche Eigenschaften trägt diese fehlende Figur in sich, die auf meiner Rollenliste fehlen?

Welche Person habe ich am häufigsten ausgesucht? Welchem Entwicklungsstand entspricht sie? Was sagt mir das darüber, wo ich glaube, selbst zu stehen?

Legen Sie alle 16 Personenkarten vor sich aus und betrachten Sie die Könige. Bestimmen Sie einen Bereich Ihres Lebens, in dem Sie es zur Meisterschaft gebracht haben, die Sie anderen vermitteln können. Dort sind Sie König. Wählen Sie einen der Könige, um diesen Bereich in Ihrem Leben zu repräsentieren.

Betrachten Sie die Königinnen und machen Sie die gleiche Übung. Bestimmen Sie einen Bereich, in dem Sie sich und andere umsorgen können. Hier sind Sie Königin. Wählen Sie eine Königin, um diesen Bereich Ihres Lebens zu repräsentieren.

Betrachten Sie die Ritter. Bestimmen Sie einen Bereich, in dem Sie aktiv Ihre Fertigkeiten einsetzen oder wo Sie Ihre ganze Energie in ein Interessengebiet oder in die Suche stecken. Hier sind Sie Ritter. Wählen Sie einen der Ritter, um diesen Bereich Ihres Lebens zu repräsentieren.

Betrachten Sie die Buben. Bestimmen Sie einen Bereich Ihres Lebens, in dem Sie Risiken eingehen, etwas Neues lernen oder sinnlich etwas wahrnehmen. Hier sind Sie jugendlich wie ein Bube. Wählen Sie einen Buben, um diesen Bereich Ihres Lebens zu repräsentieren.

---

* Mit »Sätze«, »Serien« oder »Farben« sind die vier Tarotsätze »Stäbe«, »Schwerter«, »Münzen« und »Kelche« gemeint.

Ich fühle mich zum Beispiel in bezug auf meine Tochter als Königin der Kelche. Wenn ich Bücher schreibe oder Veranstaltungen gebe, werde ich zur Königin der Schwerter. Bei meinem Lieblingsthema, dem Tarot, werde ich zum König der Stäbe, während ich in den Augen meiner Mutter immer ihr Bube der Kelche bleibe, der lernen muß, groß zu werden. Mit meiner Entschlossenheit, mir eine sichere finanzielle Grundlage zu schaffen, bin ich auch ein Ritter der Münzen und so geht das weiter.

Um das Ganze noch ein wenig weiter zu betreiben, sollten Sie jetzt drei oder vier Menschen aufschreiben, die in Ihrem Leben Hauptpersonen darstellen:

1.

2.

3.

4.

Daneben schreiben Sie eine Hofkarte, die Sie mit der jeweiligen Person in Verbindung bringen.

Denken Sie einen Moment darüber nach, was Sie gerade geschrieben haben und Sie werden erkennen, daß diese Personen genau wie Sie Masken und Rollen tragen. Versuchen Sie, sich einmal vorzustellen, welche Hofkarte wohl jede dieser Personen für sich selbst gezogen hätte. Worin liegen die Unterschiede zwischen Ihrer Sicht der jeweiligen Person und deren Eigenwahrnehmung? Wenn sich einmal die Möglichkeit ergibt, bitten Sie diese Person, die Karte zu wählen, in der sie sich am ehesten wiederentdeckt und fragen Sie nach den Gründen.

Vom Hof zum Volk

Die Personenkarten sind schwierig und doch faszinierend. Die meisten Anfänger, aber auch diejenigen, die sich schon lange mit Tarot beschäftigen, haben mit ihnen mehr Schwierigkeiten als mit irgendwelchen anderen Karten. Die traditionellen Hofkarten mit ihren mittelalterlichen Adelsszenen könnten meinem persönlichen Erfahrungsbereich nicht ferner sein. Natürlich kann ich mir meine Eltern als König und Königin vorstellen und ich bin auch schon einigen Rittern in ihrer strahlenden Rüstung begegnet. Meine Tochter sieht manchmal so süß und gewinnend wie der Bube der Kelche aus. Doch meistens habe ich mich beim Auftauchen des Ritters der Münzen gefragt, ob er für jemanden an meinem Arbeitsplatz steht, für einen alten Freund oder jemanden, den ich noch nicht getroffen habe. Oder vielleicht für einen der vielen Erdzeichen-Menschen, die ich kenne.

RITTER DER STÄBE   KÖNIGIN DER MÜNZEN   KÖNIG DER SCHWERTER   BUBE DER KELCHE

Bei den Entwürfen zu einem neuen Deck folgen viele Tarot-Künstler den traditionellen Hofszenen, obwohl ein höfisches Umfeld in unserer Gesellschaft keine Rolle mehr spielt. Ihnen fehlt es an Reichtum persönlicher Symbolkraft. Dies wird immer wieder in den holprigen Deutungsversuchen dieser Karten in der Literatur deutlich. Glücklicherweise fühlen sich heute viele Tarot-Gestalter von diesen Karten angesprochen und entwickeln für sie neue, unserer Zeit angepaßte Konzepte, in denen sie mythologische Symbole und das heutige Psychologieverständnis der menschlichen Natur einbeziehen. Sie revolutionieren damit unser starres Rollenverständnis der Hofkarten und schaffen neue Modelle, mit denen wir uns auseinandersetzen müssen und über die wir nachsinnen können.

Auch wenn Sie ein Deck mit traditionellen Hofkarten benutzen, kann Ihnen eine Auseinandersetzung mit den Arbeiten dieser Tarot-Künstler ein tieferes Verständnis für die Hofkarten geben.

Magda und J. A. Gonzales verwenden in ihrem *Native American Tarot* statt der Hofkarten Stammesfiguren: *Matriachin, Häuptling, Krieger* und *Jungfrau*. Dieses Deck enthält Symbole von mindestens 18 amerikanischen Indianerstämmen. Sie haben auch die Symbolik der Sätze geändert, behalten aber die Grundbedeutungen der Elemente bei. Für das Feuerelement stehen bei ihnen die heilige Pfeife, für das Wasser Tonbehälter und handgearbeitete Körbe, für die Luft stehen Klingen und für das Element Erde zeigen ihre Karten Medizinschilder.

MATRIARCH OF VESSELS · CHIEF OF SHIELDS · WARRIOR OF BLADES · MAIDEN OF PIPES

Matriarchen sind ältere Frauen, die wegen ihrer Weisheit und Fertigkeiten respektiert werden. Sie verkörpern die »innere spirituelle Kraft«. Häuptlinge sind ältere Männer, die ihren Titel und die damit verbundene Verantwortung durch den weisen Einsatz ihrer Kraft erworben haben. Sie verkörpern die »potentielle Macht des Verstandes«. Krieger sind junge Männer, die sich noch selbst beweisen müssen. Sie stehen daher für die »aktive Kraft, die sich auf materieller Ebene beweist«. Die Jungfrauen sind junge Frauen, die ihren Wert beweisen müssen. Damit stehen sie für »die Kraft, die ihre Quelle in den Emotionen hat«.

Vicki Noble und Karen Vogel waren die ersten, die in ihrem *Motherpeace Tarot* die Hofkarten radikal geändert haben und allen Karten eine neue Form gaben. Ihre Personenkarten heißen: *Schamane, Priesterin, Sohn* und *Tochter.*

Die Schamanen repräsentieren bei ihnen Kraft und Erfahrung. Sie entwickelten Meisterschaft und Kontrolle über die Qualitäten ihrer Serie. Priesterinnen handeln aus dem Herzen. Sie empfangen und kanalisieren die Energien und Kräfte, die in ihrer Serie liegen und wissen um die Heiligkeit des Lebens. Söhne haben eine leichte und spielerische Qualität. Sie sind versiert auf der Ebene der Worte und der Analyse und sind zielorientiert. Sie repräsentieren das Ego. Töchter sind dagegen jung und enthusiastisch und stehen für das Kind in uns allen. Sie erfahren Dinge durch ihre Sinne und haben eine ganzheitliche Denkweise.

Das *Voyager Tarot* von Jim Wanless und Ken Knutson zeigt die Hofkarten als: *Weisen, Kind, Frau* und *Mann,* um uns auf die beiden großen Dualitäten hinzuweisen: männlich-weiblich, jung-alt. Diese Karten bilden, wie Wanless es ausdrückt, eine Bilder-Familie auf der inneren und äußeren Ebene. Im Inneren stehen sie für verschiedene Stufen auf dem Weg zur Meisterschaft. Auf der nach außen gekehrten Ebene sind sie Lehrer oder Modelle von Erfolg oder Schwierigkeiten. Die Serien sind: Kristalle für Luft, Welten für Erde, Stäbe für Feuer und Kelche für Wasser.

Sage	Child	Woman	Man
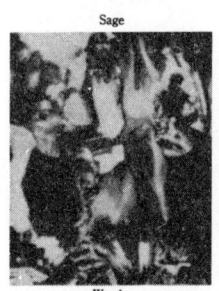			
Wands	Cups	Crystals	Worlds

Der Weise steht für die Weisheit, das Wissen und das Können, das beides aus der Erfahrung stammt. Das Kind verkörpert neues Wachstum und Lernen, Forscherdrang, Spontaneität, Offenheit und Neugier. Die Frauen oder Mütter repräsentieren unsere empfänglichen und einfühlsamen Qualitäten. Sie sind selbstbeobachtend und selbstbewußt, sensibel, fürsorglich und den Menschen zugewandt. Die

Männer oder Väter sind revolutionär. Sie sind nach außen gekehrt, handlungs- und zielorientiert. Sie suchen die Abwechslung und wollen die Dinge verändern.

Ein neueres Deck heißt *Daughters of the Moon*. Es wurde von Ffiona Morgan und Shekinah Mountainwater entworfen und von einer Gruppe von Frauen gezeichnet. Es ist ein wundervolles und anziehendes Schwarzweiß-Deck, das darauf wartet, daß Sie ihm Farbe geben. Dabei handelt es sich um ein Feministen-Deck, in dem die Anzahl männlicher Bilder möglichst gering gehalten wurde. Hier sind es die Karten des »weiblichen Archetyps«, die den dreifachen Aspekt der Göttin als die zunehmende, volle und abnehmende Phase des Mondes zeigen. Das ist die *Jungfrau*, die *Mutter* und die *Alte*. Somit sind alle Personenkarten in diesem Deck weiblich, wobei jede eine Göttin aus einer anderen Kultur darstellt.

Jungfrauen entdecken und entwickeln das Wissen ihrer Serie. Sie sind herausfordernd, enthusiastisch und nehmen Risiken auf sich. Von ihnen lernen wir, wie wir wachsen und spontan sein können. Mütter sind die Sorgenden, die Hebammen und diejenigen, die uns ernähren. Sie stehen für die vollentwickelten Fertigkeiten und die Fülle ihrer Serie. Die Alten stehen für den Reichtum innerer Weisheit. Sie verkörpern Autorität und sind sich ihres Wissens sicher. Von Ihnen kommen durchdachte Vorgehensweisen, Gedanken und Formen. Sie kennen die Geheimnisse, die die Jungfrauen verkörpern.

Es gibt noch viele Decks, die durch kulturübergreifende Symbolik die Entwicklungsprozesse und die seelischen Ebenen ausdrücken, auf denen wir uns befinden. Vielleicht fragen Sie sich, wie Sie beispielsweise die Unterschiede von Königin, Priesterin, alter Frau und Frau erfassen können, dennoch erweitern sie alle unser Verständnis von Weiblichkeit.

Jedes Deck beinhaltet seine eigene Symbolik, die uns durch die Landschaft unseres Innern führen will. Deshalb ist es so wichtig, für sich ein Deck zu finden, das mit unseren Werten so weit wie möglich übereinstimmt. Jedes Deck muß bis zu einem gewissen Punkt in seiner eigenen Symbolik gedeutet werden, weil es von sich aus schon bestimmte Bilder wachruft.

Als ein Beispiel möchte ich die Personenkarten des Thoth Decks von Crowley-Harris mit denen des Rider Decks von Waite-Smith vergleichen.

Das Waite-Smith Deck folgt den traditionellen Zuordnungen der Hofkarten, während Aleister Crowley (Entwurf) und Frieda Harris (Künstlerin) einige Abwandlungen aufgriffen, die McGregor Mathers für den Orden der goldenen Morgenröte vorgenommen hatte. So ist ihr oberstes Paar der Ritter (bei Mathers noch König genannt) und die Königin gefolgt von Sohn und Tochter, dem Prinzen und der Prinzessin. Dieser Austausch hat einen Hintergrund, der auch die Bedeutungen dieser Karten ändert. Er muß, wie schon seit ewigen Zeiten, in Form eines Märchens erzählt werden.

KÖNIG der KELCHE   KÖNIGIN der SCHWERTER   RITTER der STÄBE   BUBE der MÜNZEN

Vergleichstabelle für die Abbildungen auf den Personenkarten

Waite/Smith Marseilles Standard	KÖNIG	KÖNIGIN	RITTER	BUBE
Thoth	RITTER	KÖNIGIN	PRINZ	PRINZESSIN
Golden Dawn	KÖNIG	KÖNIGIN	PRINZ	PRINZESSIN
Papus	KÖNIG	KÖNIGIN	REITER	DIENER
Knapp/Hall	KÖNIG	KÖNIGIN	KRIEGER	DIENER
Xultun Maya	LORD	LADY	KRIEGER	DIENER
Voyager	WEISER	FRAU	MANN	KIND
Native American	HÄUPT-LING	MA-TRIARCH	KRIEGER	JUNGFER
Motherpeace	SCHAMANE	PRIESTERIN	SOHN	TOCHTER
Amazonen	BEGLEITER	KÖNIGIN	AMAZONE	KIND
Daughters of the Moon	ALTE	MUTTER	JUNGFER	
Kabbalistik	YOD	HEH	VAV	HEH
Elemente	LUFT (FEUER)	WASSER	FEUER (LUFT)	ERDE

Es war einmal, vor langer, langer Zeit, da waren die Dörfer so abgeschieden, daß die Menschen durch Inzucht ihre Kraft und Fruchtbarkeit verloren. Da die Herrscher zugleich als Götter galten, zeigte ihre Gesundheit und ihr Wohlergehen das des ganzen Landes und Volkes. Wenn der König alt und unfruchtbar oder verletzt wurde (wie der Fischerkönig in der Gralslegende), trocknete das Land aus und wurde zu Wüste. Oder der König war nicht mehr in der Lage, ein gefährliches Ungeheuer zu besiegen. Und so ergab es sich, daß frisches Blut (und Gene) gebraucht wurden, um die königliche Linie neu zu beleben, die durch die Königinnen weitergegeben wurde. Als ein fremder Ritter in die Stadt kam, mußte er eine Prüfung bestehen, in der seine Kraft und Weisheit erprobt wurde. Er sollte einen Drachen oder eine Sphinx töten, ein Rätsel lösen oder sogar den alten König töten. Wenn ihm dies gelang, erhielt er dafür die Hand der Königin. Der Sohn, der dieser Verbindung entsprang, wurde Kronprinz. Er mußte Diplomat und Führer sein, brauchte aber nicht über den feurigen Geist eines Ritters verfügen. Die Prinzessin war ihre Tochter, symbolisierte aber auch die Jugend und Fruchtbarkeit, während die Königin die königliche Linie repräsentierte.

Somit müssen wir die Charaktere in den beiden Decks unterschiedlich verstehen. Crowleys Ritter ist wesentlich machtvoller und meisterhafter als der Ritter in Waites Deck und nimmt damit eher Qualitäten von Waites König an. Dennoch behält er die Vitalität und Abenteuerlust von Waites Ritter. Crowleys Prinzessin verkörpert mehr das weibliche Potential statt die kindlichen Aspekte von Waites Buben.

Dennoch gilt auch in diesen beiden Decks, wie auch in den meisten anderen, daß die Personenkarten Stufen unseres Wachstums und unserer Entwicklung darstellen. Sie zeigen verschiedene Arten der Meisterschaft, die wir in uns zum Ausgleich bringen müssen, um ganz und heil zu werden. Sie stehen für die Familie in uns genauso, wie für die Menschen um uns herum. Da wir während unseres Lebens auf der Skala der »Reife« immer hinauf und hinunterrutschen, können wir uns in jeder dieser Karte wiederfinden.

Wenn Sie zum Beispiel, aufgrund Ihrer Erfahrung, jemanden Ihren Rat anbieten, so spricht der König aus Ihnen. Greifen Sie dagegen mit 55 das erste Mal zur Gitarre, tun Sie das mit der Unschuld eines Kindes und Buben und riskieren, albern und naiv zu wirken. Glücklicherweise sind wir meist in der Lage, schnell die Rollen zu vertauschen und sie der Situation anzupassen. Tarot sagt uns, welche Rolle wir gerade spielen und hilft uns festzustellen, ob diese der Situation, in der wir uns befinden, angemessen ist.

Eine numerische Analyse der Personenkarten

Die Tarot-Karten sind uns gegeben worden als Modell, damit wir uns *selbst erkennen*. Als ich versuchte, die Personenkarten zu verstehen, habe ich mich den Zahlen zugewandt, da sie die innere Struktur des Tarot ausmachen. Für die Personenkarten gibt es eigentlich keine bestimmten ihnen zugeordneten Zahlen. Doch gibt es 16 (!) Personenkarten und so konnte der Schlüssel vielleicht darin liegen.

Der TURM

Was kann uns die 16. Große Arkana über die Bedeutung der Personenkarten sagen?

Der 16. Trumpf (oder Triumph) ist der Turm, der auch »Haus Gottes«, »Turm der Zerstörung« oder »Der Große Befreier« genannt wird.

Es ist die Karte, die uns von all den Strukturen und Formen befreit, die uns an der Erkenntnis unseres wahren Selbst hindern. Der Blitz der Wahrheit zerstört alle falschen Grenzen und Ansichten. Und diese Strukturen, Grenzen und Ansichten sind natürlich die Rollen, die wir im täglichen Leben spielen, die Masken, hinter denen wir uns verstecken. Mit ihnen bauen wir uns Mauern und Dämme, die uns davon abhalten, zu erkennen, wer wir wirklich sind. Diese Rollen und Persönlichkeitsstrukturen werden uns zu Mauern, mit denen wir uns von unseren Mitmenschen abschotten. Sie machen unsere »Identität« aus, eben das, was uns von anderen unterscheidet. Diese Dämme beschützen uns vor dem Unbekannten, wiegen uns jedoch in falscher Sicherheit. Falsch deswegen, weil die Persönlichkeitsstrukturen – die Sie weiter oben aufgelistet haben – nicht Ihr wahres Selbst wiedergeben. Wir sind nicht die Mauern und Dämme, sondern der vielfältige Geist, der dahinter wohnt.

Somit sagt der Turm aus, daß die Personenkarten unsere Rollen und Masken sind, hinter denen wir uns verbergen und die am Ende zerstört werden müssen, wollen wir je zu dem erwachen, was wir wirklich sind. Der Turm betont die Unbeständigkeit weltlicher Positionen und Ränge und das falsche Verständnis von Wichtigkeit und Erfolgsstolz, in das wir uns hüllen. Wirklich *befreit* sind wir erst, wenn wir keine Rollen mehr spielen müssen; dann sind unsere unendlichen Möglichkeiten nicht länger beschnitten.

1 + 6 addiert ergibt 7. Vielleicht kann die 7. Trumpfkarte etwas mehr über die Wesensnatur der 16 Personenkarten erzählen.

Sieben ist die Zahl des Wagens und steht auch für Sieg oder Meisterschaft. Das Fahrzeug auf der Karte zeigt unseren eigenen Tempel, aus dem unsere Kraft in unsere täglichen Erfahrungen fließt. Der Heilige Orden von Mans erklärt in seinem Werk über Tarot, *Jewels of the Wise*, wie wir uns ein Fahrzeug oder einen Rahmen gebaut haben, um darin unser inneres unbewußtes Selbst festzuhalten. In diesem Rahmen entwickeln wir uns zu dem, was wir sind und gelangen zur Meisterschaft im täglichen Leben.

Die Mondmasken auf den Schultern des Wagenführers und die Dualität und widersprüchlichen Eigenschaften der Sphingen zeigen uns, daß wir Masken tragen und uns damit die Frage »Wer bin ich?« selbst zum Rätsel machen. Der Zodiakgürtel ist ein Hinweis, daß wir diese Masken aufbehalten, solange wir an Raum und Zeit gebunden sind.

DER WAGEN

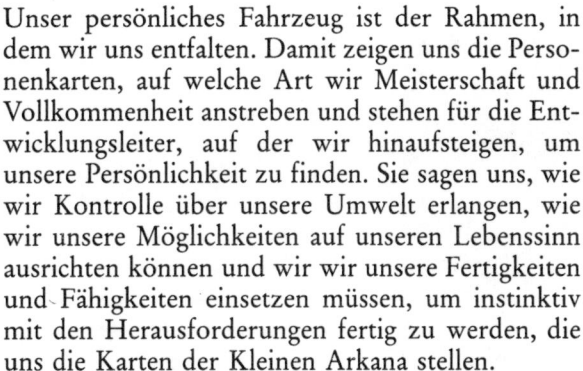

Unser persönliches Fahrzeug ist der Rahmen, in dem wir uns entfalten. Damit zeigen uns die Personenkarten, auf welche Art wir Meisterschaft und Vollkommenheit anstreben und stehen für die Entwicklungsleiter, auf der wir hinaufsteigen, um unsere Persönlichkeit zu finden. Sie sagen uns, wie wir Kontrolle über unsere Umwelt erlangen, wie wir unsere Möglichkeiten auf unseren Lebenssinn ausrichten können und wir wir unsere Fertigkeiten und Fähigkeiten einsetzen müssen, um instinktiv mit den Herausforderungen fertig zu werden, die uns die Karten der Kleinen Arkana stellen.

Die Personenkarten zeigen unsere Reise der persönlichen Entwicklung. Die *Bhagavad-Gita* sagt: »Das Selbst ist der Fahrer in dem Wagen des Körpers, unsere Sinne sind die Pferde und der Geist die Zügel.«

So erkennen wir, wie wir unsere Persönlichkeitsstruktur entwickeln und vervollkommnen. In diesem ständigen Prozeß werden stets alte und falsche Strukturen eingerissen, neue langsam wiederaufgebaut, nur um zu sehen, daß auch sie nicht unser wahres Selbst sind. Bis wir eines Tages alle Formen ausgebrannt haben, die uns davon abhielten, die Wahrheit und Vollkommenheit auszudrücken. Dann können auch wir unser Spiegelbild im Heiligen Gral sehen, wie es der Wagen in der Karte von Crowley/Harris darstellt.

Der MAGIER

Bei meiner Auseinandersetzung mit den 16 Personenkarten bemerkte ich zu guter Letzt, daß sich die Zahl 16 aus den zwei Zahlen 1 und 6 zusammensetzt. In der Großen Arkana sind das der Magier und die Liebenden.

Dieser Hinweis scheint mir wichtig, denn die Deutung der Personenkarten geht immer in zwei Richtungen: die erste gehört zur Zahl 1 und die zweite zur Zahl 6:

1. Wie es der Magier zeigt, beinhalten die Personenkarten immer einige Seiten von uns selbst, genauer gesagt, vom Frager: die alte Numero Uno, »Nummer Eins«, das Ich.

Die LIEBENDEN

2. Ähnlich wie die Liebenden beziehen sich die Personenkarten auch jeweils auf jemanden, mit dem wir in Beziehung stehen. In der Karte der Liebenden spiegeln sich das äußere und innere Selbst; das Bewußtsein beobachtet das Unbewußte, das sich von dem »höheren Selbst« leiten läßt, wie Paul Foster Case es ausdrückt. Wir können die Menschen, die wir in unser Leben einlassen, als Spiegel unserer eigenen inneren Prozesse ansehen. Einige zeigen uns die Schatten unseres negativen Selbstbildes und andere die besten Qualitäten, die wir selbst an uns nicht zu erkennen vermögen. Wenn Personenkarten bei einer Deutung auftauchen, müssen also diese beiden Aspekte bedacht werden. Sie sagen uns etwas über unser Selbst und über andere, von denen wir etwas über uns lernen können.

1 + 6 addieren sich dann wieder zu 7 und damit wären wir wieder beim Wagen. Seine Aussage heißt: Meisterschaft durch Umgang mit anderen zu erlangen, indem wir die verschiedensten Seiten unseres Selbst in all denen gespiegelt sehen, mit denen wir in Berührung kommen.

Das Hofkartenspiel

Dies ist ein einfaches Legesystem mit nur zwei Karten. Ich habe jedoch die Erfahrung gemacht, daß es uns helfen kann, die wechselnde Dynamik einer Beziehung zu verstehen, oder um einen schnellen Einblick zu gewinnen, warum bestimmte Menschen für eine kurze Zeit in unser Leben treten. Sie können darin auch Dinge über sich selbst erfahren, derer Sie sich bislang nicht bewußt waren. Sie können die Karten für jede Art von Beziehung legen: Familie, Freunde, Mitarbeiter, Lehrer, Liebespartner, sowie für die unterschiedlichen Seiten Ihres Selbst. Für tiefergehende Aussagen kann das Legesystem auch erweitert werden, wie ich Ihnen später zeigen werde.

Für dieses Spiel nehmen Sie nur die 16 Personenkarten. Ziehen Sie eine Karte. Sie sagt Ihnen, was Sie gerade von einer bestimmten Person lernen. Ziehen Sie dann eine zweite Karte, die Ihnen sagt, was die andere Person von Ihnen lernt. Die Aussagen der Karten werden wahrscheinlich damit übereinstimmen, wie Sie diese Person im Moment erleben und wie Sie von ihr gesehen werden. Unterscheiden sich die Aussagen der Karten von Ihrer eigenen Selbstwahrnehmung, können Sie sich fragen, warum Sie diese Qualitäten nicht in sich sehen können.

Sie können dieses Spiel natürlich für sich selbst legen, doch hilft es Ihnen am Anfang, mit einem Freund zu spielen, um zunächst einmal mit der Sprechweise der Karten vertraut zu werden. In diesem Fall ziehen Sie beide eine Karte, die jeweils dafür steht, was Sie von dem anderen lernen. Erklären Sie Ihrem Gegenüber dann, was Sie von ihm lernen, so, wie Sie es aus der Karte entnehmen. Sie werden vielleicht von dem überrascht sein, was andere in Ihnen sehen, daß sie in Ihnen Qualitäten sehen, die Sie noch nie an sich bemerkt haben. Haben Sie diese Erfahrung mit einem Freund gemacht, fällt es Ihnen leichter, die Karten für sich allein zu deuten.

Das Ziehen der Karten

Mischen Sie die 16 Karten und breiten Sie sie fächerartig, mit dem Bild nach unten, aus.

1. Ziehen Sie nun mit der linken Hand die Karte, die Ihnen sagt, was Sie von der anderen Person lernen. Diese Karte legen Sie auf die linke Seite.

2. Ziehen Sie nun mit der rechten Hand die Karte, die aussagt, was andere von Ihnen lernen. Legen Sie die Karte rechts neben die erste.

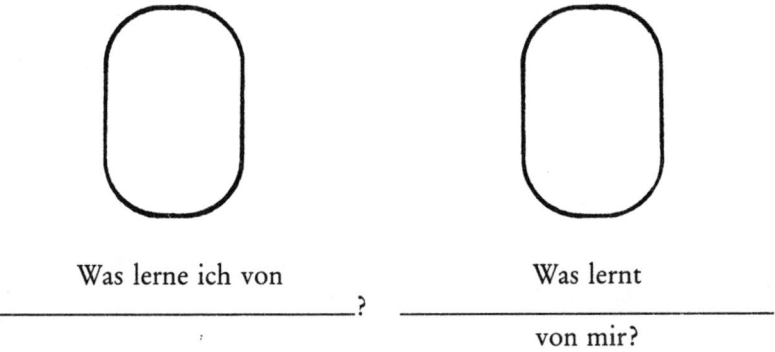

Was lerne ich von

_____?

Was lernt

_____

von mir?

Erweiterung des Spiels

Wenn Sie mehr erfahren möchten, können Sie noch drei weitere Karten zu jeder dieser beiden Karten hinzuziehen. Diese werden Ihnen zeigen, in welchen Situationen Ihnen diese Lernmöglichkeiten begegnen werden.

Mischen Sie dafür die verbleibenden Karten, d. h. ohne die Personenkarten. Bilden Sie dann zwei Kartenstöße, indem Sie einmal von rechts nach links abheben. Drehen Sie nun die drei obersten Karten des linken Stapels um und legen Sie diese Karten unter die Personenkarte, die Ihnen zeigt, was Sie zu lernen haben. Drehen Sie dann auch die oberen drei Karten des rechten Stapels um und legen diese unter die Personenkarte der anderen Person. Verbinden Sie die Deutungen der drei Karten so, daß sie eine erkennbare Situation in Ihrer Beziehung spiegelt. Wahrscheinlich werden Sie bemerken, daß die Karten Entwicklungsstadien in dieser Beziehung oder Ihres Lernens darstellen:
1. So war es.
2. So ist es.
3. Das sind die weiteren Möglichkeiten.

Wenn Sie dieses Spiel mit jemandem zusammen spielen, ist das viel ergiebiger, als wenn Sie es allein spielen, weil Sie sich darüber austauschen können, was Sie dem anderen jeweils geben oder von ihm bekommen möchten und wie Sie dabei am besten vorgehen können.

Anhang A
Die 8-11-Kontroversen

Eines der größten Dilemma beim Schreiben dieses Buches hatte ich mit der Zuordnung der Karten Kraft und Gerechtigkeit. Da mein erstes (und einziges) Kartenspiel für lange Jahre das Waite-Smith Deck war und auch meine frühere Lektüre die darin gemachte Zählfolge unterstützte, neige ich persönlich dazu, die Karte Kraft als 8 (VIII) und die Gerechtigkeit als 11 (XI) in der Reihenfolge der Großen Arkana zu sehen. Darin liegt der Unterschied zu den Spielen der »französischen Schule«, wie ich sie nenne. (Siehe Anhang B: eine Beschreibung der verschiedenen Tarot-Schulen.) Im Tarot von Marseille liegen diese beiden Karten genau umgekehrt: Gerechtigkeit steht auf Platz 8 (VIII) und Kraft auf Platz 11 (XI). Diese Numerierung trat erstmals 1557 im Kartenspiel von Catelin Geofroy aus Lyon in Frankreich auf. Doch erst um 1700 hatte sich diese Zählweise zusammen mit der Bebilderung durchgesetzt, die heute als Marseiller Tarot bekannt ist. Es gab jedoch schon immer Varianten zu dieser Zählfolge der Karten und noch heute werden immer wieder Alternativen von Tarot-Schülern und -Gestaltern neuer Decks vorgeschlagen.

Die älteste Numerierung der Tarot-Karten wurde im *Sermones de Ludo Cum Aliis* gefunden, einer Abhandlung gegen das Spielen aus dem späten 15. Jahrhundert. Dort werden die Karten wie folgt aufgelistet:

1 Der Magier oder Gaukler	12 Der Gehängte
2 Der Herrscher	13 Der Tod
3 Die Herrscherin	14 Der Teufel
4 Die Päpstin	15 Der Pfeil oder Turm
5 Der Papst	16 Der Stern
6 Mäßigkeit	17 Der Mond
7 Die Liebe	18 Die Sonne
8 Der Triumphwagen	19 Der Engel oder Gericht
9 Kraft oder Stärke	20 Gerechtigkeit
10 Das Rad	21 Die Welt
11 Der Bucklige oder Eremit	0 Der Narr

In der Rosenwald-Sammlung der National Galery of Art in Washington, D. C. gibt es ein Spiel aus dem 16. Jahrhundert, in dem sowohl die Kraft (dargestellt als Frau, die einen Pfeiler stützt) als auch die Gerechtigkeit mit 8 beziffert sind. In Minchiate-Decks aus Florenz werden gern die vier Tugenden (Mäßigkeit, Stärke, Gerechtigkeit und Klugheit = der Eremit) aufeinanderfolgend zwischen den Wagen und das Rad gestellt.

Da ich in meinen Büchern mit numerischen Systemen arbeite, sind die Zahlen der Karten von besonderer Wichtigkeit. Viele der neuen Tarot-Gestalter gehen wieder auf die Reihenfolge der Marseiller Karten zurück, da sie als die traditionellste empfunden wird, obwohl sie sicherlich nicht die älteste ist. In diesem Buch habe ich mich für die Zählweise nach Waite-Smith entschieden und damit die Kraft als 8 und die Gerechtigkeit als 11 gezählt.

Christine Payne-Towler, Tarot-Lehrerin und hermetische Schülerin in Portland/Oregon, brachte mich auf die Idee, daß der Austausch in der Numerierung vorgenommen wurde, um den »wahren Pfad« vor nicht ernsthaft Suchenden zu verbergen. Sie glaubt, daß dies eine der Fallen sein könnte, die Waite absichtlich gestellt hat, um automatisch die auszusondern, deren Kenntnisse zu gering sind oder nicht in einem okkulten Orden eingeführt sind. Damit hat sie sich als Anhängerin der französischen Schule zu erkennen gegeben.

Als erster scheint sich McGregor Mathers, Leiter des Ordens der Goldenen Morgenröte (Order of the Golden Dawn), von der Marseiller Numerierung gelöst zu haben, die ungefähr 200 Jahre vorherrschte. Der Orden der Goldenen Morgenröte war – gegen Ende des 19. Jahrhunderts in England – eine Rosenkreuzer-Gruppe von zeremoniellen Magiern, die den Tarot ausgiebig benutzten, um sich der Ebenen ihrer Initiation bewußt zu werden. Eines von Mathers Notizbüchern zeigt die Kraft auf dem Weg des Lebensbaumes, der dem hebräischen Buchstaben *Teth* entspricht, der wiederum der 8. Karte der Großen Arkana zugesprochen wird. Dennoch wurde die Nummer 11 für diese Karte beibehalten. Gerechtigkeit ist auf dem Pfad, der dem hebräischen Buchstaben *Lamed* entspricht, der für die 11. Arkana-Karte steht. Trotzdem behält sie die Nummer 8. (Vielleicht, weil alle damaligen Decks so numeriert waren?) Aleister Crowley macht es in seinem Spiel *Das Buch Thoth* genauso. Mal nennt er die Kraft die 8. und mal die 11. Karte.

Dennoch war es Arthur Edward Waite, der in neuerer Zeit als erster in einem veröffentlichten Spiel die Numerierung abgeändert hat. Aber, da auch er Mitglied des Ordens der Goldenen Morgenröte (OGD) war, muß sein Motiv wohl in dessen Traditionen gelegen haben. Mit seiner Übersetzung eines Tarot-Buches des französischen Okkultisten Eliphas Levi hat er deutlich eine Haltung zum Ausdruck gebracht, die nur schwer zu vereinen wäre mit jemandem, der Fährten legt, um von einer 200 Jahre alten Tradition abzulenken. Paul Foster Case, ein Eingeweihter des OGD und Gründer der »Builders of the Adytum« (die immer noch seinen hervorragenden Tarot-Fernkurs verlegen) folgt der Kartennumerierung von Waite.

Waite sagt selbst nur folgendes über seine Änderungen: »Auf Grund von Überlegungen, die für mich überzeugend waren, wurde diese Karte ›Kraft‹ mit der Karte der Gerechtigkeit vertauscht, der normalerweise Nummer 8 zugeordnet wird. Da diese Abänderung nichts Bedeutsames für den Leser beinhaltet, ist auch keine Erklärung notwendig.«*

In seinem Buch *Ritual und Dogma der Hohen Magie* brachte Eliphas Levi 1855 erstmals die Tarot-Karten mit den 22 Buchstaben des hebräischen Alphabets in Verbindung, von denen jeder auch für eine Zahl steht. Er ordnete zuerst den Magier *Aleph* zu, da beide die Nummer 1 haben. McGregor Mathers bestand aber wohl schon 1893 darauf, den Narren (0) als *Aleph* zu sehen, dem die anderen Karten

---

* Arthur Edward Waite, *Der Bilderschlüssel zum Tarot*

folgen. Sowohl Crowley wie auch Waite haben diese Haltung damit begründet, daß in der Mathematik die Dezimalskala mit 0 beginnt und somit zu der Analogie 0 = 1 führt. (Im Anhang C finden Sie einen Vergleich, wie die bekannteren Theoretiker des Tarot die hebräischen Buchstaben, die Planeten und die Tierkreiszeichen mit den Tarot-Karten verbinden.) In einem kabbalistischen Hauptwerk (das vermutlich zwischen dem 3. und 6. Jahrhundert n. Chr. entstanden ist), dem *Sepher Yetzirah*, werden die hebräischen Buchstaben eindeutig den Tierkreiszeichen zugeordnet. Die meisten Tarot-Theoretiker sehen diese Verbindung auch, doch gibt es über die Zuordnung der Buchstaben und damit natürlich auch der Tierkreiszeichen zu den Karten sehr verschiedene Auffassungen.

Wahrscheinlich hat Mathers die Numerierung aus folgenden Gründen geändert: Obwohl Mathers die Meinung vertrat, daß der Narr (0) *Aleph* entspricht, der für die Zahl 1 steht und der Magier (1) *Beth* entspricht (dem Buchstaben mit dem Zahlenwert 2, was vollends unlogisch zu sein scheint), gibt es doch eine eindeutig logische Verbindung zwischen den Buchstaben, den Sternzeichen und den Motiven der Karten – bis auf die Karten Kraft und Gerechtigkeit. Dieser Reihenfolge entsprechend wäre die 8. Karte nämlich dem Buchstaben *Teth* zugeordnet, der »sich winden« bedeutet und der im *Sepher Yetzirah* dem Löwen entspricht. Die 11. Karte war dem Buchstaben *Lamed* zugeordnet, der eine »Strafpeitsche« symbolisiert und der Waage zugesprochen wird. Nicht zuletzt durch die Waagschalen ist hier die Entsprechung zum Motiv der Gerechtigkeit gegeben. Jeder, der ein bißchen von Astrologie verstand, konnte leicht erkennen, daß die Zählweise im Marseiller Deck so nicht stimmen konnte.*

Angeles Arriens sagt, daß früher einmal beide Karten in einer einzigen vereint waren und zwar so, daß deren Vorder- und Rückseite jeweils einen der beiden Aspekte zeigte. Die Rosenwald-Sammlung unterstützt diese Theorie, denn in ihr weisen *sowohl* die Kraft als auch die Gerechtigkeit die Nummer 8 auf. Für mich liegt die nahe Verbindung

---

* Um die Dinge noch etwas komplizierter zu machen: Gemäß der französischen Schule entspricht die Gerechtigkeit dem 8. Buchstaben im hebräischen Alphabet *Chet*, was soviel wie Zaun oder Abgrenzung bedeutet und astrologisch dem Zeichen Krebs zugeordnet wird. Kraft steht für den 11. Buchstaben *Kaph*, Innenhand oder Faust bedeutet und dem Planeten Mars entspricht (siehe dazu Anhang C). Das wiederum stimmt mit den seltenen Darstellungen dieser Karte überein, auf der Samson eine Säule umstürzt oder ein Mann mit einem Löwen kämpft.

der beiden Karten darin, daß sie beide das *Gesetz* repräsentieren. Die Kraft steht für das Gesetz der Natur, in dem ein Wesen im Einklang mit seiner Natur leben muß. Es entspricht der Natur des Löwen, ein Lamm zu schlagen und zu fressen, deshalb sollte er dafür nicht gejagt werden. Doch wenn er in den Straßen eines Dorfes spazierengeht, stimmt dies nicht mehr mit seiner Natur überein und er ist wahrscheinlich krank. Gerechtigkeit steht für den Versuch der Zivilisation, die natürlichen Gesetze für alle verbindlich zu machen und einen Standard zu schaffen, an den Handlungen gemessen werden können. Ungerechtigkeit entsteht, wenn die Gesetze der Gesellschaft nicht mehr mit den natürlichen Gesetzen im Einklang sind, eben dann, wenn wir jemanden zwingen, etwas zu unterlassen, was seiner Natur entspricht oder etwas zu tun, was seiner Natur zuwider ist.

Da McGregor und der Orden der Goldenen Morgenröte allem Anschein nach kein neues Tarot-Spiel veröffentlichen wollten, kann ich mir nicht denken, daß er die Ordnung für seine eigenen Anhänger verfälschen wollte. Ich glaube eher, daß Mathers dachte, mit dieser Ordnung einen Teil des verborgenen Wissens gefunden zu haben, wie es in der Einweihung erfahren wird. Er glaubte wohl, die wahre Bedeutung der Karten gefunden zu haben, die einige Zeit verloren war. In einem Manuskript, das nur unter Mitgliedern des OGD zirkulierte, ordnete Mathers die Kraft (er nennt sie »Mut, Stärke, Tapferkeit«) hinter dem Wagen ein und sagt, daß es »Kraft ist, die nicht wie bei der Gerechtigkeit eingeengt wird, sondern zu neuen Taten drängt...« Gerechtigkeit, die jetzt dem Rad des Schicksals folgt, nennt er »ewige Gerechtigkeit und Ausgewogenheit; Stärke und Drang aber durch die geltenden Regeln reglementiert.«

Sowohl die französische esoterische Schule als auch die Freimaurer (deren Riten großen Einfluß auf fast alle esoterischen Schulen hatten), schlossen Frauen aus ihren Rängen aus. Vielleicht liegt auch hierin einer der verborgenen Gründe, für den Austausch dieser beiden Karten. Die meisten esoterischen Traditionen des 19. Jahrhunderts setzten die Natur, die Frau, den Körper und den Teufel mit der Trennung von Gott gleich. Also mußte man diese Dinge ablehnen, um das »große Werk«, die Einheit mit dem Geist, zu erreichen. Der Orden der Goldenen Morgenröte war für seine Zeit sehr radikal, denn er ließ Frauen auf allen Ebenen zu. Das erforderte ein Umdenken im Hinblick auf die Fähigkeiten der Frauen und ihrer Bedeutung auf dem Feld der Mystik und des Okkulten. Aus der Sicht des OGD waren sie notwendig für die Ausgewogenheit der Kräfte, die in Einklang gebracht werden sollten. Damit war ein völlig neues Bewußtsein der

Einheit mit dem Geist geboren.* Daher könnte die Neuordnung der Karten ein Zeichen der Initiation in eine neue esoterische Ordnung gewesen sein, die eine Neuinterpretation der Karten verlangte und vielleicht die Berichtigung einer Lehre, die ihre Ausgewogenheit verloren hatte. Tatsächlich gibt es Hinweise dafür, daß Moina Bergson (die Schwester des französischen Philosophen Henri Bergson und Ehefrau von McGregor Mathers, die selbst eine talentierte Künstlerin war) viele der ersten Unterweisungen aus dem Inneren Orden von *Roseae Rubeae* und *Aureae Crucis* (innere Kreise des OGD) hellhörig aufgenommen hat. Vielleicht war sie – ähnlich wie Pamela Coleman Smith, Frieda Harris (die Künstlerin des Thoth Deck) und Mrs. Yeats, (die das Buch »gechannelt« hat, das vom OGD-Mitglied William Butler Yeats unter dem Titel *A Vision* herausgegeben wurde) – für die metaphysische Revolution kurz vor der letzten Jahrhundertwende stärker verantwortlich, als das bisher angenommen wurde.*

Wenn die Kraft dem Wagen folgt, liegt darin ein Vergleich zweier Formen der Kraft und des Siegens. Der Wagen steht für die physische Kraft, die benötigt wird, um über die Natur zu siegen und die Elemente zu beherrschen. Die Kraft zeigt uns den Wert der Einheit von Geist und Körper und des vollständigen Vertrauens zur Erlangung der inneren Stärke. Auf diese Weise wird die Figur auf der Karte Kraft zum weiblichen Magier. Dies wird deutlich, wenn man die Karten in drei Reihen à sieben Karten so auslegt, daß die 8. Karte direkt unter dem Magier erscheint. Der Eremit, der dann der Kraft folgt, steht damit für das Androgyne, das aus der Vereinigung der männlichen und weiblichen Energien in einem Wesen entsteht. Die Position der Gerechtigkeit zwischen der karmischen Wende des Schicksalsrades und dem Gehängten sowie dem Tod scheint vernünftig, zeigt sie doch, daß ein Richterspruch gefällt werden muß, bevor eine Strafe oder ein Opfer festgesetzt und vollstreckt wird.

Vielleicht finden Sie für sich einen Weg aus diesem zentralen Tarot-Dilemma, wenn Sie sich überlegen, welche Kartenkombinationen

---

* Für die meisten Mitglieder des OGD bezog sich dies *nicht* auf Sexualmagie im körperlichen Sinne, da der Großteil ihres »Werkes« auf der inneren Ebene stattfand.
** Ich kann diese Gelegenheit nicht ungenutzt lassen, ohne noch einige weitere Frauen zu nennen, die für die Arbeiten des OGD von elementarer Bedeutung waren: Die Künstlerin Florence Farr, die Philanthropin Annie Horniman, die irische Revolutionärin Maud Gonne und die okkulte Schriftstellerin Dion Fortune.

jeweils als Summe 8 bzw. 11 ergeben. Legen Sie Ihre Karten dafür in Paaren aus, wie es unten angedeutet ist. Nun können Sie selbst entscheiden, welche der beiden Karten die jeweiligen Kombinationen am besten ausdrückt:

8 =
7 + 1 (Wagen + Magier)
6 + 2 (Liebenden + Hohepriesterin)
5 + 3 (Hierophant + Herrscherin)
4 + 4 (Herrscher + Herrscher)

11 =
10 + 1 (Rad + Magier)
9 + 2 (Eremit + Hohepriesterin)
8 + 3 (? + Herrscherin)
7 + 4 (Wagen + Herrscher)
6 + 5 (Liebenden + Hierophant)

Sie können sich auch fragen, welche Karte die Oktave zum Magier bildet, also welche Karte auf einer anderen Ebene zu gleichen Inhalten kommt.

Welche Karte sollte im Zentrum der Tarot-Karten stehen (wenn man den Narren einmal beiseite läßt)? Was sollte diese Karte als Treffpunkt aller vorhergehenden und folgenden Karten darstellen?

Eine weitere Möglichkeit ist es, die Karten der Großen Arkana (ohne den Narren) zu mischen und waagrecht in Reihen à 7 Karten auszulegen. Arrangieren Sie jetzt die Karten neu, so wie es Ihnen in diesem Moment gerade in den Kopf kommt. Karten, die dabei nebeneinanderliegen, sollten eine Beziehung zueinander zeigen (Ähnlichkeit, Kontrast oder eine Entwicklung). Wenn Sie diesen Vorgang abgeschlossen haben, haben Sie Ihre eigene Reihenfolge geschaffen. Ich glaube, daß unterschiedliche Anordnungen der Tarot-Karten Ausdruck unterschiedlicher Weltbilder sind. Einige sind sehr persönlich, während andere eher allgemein für die Menschheit gelten. Diese bleiben so lange bestehen, bis radikale Neubewertungen radikale Änderungen notwendig machen.

Anhang B
Die Tarot-Schulen

Ein guter esoterischer Buchladen kann bis zu 50 unterschiedliche Tarot-Spiele führen. Nach welchen Maßstäben können Sie sich dabei für ein Deck entscheiden? Die Anzahl der verschiedenen Decks ist ein guter Indikator für das steigende Interesse am Tarot in den letzten 20 Jahren. Vor 1970 waren im allgemeinen nur die Marseiller Karten und das Rider-Deck erhältlich.

Bei der Betrachtung der Tarot-Spiele fallen drei Hauptgruppen auf. Sie stehen auch für drei verschiedenen Entwicklungstrends innerhalb des Tarot. Ich nenne sie: 1. die französische Schule, die auch die italienischen und spanischen Decks beinhaltet; 2. die englische Schule mit der Mehrzahl der amerikanischen Decks; und 3. der Feministinnenkreis (der entweder der englischen Schule folgt oder eigene Konzepte entwickelt). In der folgenden Tabelle vergleiche ich die verschiedenen Decks und grenze sie voneinander ab. Entscheiden Sie anhand der Tabelle, was für eine Art Deck Sie möchten und schauen Sie diese Gruppe dann im Laden durch. Tarot-Karten sind ein visuelles Handwerkszeug, lassen Sie also die Bilder des jeweiligen Tarots zu Ihnen sprechen.

Mit Stern (*) versehene Decks in der Tabelle bedeuten, daß in diesen Decks die Karten der Kleinen Arkana bebildert sind und daher für Anfänger geeignet sind. Sie sind in esoterischen und in New-Age-Buchläden erhältlich. Allerdings sind einige sehr gute Decks von Ihren Designern selbst verlegt worden und deshalb schwerer erhältlich.

Ein doppelter Stern (**) zeigt die Decks der Feministinnen an, die Sie am wahrscheinlichsten in Frauenbuchläden erhalten oder zumindest bestellen können. Meistens sind diese Spiele privat in kleiner Auflage herausgegeben und daher teurer, doch unterstützt ein Kauf das eingesetzte Engagement.

Auch die Spiele, die ich nicht mit einem Stern gekennzeichnet habe, sind hervorragende Decks, sprechen aber wahrscheinlich nur eine kleine Gruppe an oder sind schwierig zu bekommen.

Diese Tabelle beinhaltet keine Decks, die nach 1987 auf den Markt gekommen sind.

Französische Schule (französische, italienische, spanische Decks)	Englische Schule (englische/amerikanische Decks)	Feministische Kreise
Die Karten der Großen und der Kleinen Karten sind sehr unterschiedlich. Die Großen Arkana dienen in erster Linie der spirituellen Leitung und dem Wachstum; die Kleinen Arkana dienen zum Wahrsagen.	Die Karten der Großen und der Kleinen Arkana sowie die Hofkarten werden als drei Ebenen gesehen, die alle bei einer Kartenlegung gebraucht werden, gleichgültig, ob es sich um spirituelle, psychologische Fragen oder um ereignisbezogenes Wahrsagen handelt.	Die Großen und die Kleinen Arkana werden häufig als 5 Serien von 5 Elementen betrachtet (einschließlich »Äther«). In der Regel werden sie benutzt zur spirituellen und psychologischen Führung durch das Höhere Selbst. Wahrsagerei ist selten.
Illustrationen entstammen dem späten Mittelalter (napoleonische Zeit) oder sind neu-ägyptisch. Frühe Versionen häufig nach kolorierten Holzdrucken. Seit 1980 einige interessante neue Decks.	Die Illustrationen entsprechen dem Stil um die Jahrhundertwende, dem Jugendstil, Kubismus, einer futuristischen Fantasie oder es handelt sich um Collagen, in der Regel farbig. Das erste Spiel dieser Art wurde 1910 veröffentlicht, alle anderen nach 1970.	Diese Decks sind seit 1982 erschienen. Die Karten sind häufig rund und schwarz/weiß, so daß Sie sie selbst farbig gestalten können; in der Regel im Selbstverlag hergestellt. Die Symbolik ist rassenübergreifend, zeitlos, in allen Formen und Mustern, zeigt selten Männer, dann jedoch eher negativ.

300

Die Großen Arkana weisen in der Symbolik zwischen den verschiedenen Spielen nur wenig Abweichung voneinander auf. Die Numerierung der Großen Arkana folgt dem System aus dem 17. Jahrhundert. Der Narr steht überlicherweise am Schluß oder vor der Karte »Die Welt«. Gerechtigkeit ist 8 und Kraft ist 11.

Die Karten der Großen Arkana sind in ihrer Symbolik von der französischen Tradition sehr abweichend, aber dennoch auf den ersten Blick zu identifizieren. Die Großen Arkana sind in der Regel so wie die französischen Karten numeriert, mit dem Unterschied, daß der Narr oft am Anfang steht oder das Ende mit dem Anfang verbindet. Die Kraft hat oft die Zahl 8 und die Gerechtigkeit ist dann 11. Im übrigen wird die französische Zählfolge beibehalten. Sie müssen das im einzelnen prüfen.

Die Karten der Großen Arkana sind manchmal radikal neugestaltet. Häufig werden Göttinnen aus den Mythen der Welt dargestellt. Die Zahl 22 wird dabei oft über- oder unterschritten. Wenn sie numeriert sind, ist die Gerechtigkeit üblicherweise die 8, weil das »traditioneller« ist.

Die Kleinen Arkana sind nicht illustriert, abgesehen von der zahlenmäßigen Darstellung des Symbols der jeweiligen Serie. Der Gebrauch dieser Karten ist häufig losgelöst von dem der Großen Arkana und dient vorwiegend zum Wahrsagen.

Die Kleinen Arkana sind so illustriert, daß man mit diesen Bildern Geschichten erzählen kann. Die meisten Spiele folgen der Illustration, die auf Pamela Coleman Smith zurückgeht. Die Zahl, die Symbolik und der Entwicklungsgrad ist für die Deutung wichtig.

Die Karten der Kleinen Arkana sind stets illustriert, die Elemente sind enthalten, aber die Zahlenbedeutung ist nicht immer gegeben. Versuche, die Anzahl der positiven und negativen Karten eines Satzes auszugleichen, wurden unternommen. Für eine Kartenlegung werden alle Karten als wichtig angesehen.

Französische Schule (französische, italienische, spanische Decks)	Englische Schule (englische/amerikanische Decks)	Feministische Kreise
Hofkarten sind nach den Höfen des Mittelalters illustriert oder zeigen Figuren aus der napoleonischen Zeit. Sie stehen für Menschen, die Sie kennen, die durch ihr Alter, ihr Geschlecht und ihre Haarfarbe beschrieben werden.	Die Hofkarten waren oft mittelalterlich dargestellt. Doch erhalten sie in jüngerer Zeit mehr Abwechslung und werden »Personenkarten« genannt. Die Zeichen des Zodiaks, das Erscheinungsbild und der Reifegrad machen die Beschreibung aus. Es wird ein größeres Gewicht auf die hier gespiegelten Aspekte des Selbst gelegt.	Die mittelalterlichen Hofkarten sind völlig verschwunden. Dafür werden neue Möglichkeiten der persönlichen Begegnung und der Charaktermerkmale dargestellt. Die Anzahl der Karten schwankt. Teilweise sind bestimmte Personen aus der Geschichte oder aus Mythen dargestellt. Das Entwicklungsstadium, das Sternzeichen und das Aussehen werden von diesen Karten ausgedrückt.
Die Entsprechungen zwischen den Elementen und den 4 Tarot-Sätzen sind stark abweichend. Stäbe sind oft Erde, Schwerter oft Feuer, Münzen sind dann Luft, Kelche sind Wasser.	Die Zuordnung zwischen den Elementen und den Tarot-Sätzen ist in der Regel einheitlich: Stäbe/Keulen = Feuer, Kelche = Wasser, Schwerter = Luft, Münzen/Scheiben = Erde. Einige neue Symbolzeichen für die vier Sätze tauchen auf, sind aber den vorgenannten sehr ähnlich.	Obwohl einige dieser Spiele völlig neue Symbole für die einzelnen Serien einführen, entsprechen diese den Elementen und sind als solche leicht erkennbar.

Die Zuordnungen zu den Buchstaben des hebräischen Alphabets und den Wegen auf dem Baum des Lebens beginnt üblicherweise mit dem Magier = *Aleph* = 1, Kraft = *Kaph*, Gerechtigkeit = *Cheth*.	Wenn eine Verbindung zum hebräischen Alphabet und dem Lebensbaum hergestellt wird, ist der Narr = *Aleph*, Kraft = *Teth* und Gerechtigkeit = *Lamed*.	Es gibt keine erkennbare Absicht, eine Entsprechung zu hebräischen Buchstaben oder zum Lebensbaum herzustellen, weil dies Teil des »patriarchalischen« Systems ist.
Die ursprünglichen Künstler dieser Karten sind in der Regel unbekannt. Frauen waren oft damit beschäftigt, das Einfärben der Holzdruckvorlagen zu übernehmen.	Die künstlerische Gestaltung dieser Karten ist bei der Mehrzahl der Spiele von Frauen gemacht worden, während Männer oft das Konzept gestaltet haben. Bei den neueren Decks gibt es auch viele männliche Künstler.	Diese Spiele sind von Frauen entworfen und geschaffen. Häufig haben verschiedene Künstlerinnen zusammengearbeitet, um ein Deck zu gestalten.
Beispiele sind: Visconti-Sforza, Schweizer IJJ, Tarot Classik, Marseille, Rolla Nordic, Gran Tarot Esoterico, Basque Mythical, Cagliostro's, Papus, Balbi, Enoil Gavat, Church of Light, Ägyptisches, Oswald Wirth, Zigeuner/Wegmüller, Tavaglione, Engel, Spanisches, Knapp/Hall, Ukiyoe, Maddonni, Dali.	Beispiele für Illustrationen der Kleinen Arkana nach dem Rider-Waite*-Deck von Pamela Coleman Smith: Aquarian*, Morgan-Greer*, Hanson-Roberts*, Fez Morocan*, Sacred Rose*, Xultun (Maya)*, Native American*, Fantasy Showcase, Hurley's New Tarot, Ravenswood Eastern, Tarot of the Cat-People, Pendragon.	Zu den Beispielen gehören Decks wie: Motherpeace*, Daughters of the Moon**, Thea's**, Amazonen**, A Poet's, Barbara Walker (traditioneller Aufbau)*. --- * Decks mit bebilderten Karten der Kleinen Arkana. ** Feministinnen-Decks.

Die nachstehenden Spiele wurden vom Orden der Göttlichen Morgenröte inspiriert, haben aber keine oder nur geringe Illustrationen in den Karten der Kleinen Arkana, jedoch sehr wertvolle Abbildungen auf der Großen Arkana. Sie überschneiden sich mit der französischen Schule insofern, als daß die Kraft üblicherweise die Zahl 11 hat.

Crowley-Harris Thoth*, Neuzeit Tarot*, B.O.T.A., Golden Dawn, Hermetic, Tree of Life, Angelic, Gareth Knight, Hexentarot, Yeager Tarot of Meditation, The Prediction Tarot.

Die folgenden Tarot-Spiele bestehen nur aus den Großen Arkana: Millennium Tarot, Ansata Tarot, Tarot der Einweihung, B.O.T.A. Großausgabe, Epiphanias 22 Schlüssel.

Die folgenden Decks behalten die Tradition bei und schaffen doch einen neuen Rahmen: Die ersten zwei haben bebilderte Karten der Kleinen Arkana:

Voyager*, Mythisches*, Elksinger's, New Tarot for the Aquarian Age.

Anhang C

Entsprechungen zwischen den hebräischen Buchstaben, den astrologischen Zeichen und Planeten sowie den Tarot-Karten

Buchstabe	Zeichen	Numerische Entsprechung	Bedeutung des Zeichens	Transkription	Levi/Papus/Wirth Cagliostro (1856)		Golden Dawn (189?) Case/B.O.T.A./Waite	
Aleph	א	1	Ochse, Kuh, Stier	A	Gaukler	🜁	Narr	🜁 ♅
Beth	ב	2	Haus, Hof	B	Hohepriesterin	☽	Magier	☿
Gimel	ג	3	Kamel (Transport)	G	Herrscherin	♀	Hohepriesterin	☽
Daleth	ד	4	Durchgang (offen)	D	Herrscher	♃	Herrscherin	♀
Heh	ה	5	Fenster (sehen)	H, E	Papst	♈	Herrscher	♈
Vav	ו	6	Nagel (bauen)	U, V, W	Liebende	♉	Hierophant	♉
Zayin	ז	7	Schwert (schneiden)	Z	Wagen	♊	Liebende	♊
Cheth	ח	8	Zaun (einrahmen)	Ch	Gerechtigkeit	♋	Wagen	♋
Teth	ט	9	Schlange (winden)	T	Eremit	♌	Kraft	♌
Yod	י	10	Hand (notieren)	I, J, Y	Glücksrad	♍	Eremit	♍
Kaph	כ	20	Handfläche (zugreifen)	C, K, Kh	Kraft	♏	Glücksrad	♃
Lamed	ל	30	Treibstock (strafen)	L	Gehängte	♎	Gerechtigkeit	♎
Mem	מ	40	See, Bauch	M	Tod	♏	Gehängte	🜄 ♆
Nun	נ	50	Fisch (bewegen)	N	Mäßigkeit	♏	Tod	♏
Samekh	ס	60	Pflock (stützen)	S, X	Teufel	♐	Mäßigkeit	♐
Ayin	ע	70	Auge (teilen)	O	Turm	♂	Teufel	♑
Peh	פ	80	Mund (füttern)	P, Ph, F	Stern	☿	Turm	♂
Tzaddi	צ	90	Sichel (ernten)	Tz	Mond	♒	Stern	♒
Qoph	ק	100	Hinterkopf, Knoten	Q	Sonne	♓	Mond	♓
Resh	ר	200	Gesicht (Vernunft)	R	Gericht	♄	Sonne	☉
Shin	ש	300	Zähne (berühren)	Sh	Narr	△	Gericht	△ ♇
Tav	ת	400	Zeichen (kennzeichnen)	T, Th, X	Welt	☉	Welt	♄

Entsprechungen zwischen den hebräischen Buchstaben, den astrologischen Zeichen und Planeten sowie den Tarot-Karten

Buchstabe	Crowley (1945) Thoth Deck		Stenring (1923) Book of Formation		Baldi (1961) Italienisch/Spanisch		Maritxu Guler (1976) Gran Tarot Esoterico	
Aleph	Fool	△	Juggler	△	El Mago	☉	El Consultante	♂
Beth	Magus	☿	Sun	☉	La Sacerdotisa	☽	La Consultante	☉
Gimel	Priestess	☽	Moon	☽	La Emperatriz	☿	La Emperatriz	♈
Daleth	Empress	♀	Chariot	♂	El Emperador	♃	El Emperador	♉
Heb	Star	♒	Empress	♒	El Sumo Sacerdote	♉	El Maestro	♊
Vav	Hierophant	♉	Emperor	♉	Los Enamorados	♊	Los Dos Caminos	♋
Zayin	Lovers	♊	High Priestess	♊	El Carro	♋	El Carro de Hermes	♌
Cheth	Chariot	♋	Strength	♋	Justicia	♎	La Justicia	♍
Teth	Lust	♌	Temperance	♌	El Ermitano	♍	El Anciano	♀
Yod	Hermit	♍	Lovers	♍	Rueda d/Fortuna	♆	Rueda d/Fortuna	♎
Kaph	Fortune	♃	Death	♎	Fuerza	♌	La Fortaleza	
Lamed	Adjustment	♎	Justice	♎	El Colgado	♓	La Picota	
Mem	Hanged Man	▽	World		(Death)	♄	Morte	
Nun	Death	♏	Wheel of Fortune		Templanza	♐	La Templanza	♐
Samekh	Art	♐	Tower	♐	El Diablo	♂	Aker	☿
Ayin	Devil	♑	Fool	♂	La Torre	♈	La Torre	♀
Peh	Tower	♂	Pope	♈	La Estrella	♀	El Astro	♒
Tzaddi	Emperor	♈	Hermit	♓	La Luna	♋	Luna	♓
Qoph	Moon	♓	Judgement	☉	El Sol	♅	El Sol	
Resh	Sun	☉	Star	♀	El Juicio	♒	El Ciclo	
Shin	Aeon	△	Devil	△	El Loco	△	El Loco	♄
Tav	Universe	♄	Hanged Man	♄	El Mundo	♏	El Mundo	♃

Entsprechungen zwischen den hebräischen Buchstaben, den astrologischen Zeichen und Planeten sowie den Tarot-Karten

Buchstabe	Dali (1984) Spanisch		Egipcios Kier Argentinisch (1979)		C.C. Zain (1936) Sacred Tarot	Corinne Heline (1969) The Bible & the Tarot	
Aleph	El Mago	☉	El Mago Creador	☉	Magus	Magus	
Beth	La Sacerdotisa	☽	La Sacerdotisa	☽	Veiled Isis	High Pristess	
Gimel	La Emperatriz	♃	La Emperatriz	♃	Isis Unveiled	Empress	
Daleth	El Emperador	♅	El Emperador	♅	Sovereign	Emperor	
Heh	El Sumo Sacerdote	☿	El Jerarca	☿	Hierophant	High Priest	♈
Vav	Los Enamorados	♍	La Indecision	♀	Two Paths	Two Ways	♉
Zayin	El Carro	♐	El Triunfo	♄	Conqueror	Chariot	♊
Cheth	Justicia	♎	La Justicia	♇	Balance	Balance	♋
Teth	El Ermitano	♆	El Eremita	♆	Sage	Sage/Teacher	♌
Yod	Rueda d/Fortuna		La Retribucion	♂	Wheel	Wheel	♍
Kaph	Fuerza	♌	La Persuasion	♈	Enchantress	Strength	
Lamed	El Colgado	♅	El Apostolado	♉	Martyr	Hanged Man	♎
Mem	La Muerte	♄	La Inmortalidad	♊	Reaper	Reaper	
Nun	Templanza	♒	La Temperancia	♋	Alchemist	Angel	♏
Samekh	El Diablo	♂	La Pasion	♌	Black Magician	Typhon	♐
Ayin	La Torre	♈	La Fragilidad	♍	Lightning	Lightning Struck	♑
Peh	La Estrella	♀	La Esperanza	♎	Star	Star	
Tzaddi	La Luna	♋	El Crepusculo	♏	Moon	Moon	♒
Qoph	El Sol	♊	La Inspiracion	♐	Sun	Sun	♓
Resh	El Juicio	♓	La Resureccion	♑	Sarcophagus	Rebirth	
Shin	El Loco	♏	La Transmutacion	♒	Adept	World	
Tav	El Mundo	♉	El Regreso	♓	Materialist	Fool	

Ausgewählte Bibliographie

Peter Balin   *Der Flug der gefiederten Schlange*, Basel 1981
Paul Foster Case   *The Tarot: A Key to the Wisdom of the Ages*,
                       Richmond/VA 1947 (Macoy Publishing)
Norma Cowie   *Exploring the Patterns of the Tarot*, White Rock/
                       B.C. 1987 (NC Publishing, P.O. Box 51, White
                       Rock, B.C. V4B 4Z7, Canada.
Aleister Crowley   *Das Buch Thot*, München 1981
Michael Dummet   *The Game of Tarot from Ferrara to Salt Lake
                       City*, London 1980 (Gerald Duckworth and Co.)
Liz Greene   *Schicksal und Astrologie*, München 1985
Sallie Nichols   *Die Psychologie des Tarot*, Interlaken 1983